西方史学史研究（第4辑）

STUDIES OF WESTERN HISTORIOGRAPHY

史学史与思想史的缠绕

吴晓群　陆启宏　主编

创于1897　商务印书馆 The Commercial Press

图书在版编目（CIP）数据

西方史学史研究. 第4辑，史学史与思想史的缠绕 / 吴晓群，陆启宏主编. --北京：商务印书馆，2025.
ISBN 978-7-100-25328-4

Ⅰ. K091-53

中国国家版本馆CIP数据核字第2025EZ7006号

西方史学史研究

第4辑

史学史与思想史的缠绕

吴晓群　陆启宏　主编

商　务　印　书　馆　出　版

（北京王府井大街36号　邮政编码100710）

商　务　印　书　馆　发　行

三河市中晟雅豪印务有限公司印刷

ISBN 978-7-100-25328-4

2025年8月第1版　　开本710×1000　1/16

2025年8月第1次印刷　　印张16¼

定价：80.00元

目　录

青年论坛

书评

编者语：

史学史与思想史的缠绕意味着什么？又能为学科发展带来什么？

中国的西方史学史研究经历了从“作为学科史的史学史”到“作为文化史的史学史”的两个阶段，如今能否进入“作为思想史的史学史”的研究阶段？这或许并不仅仅是关乎西方史学史研究的问题，更是涉及历史学家自我意识乃至整个历史学学科发展的问题。

之所以提出“作为思想史的史学史”这样一种口号或研究思路，是为了在这个百年未遇之大变局的时代，提升西方史学史研究的解释能力和批判功能。我们希望更多地从思想的层面关注写作者历史书写的意图等，尝试从思想史的视角切入史学史的研究，并将复杂抽象的西方史学流变理论与具体的史学研究实践相结合。这样，一方面，从“历史思想的主体”“历史思想的生成”以及“对历史思想的感知和解释”等内在层面展开讨论，避免落入缺乏思想语境的简单的文本释读与史家和流派介绍的窠臼；另一方面，就方法论而言，我们既期望将抽象的思想考察转化为对个体历史写作实践的挖掘，也力图把每个具体研究提升为富有思想内蕴的展现，从而深刻地理解史家思想的形成、发展及演变的过程，并在对其建构、解构或重构之中，真正理解历史书写的内在特质。由此，使西方史学史学科发展和内部互动的成果得到更为充分的展现，并进而对现实的史学研究产生意义。

正如柯林武德所说：“历史的过程不是单纯事件的过程而是行动的过程，它有一个由思想的过程所构成的内在方面；而历史学家所要寻求的正是这些思想过程。”[①] 亦如何兆武先生所说：“史料本身

---

① 〔英〕柯林武德：《历史的观念》，何兆武、张文杰译，商务印书馆1997年版，第302—303页。

并不能自行再现或重构历史，重建历史的乃是历史学家的灵魂能力（Seelensvermögen）。对历史的理解是以历史学者对人生的理解为其基础的。”[①] 因此，我们认为，史学史研究必然是思想性的。史学史甚至更应该是一种双重的思想史，因为具体的史学研究本身就是史家思想的一种表达，史学史研究则是对史家思想的再思考，可以说是一种双重思想经验的表达。从这个角度而言，“作为思想史的史学史”不仅是“史学史与思想史的缠绕”，也是“过去的史家思想和现当代史学工作者思想的缠绕”，进而也是“历史与当下的缠绕”。

不过，具体论及于此，必然就离不开对一些根本性问题的回答，比如：当我们把史学文本作为思想文本之一来看待时，如何凸显文本的史学特性，以及史学史研究的本体性？如何让对史学文本的讨论不至于淹没在一般而言的思想文本中，同时又能借用思想史的研究方法？史学史与思想史的交叉融合能否使新时期的西方史学史研究最终走出一条与文本理论化解读不一样的路径，并真正实现历史的理解与思想的彰显之目标？中国传统史学能否为我们的问题提供某种可供借鉴的精神资源与史学思考？等等。这种缠绕还会涉及史学史与思想史的关系问题，它究竟是史学史的一种自我矮化还是进一步深化？史学史与思想史各自的学科边界还存在吗？史学史是由此沦为了思想史研究中的一个类型还是实现了一种跨学科的整合？史学史研究的主体性及史学史的特性如何在这种新的研究范式中得以加强？等等，这些有关学科身份的问题也是提出“作为思想史的史学史”研究是否具有必要性和可行性所必须回答的。

对于以上问题的探索与回应，就是我们创办《西方史学史研究》的初衷和期望所在。希望借助这一平台，再次强调对史家思想考察的重要性，真正促进史学史研究在新时代的范式转型，找到新的话语表达方式，觅得更加深入的研究对象，从而展现史学史研究中的思想性与批判性，让过去与我们的时代相关联，找到史学史研究对

① 何兆武：“对历史学的若干反思”，《史学理论研究》1996年第2期，第38页。

时代的关切之处。这样或许可以既重塑了研究者自身，拓展了各自学科的领域，而且还有可能在某种程度上帮助人们更深层次地在理解过去的基础上，同时也可能前瞻性地提出未来的研究领域及研究范式。

正是在这样的考量中，已经出版的三辑期刊通过“何为史学史”“经典释读”“理论探讨”“前沿动态”“知识史与历史认知”“中西之间”“专题论文”“新书推介”等栏目，集各路学者的思考于其中，从各个方向对以上问题展开讨论。在以后持续推出的辑刊中，我们欢迎更多的学者加入到这一各种学科相互碰撞、彼此缠绕的过程中来，为史家历史书写中的“史料”注入思想。因为我们相信，历史学并非仅仅是“史料”学！只有“史料”与“史义”的结合，才是史学的精义所在。或许正是在这个意义上，何兆武先生说：“每个历史学家首先都是一个历史哲学家，历史学的对象是一堆史实，历史学家则是用自己的哲学按自己心目中的蓝图把这一堆材料构筑成一座大厦。”克罗齐甚至认为，整部西方史学史就是史学与哲学相互纠缠的历史。他指出，哲学需要在史学中找到自身、论证自身的资源，而从思想的层面揭示历史学家的内在精神世界，则可以更好地实现史学史学科的目的。

最后，我们想再一次重申：只有具有思想性与批判性的史学史才是历史真实性的真正来源，它满足了历史学家的主体性意识与历史实在的客观性之间的动态平衡。当一切被书写的历史都成为历史学家的思想史时，批判性的史学史才能在对史家思想世界的剖析中得以实现，也只有这样，史学史研究才会真正成为培养历史学家主体意识的重要工具，与展现中国史家观念的舞台。

专　　论

史学三题：情感·探索·寻找*

张 广 智

记得美国思想家、梭罗的导师爱默生说过："阅读乃属于个人的孤独行为。"是的，读他的学生梭罗的世界名著《瓦尔登湖》，然也。其实，阅读者于频繁的联绵牵引中，或可营造出一个蕴藏于他心中的大千世界，凝聚成历史的印迹。这于文学然，史学亦然，因为两者同在一个星空下，告诉世人真实的历史，是他们共同的旨意。

近年来，笔者自称"徜徉在史学与文学之间"学步，半与艰辛相连，半与安心相翩，如此而已。本文以近年"个人的孤独行为"，阅读书事所得之三题，披露于众，以望读者沉潜于心矣。

一、让情感驻留在历史中

很多年了，一直喜爱宗白华的《美学散步》，你可以悠然地打开书页，朝飞暮卷，雨丝风片，就会读到先生于1921年写的诗《生命之窗的内外》："是诗意、是梦境、是凄凉、是回想？缕缕的情丝，织就生命的憧憬。大地在窗外睡眠！窗内的人心，遥领着世界深秘的回音。"诗人的情感浸润于文字中，给读者以无尽的联想。

近读作家陈丹燕寄来的新作《告别》①，她三十年壮行，将灼热的情感流露在完美的"地理阅读"中，读完了爱尔兰乔伊斯的《尤利西斯》和塞尔维亚帕维奇的《哈扎尔辞典》，那可是欧洲20世纪小

---

* 本文曾以"情感·探索·寻找"为题，刊于《文汇报》2024年9月16日第7版，略有改动。

① 陈丹燕：《告别》，湖南文艺出版社2022年版。

说金字塔尖上的两部小说，从中领略到可触及的世界与可感知的世界，以一种奇特的方式融合，浑然一体。对丹燕而言，这实在是最难忘的阅读经历，不管是在拉扎尔大公的修道院里还是在都柏林的街头。丹燕于《告别》一书的情感因素，感染了万千读者，也影响了书评者，于是我就以“缕缕的情丝，织就生命的憧憬”为题为她的《告别》书评，落墨为文。

是啊，情感具有通世的感召力，情感史也逐年奋进。回望20世纪西方史学史，现代西方新史学一路凯歌行进，70年代以降，西方新史学涌动着新的史学潮流，呐喊着“转向”，微观史学因反省当时史学弊端而生，新文化史因打着“文化转向”（语言学转向）的旗号而长，后现代主义思潮冲击着历史学的堤岸，在“还有什么不是文化史”的年代里，一切皆被文化史遮掩着。有趣的是，催生情感史的茁壮成长，不正是有新文化史的雨露滋润吗？1985年，美国历史学家彼得·斯特恩斯和卡罗尔·斯特恩斯夫妇在《美国历史评论》上提出了“情感学”（Emotionology），可谓是当代情感史研究的拓荒者，这自然是情感史的“启蒙时代”，它作为一个新的史学流派，还是要到新世纪之后。行至2010年，二十五年过去了，由美国情感史先驱者芭芭拉·罗森宛恩做出了“情感史的问题与方法将属于整个历史学”的预言，五年后，在我国济南召开的第22届国际历史科学大会上得到了验证，情感史被列为大会四大主题之一，至此，情感史登入大雅之堂，终于成为当今西方新史学的一个流派，为国际史学界所认可，这年或许是情感史研究作为一门学术体系奠基的年代。如今情感史研究在我国也悄然兴起，方兴未艾。

情感史前程未可限量。百忙之中，我以为译事要当先，面对西史新潮，介绍应先于研究。在我国学界译事中，有贤者认为译书者的过程不是硬邦邦的文字转换，也是译者与原著的一次思维与心灵的对话。[①] 倘如是，那学界史事即历史研究，更非昔日的“消灭自我”

① 〔荷〕弗雷德·斯皮尔：《大历史与人类的未来》，张井梅、王利红译，格致出版社、上海人民出版社2017年6月版，“译后记”，第270页。

或“无色彩”。在情感史家看来，遵循新史学之跨学科路径，反叛上述陈言，在感性与理性的接壤中耕耘，让情感驻留在历史进程中，洒于天地之间，成为永恒的、有温度的记忆，永不消逝。“总之，情感史给历史研究带来了不少新意和刺激，将研究重点从理性转到了感性的各个层面，开辟了一个崭新和广阔的天地。由此带来的各种挑战，也正呼唤着新一代史家的不懈探求。”①

二、在不断地探索中求新

壬寅岁首，我惊喜地读到了汤因比（1889—1975年）的《人类的明天会怎样？——汤因比回思录》（下简称《汤因比自传》）②，他又再次浮上了我的心头。翻看汤氏传内与传外之作，他86年的生涯给人们留下了多少回忆：生于雍容华贵的维多利亚时代，有一个蒲公英吹拂过的童年，肯辛顿公园，皇后大道，马车与动物园，《曼彻斯特导报》记者，东方列车上的遐思，“一战”与“二战”时英国外交部智囊，12卷本的思辨性的《历史研究》巨作，和平战士，史诗性的《人类与大地母亲》，等等。可以这样说，我在复旦历史系读大一时就阅读过汤因比的《历史研究》上册（索麦维尔节本），就此与他结下了不解之缘，从被批判的“反动史家”到被誉为西方史学大师、近世以来最伟大的历史学家。

我个人从业西方史学研究久矣，起步于个案研究，最初是希罗多德，尔后就是汤因比，古今各一，钩贯隐通，互补益彰，对后者的关照尤甚，在我学术生涯的各个时段，皆有研究汤因比史学的篇什。近时，借《汤因比著作集》一一问世，又承蒙出版社邀约为《汤因比自传》作序，写出在坊间流传的文稿“汤因比给我们留下了什么？”。

---

① 王晴佳：《什么是情感史？》，上海人民出版社、光启书局2024年6月版，第12页。

② 〔英〕阿诺德·汤因比：《人类的明天会怎样？——汤因比回思录》，刘冰晶译，上海人民出版社2022年1月版。

学术研究的创新，需要新材料的发掘，又要视角的转换，比如汤因比史学研究的深化，近时由于译界的发力，被我新见的史料不少，而“视角的转换”，即是“西方史学，中国眼光”，这是我们对待西方史学的“视角”，对汤因比亦如是。为此，我借为《汤因比自传》写序的良机发问：汤因比给我们留下了什么？

简言之，汤因比留下的学术文化遗产，犹如大海，只掬一瓢饮：汤因比在探索世界文明的版图时，进行个案研究，创造了出众的“世界文明三种模式说”，又跳出西方，疏离传统的世界史体系，发现了一个别样的“新东方”。他博观而圆照，从思辨走向叙事，从《历史研究》到《人类与大地母亲》，对世界文明和人类未来发出过“警世良言”，其前景即便是微光，他也把“希望的微光”放在心间，永不舍离。正如他的孙女波莉·汤因比之言：“我的祖父为我们树立了要在这个世界上寻找希望而非绝望的榜样。”

诚哉斯言！于此，我从1959年迄今，读汤因比的书一晃已逾一个甲子，时光荏苒，世事沧桑，把汤氏之书读透、读通，读出世界文明发展的恢宏气势，读出人类文明进程的交流互鉴，于我也于学界同仁，求索无止境，永远在路上。

三、寻找不该遗忘的角落

为《汤因比自传》一书作序，翻箱倒柜，书架中找到了汤氏的《中国纪行》，不经意间发现了德国弗兰茨·梅林（1846—1919年）著的《论历史唯物主义》[①]，原作是篇长文，我收存的是复印本，纸已泛黄，有年头了。出版说明言简意赅，字字珠玑：“弗兰茨·梅林……的名字对于我国读者并不陌生，他的名著《马克思传》早已译成中文了……这是一篇捍卫历史唯物主义的文章……六十多年以来，历史唯物主义在所向无敌的国际工人运动中获得了辉煌的证明……因此，我

① 〔德〕弗兰茨·梅林:《论历史唯物主义》，李康译，生活·读书·新知三联书店1958年版。

们认为梅林的这篇文章现在仍有现实的意义，值得向读者推荐。”自1958年至今，六十六年过去了，梅林的这篇佳作，仍有强烈的现实意义，也使我放开眼界说开去，回溯马克思主义史学的发展史。

历史定格在19世纪40年代，马克思主义似光风霁月，横空出世，随之马克思主义唯物史观亦同步诞生，留下了马克思、恩格斯所创立的、以唯物史观为核心的马克思主义史学遗产，为后世所继承和发扬，这可称之为“经典马克思主义史学”（简称“经马”）。其后经历一百八十年，它的“谱系”大体可以分为如下四个分支：

1. 欧洲早期的马克思主义史学（简称“欧马”）。

2. 自1917年后的苏联马克思主义史学（简称“苏马”）。

3. 自20世纪20年代萌发的西方马克思主义史学（简称“西马”）。

4. 与上大体同时诞生的中国马克思主义史学（简称“中马”）。

观今现状，“经马”的研究十分被看重，且有重大成就；①“苏马”的研究，前几年也有出众的成绩；②“西马”的研究，正以蓬勃之朝气发展，势头正旺；③“中马”是我国主流的意识形态，无论是整体的还是个案研究，都得到了高度的重视。

令人遗憾的是，“欧马”的研究恰是个被学界所遗忘的角落（领域）。19世纪下半期，欧洲产生了以德国弗兰茨·梅林为代表的第一批受马克思主义影响的历史学家，其中还有德国的卡尔·考茨基、法国的保尔·拉法格、意大利的安东尼奥·拉布里奥拉和俄国的格·瓦·普列汉诺夫等人，他们中有的是马克思和恩格斯的战友，有的是他们的学生，有的受到过他们的影响。

在那里有太多的业绩需要传颂，有太多的问题需要梳理，有太多的疑案需要辨析。历史表明，这一批欧洲早期的马克思主义历史

---

① 参见张广智：“关于马克思主义史学遗产传承中的几个问题”，《复旦学报》2005年第5期。

② 参见张广智：“珠辉散去归平淡：苏联史学输入中国及其现代回响”，载陈启能等主编的《消解历史的秩序》一书，山东大学出版社2006年版。

③ 参见张广智主编：《史学之魂：当代西方马克思主义史学研究》，复旦大学出版社2011年版。

学家，在曙光初照的年代，高举历史唯物主义的旗帜，为马克思主义和马克思主义史学的最初实践和传播做出了杰出的贡献，在马克思主义史学发展史上留下了他们的华章，其地位至关重要，我们怎能遗忘或被阴霾所遮掩呢？

由此悟到，为了推进学术事业的发展，我们还有许多工作要做，当要不畏艰辛，奋发为之，发现、再发现这些被遗忘的角落，在史学的莽原上，不断地开辟新的园地。

进而细想，情感—探索—寻找，在无意中可以串成一条项链，彼此牵系，相互接壤，一个文史写作者倘能以赤诚的情感去探索世界，方能寻找到事物的真相与真理之所在，至所望焉！

作者附记：2024 年 4 月 13 日，复旦大学西方史学史研究中心、复旦大学历史学系举办“第四届复旦大学西方史学史论坛”，我与会发言，说的就是“情感 · 探索 · 寻找”这个“史学三题”。本文据会上发言提纲整理而成。

作者简介：张广智，复旦大学历史学系教授。

中外古代史家笔下的“丝绸之路”*

杨 巨 平

摘要：丝绸之路本为现代术语，一般是指古代从中国到地中海之间的海陆交通网络。中国古代史家笔下的西域南北两道及其延伸线就是这个网络体系中的主干道。他们记述的西域诸国，从罽宾、乌弋山离，中亚的大夏到西亚的安息，东地中海的条支、大秦-犁犍都曾在亚历山大开创的希腊化世界范围之内。丝绸之路穿行于希腊化世界故地之间，丝路沿线的国家、城市、语言文字、钱币、物产等难免受到希腊化文明遗产的影响，葱岭以西的丝路西线本身与希腊化世界的道路体系有先后延续的关系。这些信息不仅在中国古代史家，而且在西方古典作家的笔下也有迹可循，互为佐证。

关键词：丝路交通　丝路城市　丝路钱币　通用希腊语

丝绸之路连通中国和地中海世界，沿途经过诸多古代的国家和地区。随着丝路的开通，中外使节、僧侣和商人的来往，这些国家和地区的信息也就逐渐进入了史家的视野，从而在中外古代的文献中留下了有关的记载。整体看来，最系统的记载保存在中国的史料中，其次则是西方古代作家的记载，其他地区，像古代印度、中亚、波斯等地也都有一些文字信息，但非常零碎，且大多存在于铭文、钱币之中。

我在这些年的研究中有意识地把中外史料放在一起作对比，并

---

* 本文根据杨巨平教授 2023 年 11 月 1 日在复旦大学的讲座录音整理而成。整理者：何炜，复旦大学历史学系博士生。

加入考古材料来证实，通过三种材料、三重证据来证明丝绸之路上各种文明的互动、交流，以及它们自身的发展演变，尤其是这些文明的遗产如何通过丝绸之路传到中国，最终融入中华文化的主流之中。其中希腊化文明是重点研究的对象。以下结合自己的研究谈谈我们今天所谓的“丝绸之路”在中外史家笔下是如何展现的。

一、中外古代史家笔下的丝路交通

众所周知，“丝绸之路”（Seidenstrassen, the Silk Roads）是近人对古代东西方之间道路体系或网络的总称。过去，学界一直认为此词的首创者是19世纪德国的地理学家李希霍芬（F. V. Richthofen），出现于1877年他所著的《中国》一书中。据现在最新的考证，此词的最早提出者可能是德国的另一位地理学家李特尔（Carl Ritter），但将此词系统化，并赋予其特定的时间空间，使之成为一特定的专用术语，还是应归功于李希霍芬。他的丝绸之路是复数，是指两汉时期中国通往中亚、印度和地中海地区的道路体系。因其穿行于沙漠、戈壁、绿洲，故今人称为绿洲丝绸之路。另外，事实上还存在着从地中海经红海、印度洋到中国南海的所谓“海上丝绸之路”和从中国北方蒙古高原一直延伸到多瑙河口的所谓“草原丝绸之路”。

对于这些道路，中外史家都有着程度不同的记载或涉及。

对丝路研究而言，最重要的中文史料是司马迁的《史记·大宛列传》。《大宛列传》实际上是关于西域的一部综合传记。它以张骞进入西域的第一个国家——大宛来代表西域地区。司马迁的主要素材是张骞归来以后向汉武帝呈交的报告，他以史官的身份查阅并转述了张骞的报告，同时也参考了后来的其他一些材料。第二重要的史料是班固的《汉书·西域传》，虽然它转抄了不少《史记·大宛列传》的内容，但对司马迁之后的西汉对外关系做了详细的补充。南朝（宋）范晔的《后汉书》尽管成书很晚，但它利用了曾经镇守西域的班超之子——班勇留下的资料。班超镇守西域在历史上也非常重要，班勇后来继承父志，受命继续驻守西域，对塔里木盆地以外的区域了解甚多。陈寿著《三国志·魏书·乌丸鲜卑东夷传》，裴松之为之作注，附加了一篇已佚失的鱼豢《魏略》中的《西戎传》。鱼豢是曹魏时期人，他也利用了班勇和其他一些当时的记载。裴松之的附注与《后汉书·西域传》的记载大致相似，但取材详略有别。除此以外，袁宏《后汉纪》中也有一些关于西域的记载，但重要性稍次。

《史记》记载了张骞出使西域的大致路线。张骞逃离匈奴人的控制之后，抵达大宛，继而前往康居、大月氏、大夏。回程时，张骞沿塔里木盆地的南道（“并南山”）返回长安。此路即丝绸之路的最早路线。从匈奴到大宛这一段如何走没有记载，他应该是向西经塔里木盆地北道前进，沿着天山抵达今天的喀什，然后翻越葱岭（帕米尔高原）到达大宛。《汉书》中关于丝路的记载比较明确：“自玉门、阳关出西域有两道：从鄯善傍南山北，波河西行至莎车，为南道；南道西逾葱岭则出大月氏、安息。自车师前王廷随北山，波河西行至疏勒，为北道；北道西逾葱岭则出大宛、康居、奄蔡焉。”也就是说，这南北两道分别沿着天山和昆仑山前进，在喀什汇合，然后再分为两路，西越葱岭而去，最后在伊朗高原或安息边城木鹿汇合。南道还有一条支线：罽宾-乌弋山离道，起自南道的皮山，大致沿今天中巴公路的路线，非常艰险，终点为乌弋山离（今阿富汗的坎大哈）。“至乌弋山离，南道极矣。”《后汉书》记载的甘英出使大秦就是走的这条路线，经罽宾、乌弋山离道前往波斯湾，抵达条支、安息。《汉书》等记载各国时都记录该国与何国相邻，距长安、都护所在地有多少里程，提供了丝绸之路的路线、方位信息。

与此同时，西方古代作家也有大量关于通往东方之路的记载。首先，公元前5世纪时，希罗多德《历史》提到了波斯的御道和通向印度的道路。波斯作为第一个横跨欧亚非三大洲的帝国，曾设立犍陀罗行省，控制过印度河流域。在薛西斯入侵希腊时，他的大军中也有来自巴克特里亚和犍陀罗地区的军队，这些军队通过陆路抵达希腊，证明了波斯境内道路网络的存在。希罗多德还提到了草原上的道路：一位希腊诗人阿里斯提亚斯（Aristeas）从黑海向东走，长途跋涉之后抵达了伊赛多人（Issedones）之地。此地一般被认为是阿尔泰山和天山之间的准噶尔盆地，也有学者认为最远可指敦煌地区。这实际上反映了草原丝绸之路先于绿洲丝绸之路的存在。

接下来是与亚历山大东征有关的记载。亚历山大的五种史料传统中，阿里安（Arrian，公元前86/89—前146/160年）的《亚历山大远征记》（*The Anabasis of Alexander*）最为重要。书中详细记载了亚历山大远征及回师的路线。亚历山大一路追击波斯王大流士三世，基本沿着波斯帝国现有的道路行进，也在一些地方开辟新的路线。这些路线基本上都在后来丝绸之路的网络之中。另一是普鲁塔克（Plutarch，46—120年）《名人传》（*Parallel Lives*）中的《亚历山大传》和《道德集》（*Moralia*）中的《亚历山大的幸运和美德》，其中记载了远征的路线，以及亚历山大对东方地区的影响，例如建立的诸多城市。西西里的狄奥多罗斯（Diodorus Siculus，公元前60—前30年写作）的著作第17—20卷关于亚历山大东征，也有行军路线。此外，库尔提乌斯（Quntitus Curtius Rufus，生活于公元前1世纪）的《亚历山大大帝史》（*Histories of Alexander the Great*）也是一部亚历山大的个人传记，内容也以东征为主。公元1世纪的高卢史家特洛古斯（Pompeius Trogus）有一部拉丁文的《腓力史》（*Historiae Philippicae et Totius Mundi Origines et Terrae Situs, Philippic Histories*），原书已佚，现在只能看到后代史家查士丁为该书作的一部“摘要”（*The Epitome of the Philippic History of Pompeius Trogus*），其中也有亚历山大东征的路线和建城的记载（Book 11-12）。

帕提亚人、出生在波斯湾卡拉克斯的伊西多尔（Isidore of Charax，生活于公元前后一个世纪期间）受奥古斯都委托，从幼发拉底河出发，穿过帕提亚，最远抵达今天的阿富汗坎大哈，后写成《帕提亚驿程志》（*Parthian Stations*），记录了公元1世纪从两河流域到印度的道路体系。

罗马学者普林尼（Pliny，23/24—79 年）的名著《自然史》介绍了罗马人所知世界的各个地区，记载各地的物产、商路等，其中提到了“产丝的国家”，即“赛里斯”（Seres）。虽然一般认为赛里斯指的就是中国，但考虑到罗马人对中国所知甚少，具体方位多变且难以勘同，因此直接将赛里斯译为中国并不妥当。从罗马人的描述来看，赛里斯可能是中亚贩卖丝绸的中介民族。

另外，希腊化末期至奥古斯都时期的希腊地理学家斯特拉波（Strabo，公元前 64—公元 25 年）著有《地理志》，记录了当时的希腊人、罗马人所知的世界，对中亚、印度的历史和地理情况都有一定描述，有很高的史料价值。他的有些材料来自底格里斯河畔阿尔特米塔城（Artemita）希腊人阿波罗多洛斯（Apollodorus，公元前 130—前 87 年）的《帕提亚史》。

关于海上丝绸之路还有一部佚名著作《厄立特里亚航海记》（*The Periplus Maris Erythraei*），该书记录了从埃及亚历山大里亚出发，经尼罗河走陆路到红海，南下阿拉伯半岛，再到印度，最远抵达今孟加拉湾（也许还抵达今缅甸等地）的海上贸易路线。书中提到，在印度北方非常遥远的地方有个产丝的秦纳国（Thina）。秦纳有可能就是“秦”的转音，可见该书作者对中国的描述相对更为准确。他可能是远航印度的一位希腊船长或领航员，对各个港口的位置和进出口商品非常熟悉，特别提到了中国丝绸在印度的出口。

托勒密的《地理志》是首部用经纬线来定位已知之世界各地的著作，他转述另一位同代的地理学家马林努斯的记载，提到马其顿人梅斯（Maes Titianus）的商队到达中亚一个叫石塔（Stone Tower）的地方之后，再走七个月则到达一个大都市塞拉（Sera）。塞拉也许就是东汉的洛阳，但它为何被如此称呼则难以说清，似乎与“丝”的发音有关。国内一些学者以此证明马其顿人曾到过中国，并认为《后汉书》中“蒙奇、兜勒”二国连起来其实就是希腊语的 Μακεδών（Makedón）。实际上，《后汉书》虽然称这二国是“远国”，但它们要求内附，因此不大可能是距离遥远的马其顿，而且此时的马其顿只是罗马帝国的一个行省，这些商人只是马其顿商人梅斯的代理人，他们是否是马其顿人也不可知。李希霍芬甚至认为他们是波斯人。即使他们打着雇主的旗号，号称马其顿人，也不可能代表国家，蒙奇、兜勒或是另有所指，或是中国史家的附会。除此之外，阿庇安（Appian，约 95—165 年）的《罗马史》、波利比乌斯（Polybius，约公元前 200—前 118 年）的《通史》等著作也记载了塞琉古王国在中亚的建城和对中亚、印度地区的征伐。不过，罗马人直到 4 世纪时仍不真正清楚丝绸如何产生。希腊哲学家提亚纳的阿波罗尼乌斯（Apollonius of Tyana，约公元前 15—公元 100 年）据说曾从地中海出发，经伊朗高原前往印度后返回，也证明了沟通东西的道路的存在。

古代作家的各种记载已经被辑录成书。亨利 · 裕尔（Henry Yule）的《东域纪程录丛》已由清华大学的张绪山教授翻译过来，其中不少材料 20 世纪 30 年代被张星烺先生收入他编注的《中西交通史料汇编》（现有朱杰勤校订本，中华书局 2003 年版）。法国学者戈岱司编的《希腊拉丁作家远东古文献辑录》由耿昇先生译成中文。张星烺先生的六卷本著作中的前两卷与丝路主题最为紧密，亦可参照。

二、中外古代史家笔下的丝路国家

西方古典作家关于东方之地的记载，多在希腊化后期或罗马帝国初期。他们回顾的历史往往追溯于亚历山大时代，甚至更早。但就其提到的国家、民族、地区而言，与中国古史记载多有暗合。

塞琉古王国（Seleucid Kingdom）。该国本为亚历山大部将塞琉古一世所建，几乎接受了亚历山大的全部亚洲遗产。公元前 3 世纪中期，小亚的帕加马、伊朗高原东北角的帕提亚和中亚的巴克特里亚三地几乎同时脱离它的统治。公元前 2 世纪中期，帕提亚大力向西扩张，控制了整个伊朗高原和两河流域。塞琉古王国的地盘仅剩下叙利亚地区，故有叙利亚-塞琉古王国之称。其都城为安条克（Antioch），可能是汉籍“条支”一词的谐音。

托勒密王国（Ptolemaic Kingdom）。托勒密王国也是亚历山大的部将托勒密所建，以亚历山大里亚为都。由于特殊的地理位置，它的主要威胁是来自西北面的罗马。但它一直保持了最初的疆域，直到最后亡国。汉籍中对它的称谓说法不一，有黎轩、犁靬、犂犍之说，可能是亚历山大里亚的转音。但在《史记》《汉书》中，黎轩、黎靬的位置模糊，或将安息以西统称为黎轩条支或分别称为犁靬、条支。《后汉书》中称犂犍即大秦、海西之国，记述比较明确。大秦应是指罗马帝国。此时埃及已经成为罗马帝国的一个行省。

巴克特里亚（Bactria）。该国在希腊罗马作家笔下常被提及。原是塞琉古王国的一个行省，公元前3世纪中期独立，都城巴克特拉（Bactra），东部的希腊式城市遗址——阿伊·哈努姆（Ai Khanoum）可能是它的东都。145年被大月氏所灭，其原先的领土范围相当于汉文史籍中大宛、康居、大月氏、大夏所在的地区。

帕提亚（Parthia）。该国相当于汉籍中的安息，“安息”一词来自帕提亚开国之君阿尔萨息（Arsaces）。原是塞琉古王国的一个行省，也是公元前3世纪宣告独立。但这是一个非希腊人王国，公元前2世纪大举扩张，西部占领了远至幼发拉底河一线的塞琉古王国的领土。东部还占领了巴克特里亚王国的两个行省。

印度-希腊人王国（Indo-Greek Kingdom）。公元前2世纪初，巴克特里亚王国侵入兴都库什山以南，进入印度河流域。巴克特里亚亡国后，残余的希腊人也南迁印度。这些印度-希腊人建立了一些小王国。在米南德时期（Menander，2世纪中期）曾一度统一印度西北部。此后再度分裂为若干小国。印度-希腊人活动的区域大致相当于《史记》《汉书》中的身毒、罽宾（以犍陀罗为中心的地区）、乌弋山离（亚历山大曾在此建立一座亚历山大里亚城，乌弋山离之读音可能由此转来）。

汉籍中的西域诸国，如大宛、康居、大月氏、大夏、安息、条支、大秦–犁犍等，涵盖的范围包括了当时或此前的希腊化世界。

大宛，一般认为在今乌兹别克斯坦、塔吉克斯坦和吉尔吉斯斯坦三国交界的费尔干纳地区。

大夏，是巴克特里亚王国曾经的核心地区。希腊人称锡尔河、阿姆河之间的河中地区为“索格底亚那”（Sogdiana），阿姆河以南则为地理意义上的巴克特里亚，但巴克特里亚王国曾同时控制索格底亚那和巴克特里亚地区。康居等国位置都在相当于索格底亚那的河中地区。由钱币学证据可知，巴克特里亚历经三个王朝。张骞未能劝说大月氏人同汉朝合攻匈奴，遂往大夏，这时大夏的希腊人王国已经被大月氏人征服，当地已经没有“大君长”，而是“城邑置小长”。“其兵弱，畏战”，但“善贾市”，擅长经商。这也预示了今后丝绸之路以巴克特里亚为枢纽地区的商业的活跃。

康居，以今撒马尔罕为中心的地区，后称康国，“康”可能来自 Samarkand 的尾音。希腊人称其为马拉坎达（Markanda），亚历山大曾在此驻扎。撒马尔罕古城遗址发现了希腊驻军和城堡的遗迹。

大月氏，《史记》中称其本为“行国”，即逐水草而居的游牧民族。大月氏原居敦煌、祁连一带。张骞出使时，迁到了妫水（即阿姆河）以北，并征服了大夏。

安息即帕提亚。从波斯帝国到亚历山大帝国，再到塞琉古王国，帕提亚都只是里海东南很小的一个省份。公元前 3 世纪中期，斯基泰人中一支叫阿帕尔尼人（Aparnians）或帕尔尼人（Parni）的部族进入帕提亚，杀掉了塞琉古王国已经宣告独立的总督，建立了安息帝国。帕提亚以东是希腊的巴克特里亚王国，西面是塞琉古王国，当地的希腊化遗存也很多，安息的国王后来自称“希腊人之友”或“爱希腊者”（philhellene），其官方语言也是伊朗语和通用希腊语并用。安息“地方数千里，最为大国”，与米特拉达特一世之后帕提亚帝国版图（西至幼发拉底河）吻合。

条枝或条支，前已述及，与塞琉古首都安条克城发音相近。张骞以此标识安息以西的一个国家，且该国的国土已经大大地缩小，与西方关于帕提亚占据塞琉古旧地的记载相符。《史记》中条枝是国家，《后汉书》中的条支国城则可能指一城及其周边地区。

对于大秦-犂犍，现在学界有三种主流说法，一是指罗马的东方，二是指整个罗马帝国，三是指意大利本土。各说均有其道理。《后汉书》中说大秦“地方数千里，有四百余城”，与罗马帝国比较吻合。

身毒、罽宾、乌弋山离等国大致相当于西方史家笔下的印度-希腊人王国、印度-斯基泰人王国和印度-帕提亚人王国。各自的地理范围难以确定，但中西史料对它们的记载基本可以互证。

这一时期印度西北部的政治变迁比较复杂。亚历山大撤离印度西北部后，当地的旃陀罗笈多崛起，建立孔雀王朝。继承了亚历山大帝国亚洲遗产的塞琉古王国一度兴兵要重新夺取印度西北部，但终未如愿。最后双方达成和约，塞琉古王国获得五百头大象，并与孔雀王朝联姻，以此为代价承认了孔雀王朝对印度西北部的占领。后来，巴克特里亚王国在欧泰德姆斯（Euthydemus）父子在位时期（公元前230—前190年）达到极盛，并在公元前2世纪初夺回了原先亚历山大曾统治过的印度西北部。公元前1世纪左右，又有一批塞人从中亚陆续南下印度，他们可能即汉籍中被大月氏人赶走的塞人，这批人被称为印度-斯基泰人。印度-希腊人工国和印度-斯基泰人王国同时存在于印度西北部，相互混战。公元1世纪前后，印度-希腊人小王国全部灭亡，印度-斯基泰人的势力则延伸到印度河口。这时印度-帕提亚人王国兴起，他们可能也是斯基泰人，被帕提亚收编并安置在今阿富汗塞斯坦地区，然后由此进入印度。最后，大月氏所属五翎侯之中的贵霜翎侯（即西文中的Kushan）灭了其他翎侯，建立贵霜帝国，一直扩张到印度的印度河和恒河流域，占领了印度-帕提亚人王国的土地。在贵霜之前，印度-希腊人、印度-斯基泰人和印度-帕提亚人的王国所控制的区域，大致就是我国史料中的身毒、罽宾、乌弋山离。

三、中外古代史家笔下的丝路城市

中国方面对丝路城市的记载相对比较明确。《史记·大宛列传》称大宛“有城郭屋室”，“大小七十余城”。安息“城邑如大宛。其属小大数百城，地方数千里，最为大国”。大夏“有城屋，与大宛同俗。无大君长，往往城邑置小长”。这些记载说明，张骞在西域看到了大量城镇。这与西方史家笔下巴克特里亚“千城之国”的美称相对应。

西方作家记载了亚历山大建立的许多城市，他在东征路上至少建立了二十余座城，绝大部分以他命名。不同史家提供的具体数字不一，因为他们记述的范围不同。普鲁塔克甚至声称亚历山大建城超过七十座，这一说法已被西方学者所否定。在中亚和印度，亚历山大里亚建城的数量在十座以上，最远的一座是锡尔河畔的“最远的亚历山大里亚”（Alexandria Eschate），即今塔吉克斯坦的苦盏。亚历山大的后继者也不断建立城市，塞琉古王国最多，据说有三百座以上，其中许多以自己或亲属为名，如安条克城就是以塞琉古之父安条克为名，塞琉西亚城之名则来自塞琉古本人，还有许多以王室女性命名的城镇，也有一些城市以希腊地名为名。查士丁和斯特拉波提到巴克特里亚是千城之国，这与《史记》《汉书》中关于丝路城市的记载可互相印证，甚至城市的名称也可勘同。贵山，大宛的都城，即今苦盏。大月氏的王庭在妫水以北，当地也有一座奥克苏斯河畔的亚历山大里亚（Alexandria Oxiana），妫水和奥克苏斯河都指今阿姆河。此城有多种指向，都密，今铁尔米兹及其附近的坎佩尔·特佩遗址，都有可能。此地现在也发掘出来希腊城堡的遗址。康居，本来也是迁徙不定的行国，张骞时应该居于以泽拉夫善河（the Zerafshan River）流域为中心的地区。其都城希腊人名为马拉坎达，即今日的撒马尔罕的阿弗拉西亚卜（Afrasiab）遗址。大夏的都城为蓝市城，又名监市城、蓝氏城，应指巴克特里亚的首都巴克特拉，今巴尔赫。安息的都城番兜城可能是Parθava或者Parthaunisa, Nisa。安息的另一都城在《后汉书》中称为和椟，可能是希腊语中的百门城赫卡通皮洛斯（Hecatompylos）的谐音。条支、犁靬、犂犍，前已述及。斯宾可能是底格里斯河畔的塞琉西亚，又名泰西封。迦毕试，相当于高加索的亚历山大里亚，现在的贝格拉姆（Begram）。其他还有许多城市，不一一详述。

四、中外古代史家笔下的丝路钱币

希腊式钱币在中国史籍中其实有所记载。《史记・大宛列传》中说安息“以银为钱，钱如其王面，王死辄更钱，效王面焉”。这正符合正面为国王头像的希腊化银币的特征。大夏人“善贾市”，他们的交易不是以物易物，使用的等价物也应是钱币。“自大宛以西至安息，……善市贾，争分铢”，即所谓锱铢必较，这也证明了钱币或小额钱币如奥波尔（Obol）等的流通。

钱币从何而来？据说小亚吕底亚人最早铸币，波斯、希腊的钱币都是起源于此。古典作家称亚历山大东征掠夺了18万—20万塔兰特（Talent，1塔兰特合26公斤）的金银。他以此打造钱币，向军队和雇佣兵发饷。亚历山大的钱币上有赫拉克勒斯和宙斯的头像，他相信二者都是他的先祖。亚历山大死后，他的后继者，如托勒密一世（Ptolemy I）、吕西马库斯（Lysimachus）、塞琉古一世（Seleucus I）等也继续以亚历山大的名义发行钱币，试图争夺合法性。他们直接把亚历山大本人的形象搬上了钱币，取代了原来的赫拉克勒斯头像，吕西马库斯给他头上配以公羊角表示他和埃及阿蒙神庙的联系（公羊是阿蒙神的标志）。后来，继业者们自行称王（basileus），开始发行自己的钱币。巴克特里亚的希腊国王也紧跟其后，发行自己的王像钱币。帕提亚王国的钱币几乎是清一色的银币，也采用希腊化式样，正面是国王，反面是本地或希腊的保护神，与《史记・大宛列传》对安息钱币的记载相吻合。

帕提亚钱币上还出现了头戴王带（diadem）的女王。此女名穆萨（Musa），本是罗马奴隶，被奥古斯都送给帕提亚王弗拉特斯四世（Phraates IV）作为礼物。穆萨深受宠爱，诞下一子，同时唆使国王把其他儿子送去罗马做人质，随后害死国王，使她的儿子弗拉特斯五世（Phraates V）继位，然后自己与儿子结婚，获得女王身份，因此有了一面国王、一面女王的钱币。此事在《汉书·西域传》中也有明确的反映：安息"亦以银为钱，文独为王面，幕为夫人面"。二人在位仅六年，其钱币的式样竟然也能被我国史书记载，证明丝路信息传播比较畅通。《汉书》记载罽宾钱币"文为骑马，幕为人面"，也和印度-斯基泰人钱币吻合。乌弋山离则"文为人头，幕为骑马"，正反面也和同类钱币相符。

五、中外古代史家笔下的丝路通用语及特产

通用希腊语（koine）以希腊阿提卡方言为基础，可谓希腊化世界的"普通话"。中国史书称安息人"画革旁行以为书记"，革即另一希腊化小王国帕加马的特产——羊皮纸（parchment）。"旁行"，指横着书写，与我国古代竖着书写相异。"自大宛以西至安息，国虽颇异言，然大同俗，相知言"，说明各地方言不同，但可以相互通过伊朗语或通用希腊语交流。普鲁塔克笔下的罗马将军克拉苏（Crassus）在公元前53年的卡莱之战（Battle of Carrhae）中命丧于帕提亚人之手，其首级被送到正在亚美尼亚王宫做客的帕提亚国王面前，当时他和亚美尼亚国王正在观看希腊悲剧《酒神的伴侣》。这二位非希腊语族国王能够观赏以希腊语演出的戏剧，据说这位亚美尼亚国王还能用希腊语撰写诗歌和历史著作，足以证明希腊语的流行。前面提到的公元1世纪的希腊哲学家阿波罗尼乌斯也途经帕提亚，当时的帕提亚国王依然用流利的希腊语与他交谈。此外，在阿富汗、苏萨等地的遗址中也发现了很多希腊语铭文，证明了存在可阅读希腊语的人群。阿富汗的阿伊·哈努姆遗址距离希腊本土有

3000英里（约5000公里）之远，其中出土了来自希腊本土德尔菲神庙的希腊语铭文。阿富汗坎大哈还发现了藏头诗形式的希腊语碑文，记录了某人外出发财后回乡立碑的经过，但该人并非希腊人。乌兹别克斯坦和塔吉克斯坦也有希腊语铭文的发现。

一些希腊词的汉译出现在我国史书之中，尽管其确切词源还存在一定争议。大宛之“宛”可能来自Yona或Yavana，印度人以此称呼希腊人，波斯人称希腊人为“Yauna”，其词源即“伊奥尼亚”（Ἰωνία）；类似的对希腊人的称呼也存在于希伯来语等语言当中。蒲陶或葡萄，可能来自希腊语中的βότρυς（一串葡萄），但也有学者认为来自波斯语。苜蓿是一种牛、马喜食的草料，可能来自希腊语Μηδικός，字面意思为“米底亚的草”，因为苜蓿产自米底亚。

《史记·大宛列传》中载大宛“其俗土著，耕田，田稻麦。有蒲陶酒”，且“宛左右以蒲陶为酒，富人藏酒至万余石，久者数十岁不败。俗嗜酒，马嗜苜蓿”。安息也是“其俗土著，耕田，田稻麦，蒲陶酒”。可见葡萄酒在丝绸之路上十分流行。斯特拉波《地理志》提到了希腊人将葡萄栽种技术带到巴比伦尼亚和西亚其他地区。当地人种植葡萄时，原本仅将葡萄枝简单地埋入土中，希腊人则用铁棍插入土中，然后拔出将葡萄枝置入其中。另外，在中亚的阿里亚（Aria）和马尔吉亚纳（Margiana），葡萄酒可以保存三代。这条记载恰和《史记·大宛列传》中大宛周围地区的“蒲陶”酒可保存“数十岁不败”对应。

结　　语

虽然古代的中外史家对整个横跨欧亚大陆的道路体系缺少非常明确的认识，但他们确实逐渐了解到，东西方之间有一条或若干条道路存在，可以将彼此沟通起来。史家们写作时间不一，也存在一定的误记、错记，但总的来说提供了宝贵的历史信息。例如，我国的许多史料是即时性记录的，司马迁利用张骞的报告，以及班固和范晔利用的班超、班勇的材料，都具有很高的时效性。西方史家亦然，虽然围绕亚历山大的主要史料传统都距离亚历山大之死较远，但他们利用的材料主要是亚历山大部将的回忆录等作品。中外史家的记载基本能相互对应，包括本文尚未详细提及的海上丝绸之路，在《汉书·地理志》也有反映。中国商船曾抵达的夫甘都卢（马来半岛西岸？）、黄支（印度东海岸？）和已程不国（斯里兰卡？）与《厄立特里亚航海记》中罗马商人抵达印度东海岸、恒河河口、孟加拉湾乃至中南半岛的记载可以相互印证。

以上的中外文献中的认同大部分以揣测、推论为主，并非定论。中外丝路文献是一个颇有研究潜力的领域，尤其是近年来不断有新的铭文发现，改写了我们以往的认知，我们中国学者有可能在这方面的研究中有所突破。希望与有志于此的学者们一道同行。

作者简介：杨巨平，南开大学历史学院教授。

伟大的历史事业：第一篇　博兰德学派[*]

大卫·诺尔斯 著　李腾 译

摘要：17 世纪常被视为现代世界的真正开端，科学探索与史学研究都在发生重大变化。博兰德学派是 17 世纪活跃于低地国家的一个非官方耶稣会士团体，致力于收集、校订和出版圣徒传记原始文献。其编订理念由罗斯韦德提出，后经博兰德、亨斯肯斯、帕彭布罗克等学者的努力不断发展，形成了影响至今的史料考订原则与规范。在这一团体的发展过程中，学派遭遇诸多困难，如与加尔默罗会的冲突、耶稣会被镇压等，但始终顽强存续。19 世纪后，随着耶稣会的重建，斯梅特等学者进一步推动了这一学派的复兴与变革。时至今日，《圣徒行实》的编纂仍在博兰德学派团体的组织下出版，也成为了西欧中世纪历史编纂学发展的重要见证。

关键词：博兰德学派　圣徒传记　文本考订　耶稣会

在过去的二三十年中，科学史和学术史研究者曾多次将研究过去的学者们之注意力吸引到 17 世纪。他们说，我们将在那里找到现代世界的真正开端，在那个时代里，对传统和书籍的依赖让位于实

---

* 文章来源：Professor the Rev. M. D. Knowles, Litt. D., D. Litt., F. B. A., F. S. A., F. R. Hist. S., "Great Historical Enterprises I. The Bollandists", *Transactions of the Royal Historical Society*, Vol. 8 (1958), pp. 147-166。

英国皇家历史学会是在 1868 年由英国王室特许建立的学术机构，由学会会士选举主席和理事会，任期一般为四年。从 20 世纪以来，每位主席在学会举行年度会议时都会进行次公开演讲，主题多为自己多年研究的心得所在以及对当时世界局势和学术热点的回应与反思。大卫·诺尔斯于 1957 年到 1961 年担任英国皇家历史学会的主席，他四次主席讲演的主题是"伟大的历史事业"。——译者

验、分析和批判。在历史学领域，也有一种从古典文学传统到原始资料和官方记录的转变，而过去的历史书写则受到了新技术影响。这种新技术一百年来一直被一系列伟大学者——从瓦拉（Valla）到伊拉斯谟（Erasmus）到斯卡利杰（Scaliger）和卡苏蓬（Casaubon）等——运用到古代世界的文献名典当中。当然，从许多方面来说，17 世纪在史学编年史中要比此后的任何一个世纪都更为重要。在英格兰，这个时代是多兹沃斯（Dodsworth）、达格代尔（Dugdale）、特怀斯登（Twysden）、沃顿（Wharton）和赫恩（Hearne）的时代，在法国则是达切里（D'Achery）、拉贝（Labbé）、杜坎热（Ducange）以及莫尔学派（The Maurists）的时代。在尼德兰的部分地区，也就是今天的比利时境内，是第一代博兰德学派（The Bollandists）的时代。[①]

就目前来说，我们关心的只有最后一个团体。他们占据重要地位有两个充分的理由。他们的学术合作事业在现代世界中是首创之举，且这项伟大事业是 17 世纪唯一一个迄今仍在积极运作的。更值得注意的是，无论是内在精神还是外在形式等所有要素，他们的先

---

① 我要感谢保罗·格罗让神父（Paul Grosjean, S. J.），他非常友善地阅读了本文的打字稿，并提出许多修改意见。关于博兰德学派，尚没有完整的历史著述。在百科全书类作品中有一些经典著述，其中最好的可能就是斯梅特（Ch. De Smedt）在《天主教百科全书》（*Catholic Encyclopedia*, 1907）和比尔（A. de Bil）在《教会历史与地理辞典》（*Dictionnaire d'histoire et de géographie ecclésiastiques*, 1937）中的条目。关于博兰德学派，此外还可参见 R. Aigrain, *L'Hagiographie*, Paris, 1985, pp. 329–350，其在很大程度上就是对下文所示 H. 德勒哈耶（H. Delehaye）作品的缩编。如果读者希望对之有既广泛又深入的了解，可以将三篇由现代博兰德学派成员所撰写的著述作为参考：H. Delehaye, *A travers trois siècles: L'Œuvre des Bollandistes, 1916–1915*, Brussels, 1920; P. Peeters, *L'Œuvre des Bollandistes*, Mémoire de l'Académie Royale de Belgique, Classe des Lettres, tome xxxix, fascicule 4, 1942 ；以及同作者的 "Après un siècle (1937–1937)", *Analecta Bollandiana*, lv, pp. iv-xliv。除此之外，关于博兰德学派的过去，A. 庞塞莱（A. Poncelet）、H. 德勒哈耶等人撰写的一些回忆文章也会时不时地刊印于《圣徒传记》和《国家人物传记》。关于更晚近人物的传记描写，参见 P. 皮特斯（P. Peeters）原先发表于《圣徒传记》，后重印于《当代博兰德学派人物》（*Figures Bollandiennes comtemporaines*）（包括 Ch. De Smedt, A. Poncelet, J. Van den Gheyn, F. Van Ortroy and H. Delehaye）的文章，1948 年出版于布鲁塞尔，以及同作者的 "Notice sur la vie et les travaux du R. P. H. Delehaye", in *Annuaire de l'Academie Royale de Belgique* (1943)。最后，还有对彼得斯的追忆，参见 P. 德沃斯（P. Devos）的文章，见 *Analecta Bollandiana*, lxix (1951), pp. i-xlvii。可以看到，以上所有这些文献都是由博兰德学派成员自己撰写或者基于他们所写而做的，本文也是如此。的确，在这个团体之外的学者都无法接触到内部的重要记录和文件，然而可以理解的是，这样一部内部的历史无论多么学术化和多么坦率，都不能指望其从外部完整地看待博兰德主义。

祖仍然能够识别出这些后裔。这仍然是一个非官方的耶稣会士小团体，其分布范围大致与今天的比利时相当。[①] 他们在一个地方生活多年或终老于此，专门致力于收集和出版圣徒传记的原始文献。这个组织是如何兴起的，又是如何延续下来的呢？

这个理念最早由埃里伯特·罗斯韦（Héribert Roswey，1569—1629 年）提出，虽然他并非这个组织的创始人。他经常被称为罗斯韦德（Rosweyde），是乌特勒支本地人。[②] 作为一名年轻的耶稣会哲学教授，罗斯韦德的闲暇时光都在弗兰德地区古老的修道院中查阅和誊抄抄本。在这些抄本中，有许多古代和中世纪时期的圣徒生平。罗斯韦德非常熟悉中世纪时期流传下来的圣徒生平汇编，而这些集锦汇编在文艺复兴时期进一步扩充与再版。在这些圣徒传合集或者独立成篇的圣徒中，这些圣徒的历史形象与个性特点都为层层传奇和修辞所掩盖，抑或为各种想象和错谬所冲淡以至于乏味。罗斯韦德提出收集所有真实文献的理念，也就是使用近来成功运用于索福克勒斯（Sophocles）和萨路斯特（Sallust）的学术技术，对这些文本加以批判和阐释。他是一个非常讲究践行的人。在 1607 年，他粗略地草拟了一部大约涉及 18 卷文献的计划书，并将之寄给许多学者和教会当局。在他所联络接触的这些人中，就包括他自己修会的杰出人物，著名的神学家和论辩大师、枢机主教罗伯特·贝拉明（Robert Bellarmine），如今这位贝拉明枢机也进入了圣徒的行列。贝拉明本人虽然非常熟悉那些艰辛的时日，但却并不抱幻想，直截了当地反对这个计划，认为其不但不切实际，且许多旧日圣徒的生平让人难以置信，且常常显得荒唐可笑，还是不出版为好。然而，其

① 一个绝对准确的说法会更加复杂。从 1612 年到 1773 年，比利时有两个教省，分别是弗兰德–比利时和高卢–比利时，其覆盖的区域要大于今天的比利时，博兰德学派的学者是从前面的那个弗兰德–比利时教省中招募来的。从 1832 年到 1929 年，现代比利时（与卢森堡一起）共同组成了一个单一的教省，而这个教省在 1929 年又被划为南北两个部分，现在这两个教省都提供新招募的成员。

② 关于罗斯韦德，参见 Ch. De Smedt, "Les Fondateurs du Bollandisme", in *Mélanges Godefroid Kurth*, i. 395–399; A. Poncelet in *Biographie Nationale*, xx, col. 170–178. 关于宗教背景，参见 A. Poncelet, *Histoire de la Compagnie de Jésus dans les Pays-Bas*, Brussels, 1928。罗斯韦德也出版了一系列每日圣徒的生平传记，被翻译为弗莱芒语。

他一些反馈则不那么令人沮丧。罗斯韦德自己的教省，以及阿卡维瓦（Aquaviva）总会长的官方代表都给予了他祝福。而且，罗斯韦德在本笃会的利西（Liessies）修道院最终找到了一个忠信的赞助人，也就是圣布罗修斯（Blosius）的第三代继承人路易·德·布洛瓦（Louis de Blois）。在此后的几年中，博兰德学派为表达他们的感恩之情，就在1月的《圣徒行实》（*Acta Sanctorum*）中收录了当时尚未被封圣的布罗修斯的生平。当贝拉明列入真福品时，他们也有了“将炭火堆在别人头上”的满足感。* 与此同时，罗斯韦德并不满足于简要计划书，而是要为后人提供两份他乐见其成之事的恰当样本。第一个就是1613年版的《罗马殉道者列传》（*Roman Martyrology*），紧接着就是《古罗马人》（*Vetus Romananum*）的一部；其次就是1615年的《教父传》（*Vita Patrum*），亦即沙漠教父的生平和语录。在第一部作品中，他如同在暗礁密布的通道上全力以赴地航行，他的后继者们要用三个世纪来绘制这条通路的地图；而在另一部作品中，他不仅为他们提供了方法上的无价指南，而且还赋予了他们最为纯粹的精神传统遗产。他的同时代人所看到的这本书从最开始便成为了经典之作，甚至直到我们的时代都能证明其价值。① 然后，在发表了大量其他作品之后，罗斯韦德在1629年因“殉道者疾病”（martyr caritatis）而去世——这种疾病是他在一位临终忏悔者的病床前感染的——这为其后继者上了最后一课。**

罗斯韦德在其身后留下了许多良善生活的回忆、大量的誊抄写本汇编、一部伟大的作品和一个初步的想法。在完全放弃他为世人所熟知的计划之前，他的修会长上决定派遣一位精力充沛的年轻人来筛选罗斯韦德所留下的文字遗产。这位年轻人的名字就叫让·博兰

---

* 《罗马书》，第12章第19—21节：“亲爱的弟兄，不要自己伸冤，宁可让步，听凭主怒；因为经上记着：‘主说：申冤在我，我必报应。’所以，‘你的仇敌若饿了，就给他吃；若渴了，就给他喝。因为你这样行，就是把炭火堆在他的头上’。你不可为恶所胜，反要以善胜恶。”——译者

① 比如，在海伦·沃德尔女士（Miss Helen Waddell）翻译得极为贴切的《沙漠教父》（*The Desert Fathers*, 1936）中，就有相关摘录。

** 此处指终傅圣事或临终圣事（*Sacramentum Exeuntium*），即病人临终或者重病时，由神父为其涂抹圣油并为其赦免一生所有罪过的圣事，是天主教会的七大圣事之一。——译者

德（Jean Bolland，1596—1655 年）。[①]这位年轻人是今天的列日省人，他出生的那座家族老宅直到 1914 年还仍然存在，但这座村庄遭德军的焚毁之后，那座房子也随之化为灰烬。博兰德报告说，如果将这些文件整理出来，并加以仔细研究，罗斯韦德的计划也许就能够实现，不会有太多不必要的拖延，尽管看起来工作量相当巨大。他还表示，如果他被要求从事这项工作的话，他将不会推辞。弗兰德-比利时（Flandro-Belgica）教省接受了他的报告和提议，博兰德被任命为安特卫普发愿耶稣会士的告解神师和灵修导师，并要求他在闲暇时去完成罗斯韦德的计划。博兰德本人向来有条不紊，当他履行了自己的职责后，就在那里为自己和其他同样重要的研究制订计划。帕彭布罗克（Papebroch, Papenbroeck）曾说："幸运的是，博兰德和教省的长上都还不知道他们究竟在做什么。"正如一位现代博兰德学派成员所说，当他们跨越卢比孔河之时，根本就没注意到这条河的存在。

着手工作后，博兰德就发现罗斯韦德的计划必须延长，而且各种新旧材料要比他所想象的丰富很多。如果没有其他帮助或者资金投入，他怕是要殉职于这项任务上。资金主要是由曾资助罗斯韦德的同一位隐修院院长提供，帮手是博兰德此前的学生戈德弗洛伊德·亨斯肯斯（Godefroid Henskens，1601—1681 年），或者他更经常被称呼的名字——亨斯切尼乌斯（Henschenius）。[②]这是非常理想的组合。他们都有强健的体魄，能产生出惊人的勤奋和耐力；他们都是整个欧洲由伟大的耶稣会教育家们的新典范所塑造出来的杰出学者；博兰德勇于承担责任和做出决定，而亨斯肯斯则是忠诚和谦逊的化身。如果博兰德是《圣徒行实》的创始人，那么亨斯肯斯就是第一个博兰德学派成员。是他将这样一种合作转变为一个组织，将一项事务转变为鲜活的传统；是他将一种"团队的精神"（espit de corps），或者更确切地说，一种家族精神传递给了下一代。

---

① 一份回忆录，D. Papebroch, *De vita, operibus et virtutibus Joannis Bollandi*, in *Acta* SS., tom. I Martii。

② 帕彭布罗克为亨斯肯斯撰写了回忆录，参见 *Acta* SS., t. VIII Maii。

在亨斯肯斯到达此地八年后，第一卷得以出版，而且是 2500 页的对开本，其中囊括了在一月举行纪念瞻礼的圣徒的生平传记。在继续这项计划的历史之前，我们也许可以暂停一下，思考一下这个计划的性质和设计。

圣徒传记为整个世界带来的益处，本文不作讨论，但在此处讨论对学术的影响是合适的。更恰当的说法是，很难想象有什么领域可以像这个领域一样，能够将批判的或者历史的研究方法如此富有成果地应用于每一种问题上，也很难想象有哪一个领域能用到比这一研究还要多的学术技巧和学科。有关当代和中世纪时期著名圣徒的生平记录非常丰富，要以真实的形式将之呈现出来，也许并不比展现其他名人更为困难。不过，对 13 世纪的阿西西的圣方济各（St. Francis of Assisi）之早年生活的复杂批判问题进行研究，又或者对我们今天时代的利雪的圣德兰（St. Therese of Lisieux，一般在中文世界被称为“小德兰”）的自传进行研究，可能就会让我们小心谨慎，而不至于对此感到过分肯定。然而，“直接”的生平只是大量材料中的一部分。圣徒是什么？谁是圣徒？甄别那些假圣徒、鬼魂或者两地都出现的圣徒之标准是什么？检验查理曼是否是圣徒，有哪些严格的标准？用一个地名作考证吗？又或者是以达到某种在礼仪中被纪念的廷臣为标准？圣徒传研究者立即就会陷入到中世纪早期文书和伪造文件的噩梦中，陷入到欧洲大半教区的四旬期斋月历法错综复杂的困难中，陷入到殉道学、亡灵学和历法学的迷宫中，也陷入到基督徒情感在语言、社会和心理上的多样性中——涉及希腊语、波斯语、埃及语言、叙利亚语、斯拉夫语和东方语言，陷入到凯尔特仙境的神奇迷雾和色彩中，也陷入到几个世纪里随着时光流逝与大众虔敬的转换和翻译中，这就使其天然的特性依赖于人们的知识和大众的赞誉。如果我们再加上神学的背景，以及对可信性、可能性以及同该主题密不可分的道德和精神健全判断——根据普遍假设，历史学家们所研究的人物在很多方面都是不正常或者是超正常的，抑或两者兼而有之——我们就会开始意识到，清醒而勤奋的让·博兰德不必担心他晚年会缺乏精神活动。

除了主题本身的困难之外，还有与所采取的计划密不可分的困难。罗斯韦德假定要按照时间的顺序来进行处理，博兰德也接受了：也就是说，圣徒传的编纂者们要根据整个礼仪年安排，处理每天所要纪念的圣徒，无论是现在的还是过去的，主要基督教世界中至少一个教会或一个组织予以纪念的，就该将之纳入计划。一旦承认这项工作不仅仅是对现有知识的总结，那么这种规划的困难就变得过于显而易见。每个周，甚或是每一天，都有几乎来自每个时代和每个地区的圣徒被纪念；圣徒传学者还必须是博学之士。一方面，生活中有着紧密联系的圣徒（比如圣方济各和圣妇克莱尔，以及另一个圣方济各和圣简·弗朗西斯·德·尚塔尔［St. Jane Frances de Chantal］），属于同一个修会的圣徒（比如圣斯蒂芬·哈丁以及圣伯尔纳），以及处于同一座城市的圣徒（比如坎特伯雷的圣奥古斯丁和他的直接继任者），都往往在整个礼仪年时间中相隔大半年。这样圣徒传研究者就必须一次又一次地放弃他所掌握而尚未开发的领域，而另一代人则必须对他们已经耕耘过的领域，再次进行艰苦耕耘。① 尽管如此，也很难想象除此之外还能做出什么其他的安排。任何按照时间顺序或者按照字母排序，除了都是人为设计外，都将从一开始就无限期地推迟任何一种具有普遍吸引力的出版物。而且，即便是在 17 世纪，这样的安排也会需要无数的提前准备工作，且没有显而易见的成果。所有现存的古代和当代圣徒列表都是与日历联系在一起的，而礼仪中的纪念是在 12 世纪封圣过程标准化之前，所有圣徒都必须接受的试金石。因此，礼仪年历法从过去到现在都是博兰德学派的框架，但这也是其局限性和缺点所在。可以原谅的是，博兰德无法意识到他关于艾尔雷德（Ailred）的生平文本在三个世纪后发生了巨大改进，或者那些先读到已改进的文本之人，可能在坎特伯雷的圣托马斯（St. Thomas of Canterbury）这个名字被注意到之前

① 就在最近出版的几卷文献中，每天都有一百多个名字出现在“此处略过，在其他日期提及”（praetermissi et in alios dies relati）的名单当中。

就已经去世了。但是，即使是博兰德有些时候想必也会有这样的想法，这也是每一位优秀的博兰德学派成员心照不宣的愿望——那就是希望在位的教宗能无限期地暂停所有的封圣进程。

无论如何，遥远的未来对博兰德和亨斯肯斯来说，都是隐而不彰的。又经过了十五年的努力之后，二月份的圣徒传记以三卷本的形式于 1658 年付梓。这些作品受到了普遍欢迎，博兰德也应教宗亚历山大七世之邀前往罗马。这场旅行对博兰德的身体状况而言实在过于繁重。然而，他也愈发意识到，在出版更多卷之前，非常有必要对欧洲各地的图书馆进行广泛的爬梳搜寻，于是博兰德便决定派遣他的同事去探求各地的抄本，也包括罗马。他派遣了一个充满希望的年轻人作为其同事的伙伴，这位年轻人是罗斯韦德在安特卫普时常来找他办告解的一对夫妇的儿子，博兰德这位年迈的学者在这个青年身上看到了他长期以来所渴望的。1659 年，这位稳重成熟的年轻人丹尼尔 · 冯 · 帕彭布罗克（Daniel Van Papenbroeck，1628—1714 年），被纳入到《圣徒行实》计划之中。①

如果说亨斯肯斯是第一位博兰德主义者，那么帕彭布罗克便是这个团体在所有时代中最典型且最好的一朵奇葩。除天生具有优秀的学术能力和孜孜不倦的勤奋，以及坦率、谦逊和善良的天性外，他还具有坚固的虔诚和良心上的信念，亦即坚信他的工作值得让他付出全部努力，继而将其所有精力都投入其中。此外，他视野开阔，拥有着常常是伴随天才而来的好运气。他所想要的文献，如同就躺在他所翻开的第一块石头下面。最后——这可能就是一个博兰德学派成员与其他学者之间具体的区别——他对历史真理的态度如同一位多明我会会士对待神学真理的态度一样，如同将之视为知识分子所能感受到的真理本身的反映一般，这是一种从任何想要去掩盖或者混淆的努力中将之解放出来并加以捍卫的东西。他从不会将偶然的东西和本质性的东西混为一谈，并拥有清晰而具说服力的阐述天赋。

---

① 关于帕彭布罗克，参见在 *Acta SS.*, t. VI Junii 以及 H. Drlehaye, *Biographie Nationale*, p. xvi 中的追忆。

亨斯肯斯和帕彭布罗克在1660年7月底离开安特卫普，开始了他们第一次文学远航。二十年后，他们的远航在1685年对马比荣（Mabillon）的著名朝圣中达到了顶峰，之后又去了马泰内（Martene）。帕彭布罗克如同其他参与到壮游（grand tour）中的人一样，保留了非常详细的日记。他们用了两年五个月，在这段期间走访了德国南部、奥地利的蒂罗尔（Tyrol）、意大利的特伦托到那不勒斯以及法国全境。在罗马的两次长期居住期间，他们大约待了十二个月乃至更长时间，亚历山大七世尽其所能地帮助他们开启那些僵硬尘封的大门，并劝说乃至强迫那些粗暴的图书管理员和小心守护的业余文学爱好者袒露他们的宝藏。这两位耶稣会士拥有一些资助，因此在各处都能安排抄写员进行工作。他们带了1400多部圣徒传记满载而归，且在此后的几年间，他们所雇佣的抄写员还在使这一数字不断增加。这次远行除了为他们带来了无数新朋友和订阅者之外，也对《圣徒行实》产生了重要影响。这两位旅行者意识到，希腊圣徒的生平也必须包括在他们的计划中，当三月卷出版时便首次出现了希腊圣徒的专栏。在接下来的五十年间，这样的旅行不断重复，更有价值的是他们得到了来自整个欧洲上上下下的耶稣会会院中朋友和同侪的帮助，这些会院如同一座座工厂，为安特卫普的车间提供原材料。

在这些旅行者回来后不久，这项事业德高望重的创始人与世长辞，享年69岁（1665年）。博兰德去世之后不久，亨斯肯斯也去世了，但是他的传奇（对于一位博兰德主义者来说。这个词汇更为合适）则持续到81岁冥寿（1681年）。他协助完成的24卷作品，其中一些在他去世后才出版，这是一项甚至连帕彭布罗克都未曾打破的纪录，而且可以肯定地说，无论《圣徒行实》在某一个时刻是否仍在进行，这项纪录也将永远不会被打破。博兰德去世后，这个小团体采用了迄今仍在沿用的不成文章程：所有的工作完全通过自由讨论来调解；根据会院的传统习俗共同做出决定；没有领导或者上级，只有年长者可以暂时充当“主理人”（primus inter pares）的角色。原先博兰德在学院阁楼上的工作室变成了图书馆，据说其中有一个带有365个抽屉的大书柜，①尽管后来每一位合作者都拥有了一间自己的书房。

随着亨斯肯斯的谢世，团体中开始有大批且不定时出现的新来者。其中一些人被证明不适合或不愿意从事这项工作，还有一些人英年早逝，死于肺病，或者如同罗斯韦德一样在瘟疫时期成为恪尽司铎职守的殉职者。每一代人中都有一两位出类拔萃者，为这项工作增添了色彩。从某种意义上来说，帕彭布罗克活跃的五十四年是革命前成果最丰富的时期，富有学识的评论者认为，他所撰写的那18卷多是整个系列中最重要的部分，其中包括了三月、四月、五月和六月初的部分。在他的研究过程中，他遇到了各种各样的幽灵和怪物，就如同贝奥武夫曾经所遭遇到的那样可怕。其中一些精力充沛，还有一些已经被更早期的游侠骑士所重创，几近死亡，还有一些仅仅是叽叽喳喳的幽灵。在《圣西尔维斯特行实》中，就有拉撒路和三个玛利亚的传教之旅，以各种各样的化身和可移动的头颅现身的亚略巴谷的丹尼斯（Denys the Areopagite），圣乔治和圣西奥多的龙，以及圣路加的圣母绘像等，这只不过是几例圣徒文献密林中呼啸而过的幻影。帕彭布罗克并非怀疑主义者，也不是哈杜安（Hardouin）*。他也不像赫伯特·瑟斯顿（Herbert Thurston）所哀叹的一样，似乎将工作视为令信徒们感到震惊的手段，以作为顽皮的乐趣。但是，帕彭布罗克在通过合法性批判后，对那些被认为是错误的东西毫不留情，他不认为历史的或者批判的论点都永远只是一种推测而非真实，也不认为那些错误的或者迷信的传统——无论这些传统是多么可敬或无害——应当被允许作为真实的东西而获得通过。在后续的工作中，帕彭布罗克也未能摆脱攻击，在随后的风暴中，《圣徒行实》几乎被击沉。17世纪之交，在宗教界是一个争论

① 博兰德学派中所使用的罗马历法中2月只有28天。

* 作者此处所言应为让·哈杜安（Jean Hardouin，1646—1729年），是一位法国神父和古典学者。他是许多匪夷所思的阴谋论的创立者，一个著名的观点就是现存的古典文献大多是14世纪阴谋伪造的，否认绝大多数古典艺术作品、钱币以及各种碑刻的真实性，在某种程度上堪称各种所谓“伪史论”的始作俑者。——译者

异常激烈的时期。詹森主义（Jansenism）、或然主义（Probalilism）以及寂静主义（Quietism）和高卢主义（Gallicanism）都在把水搅浑，而宗座在法国和西班牙的问题上都处于一个极微妙的位置。贝勒（Bayle）与丰特奈尔（Fontenelle）开创了理性与启蒙的时代。耶稣会有许许多多的敌人，他们不把这个修会搞垮誓不罢休。

这场战争的具体起因是博兰德学派对加尔默罗会之起源的处理。[①]按照加尔默罗会自己的说法，这群白衣托钵僧最早源于先知以利亚的门徒，在基督教的黎明期，这些在加尔默罗山的继承者成为了童贞圣母的第一批荫庇者。帕彭布罗克在处理三月份的圣贝托尔德（St. Berthold）和四月份的耶路撒冷的圣阿尔伯特（St. Albert of Jerusalem）时，恰当地表明这一传统缺乏历史证据。加尔默罗会自觉受到冒犯，并在此后的二十年间持续地攻击博兰德学派。最后，三月、四月和五月的《圣徒行实》被秘密地呈送给西班牙异端裁判所，裁判所继续将之谴责为错误的、异端的、对虔诚之人的冒犯以及分裂的。不久之后，加尔默罗会的比利时教省也向罗马提交了类似谴责，他们起草了一份那些在《圣徒行实》中受到致命攻击的古老传说的完整目录，并要求教宗英诺森十二世给予他们满意的答复。教宗本人并不为所动，但是政治形势使得与西班牙发生冲突并不可取，帕彭布罗克的敌人们成功说服了负责这一事务的官员，使他们将五月卷的导言——其中包含着关于过去教宗选举的尖锐言辞——列入了《罗马禁书名录》（*Roman Index*），而且直到利奥十三世时期仍在其中。与此同时，博兰德学派也在西班牙和罗马积极地进行自卫。在西班牙，耶稣会的影响相当强大，他们在二十年后（1715 年）成功地完全扭转了异端裁判所的谴责。在罗马，他们则与历任教宗建立了私人友谊，他们的事业得到了其中一位成员简内克（Janninck）的捍卫，[②]从而使他们从未面临严重危险。帕彭布罗克自

① 这个特殊的片段是否能在整个故事能够公平地置于时代背景之前，显然需要进行大量仔细的批判性研究。

② 在 *Acta SS.*, t. III Julii 中的追忆。

然因别人对他工作的攻击而深受触动，对他信仰正统性受到诋毁更是如此。他亲自郑重地向教宗请求平冤昭雪，但是在他的名声获得全部正义之前，他就去世了。那些曾经希望扼杀《圣徒行实》的敌人们希望落空了。但是，他们至少导致了不幸的结果，那就是在将近二十年的时间里延缓了博兰德学派的工作，而博兰德学派在捍卫自身和他们所使用的方法乃至培养下一代学者时，再没有沿着帕彭布罗克为其定下的基调，在结论中变得不再那么直言不讳，还常常有些模棱两可。

帕彭布罗克 1714 年去世，享年 87 岁。他理所当然地被博兰德学派此后的世代视为整个学派中最强大的一员，他将这个家族的勤勉、知识上的诚实、谦逊以及虔诚发扬到了卓越程度。再加上天才的气质，使他得以与马比荣、杜坎热、格老秀斯（Grotius）、莱布尼茨以及本特利（Bentley）等同时代最伟大的人物相提并论。似乎并没有后继者能完全继承他的衣钵。在他去世后的二十年间，这个团体的领袖是杜 · 索里尔（Du Sollier），①是一位学有专精的学者和能干的管理者。他在 1736 年退休，并在四年后去世，出版了一本非常优秀的乌苏阿尔德（Usuard）* 殉道行实，并对《圣徒行实》的内部安排和排版进行了更好的修订。他总是把团体内的事务安排得井井有条，而且总是亲自抄写他手写书信的复件。在他去世之后，在他的文件中发现了超过 12 000 封信件。

杜 · 索里尔的继承人则是让 · 斯蒂廷（Jean Stiltingh，1703—1762 年），他是在帕彭布罗克和大革命之间最为杰出的学者。②斯蒂廷是一位多才多艺且异常迅捷的工作者，具有书写内容丰富而又有序的作品之能力。《圣徒行实》这一阶段的特点便是在文献资料之前，开始出现长篇的历史评论；在七月卷和八月卷中，圣依纳

---

① 在 *Acta SS.*, t. V Augusti 中的追忆。这是斯蒂廷所写。

* 乌苏阿尔德（约 875 年去世）是 9 世纪时期的本笃会学者，他献给秃头查理的《殉道者列传》包含了一千多位圣徒生平，囊括了若干此前类似作品的材料，在中世纪的圣徒传编写中产生了很大的影响。——译者

② 在 *Acta SS.*, t. VI Augusti 中的追忆。

爵·罗耀拉和明谷的圣伯纳德相关条目的出现推动了这一风尚。在斯蒂廷的时代——那也是哲学家们和百科全书的时代——他在方方面面赢得了与帕彭布罗克相匹敌的名声，但是在他的手中，评注也不可避免地随着时间流逝而走向了老化，且显示出一种不幸的超越界限的趋势。尽管就当时的博兰德学者而言，他在比较年轻的岁数上就去世了，但他完成了《圣徒行实》中十卷最好的内容，我们这个时代的一位博兰德主义者将之称为取之不尽用之不竭的学术即兴创作。[①] 斯蒂廷是旧制度下最后一个伟大的名字。继他之后的康斯坦丁·苏斯肯斯（Constantine Suyskens，1714—1771 年）是一位二流学者，[②] 但是所有的方济各会士都将永远记得他所主编的《三位同伴的传奇》（*Legend of the Three Companions*）[*]。最后一位主编是德·拜（de Bye），虽然他并非不匹配他的位置，但他的命运是要为拯救一艘注定要沉没的船而奋斗多年。

对耶稣会的镇压终结了漫长的斗争和阴谋过程。当这一打击在 1771 年降临时，有些人希望保存博兰德学派的图书馆甚至让他们继续工作，而另一些人则仅仅试图获取他们的藏书。在这些各种请愿和计划中，只有四位学者还在继续着他们的工作，十月卷的第四册于 1780 年出版。在这部新作的扉页上，象征着耶稣会士的“S. J.”醒目地消失了。与此同时，其余的博兰德学派成员将自己的行囊和书籍转移到了布鲁塞尔城墙内的高德贝格（Caudenberg）修道院。奥地利政府计划将此作为这项工作剩余的遗产。此后，这座修道院也被约瑟夫二世镇压，但在此之前，不可征服的船运公司已经将第五册送到了印刷厂。两年之后，一道政府法令要求停止《圣徒行实》的编纂工作，官员们宽宏大量的想法是将其消亡日期永远定格在 11 月 1 日。即便如此，德·拜也并未被压倒，法国的莫尔学派也

① “Le flot intarissable de son improvisation érudite”, Peeters, *L'Œuvre des Bollandistes*, p. 46.

② 在 *Acta SS.*, t. IV Octobris 中的追忆。

* 因为此书的内容为方济各最早的三位同伴，修士利奥、安杰洛和鲁菲诺所讲述的，被视为有关圣方济各的最可信的第一手资料。——译者

努力帮助他们，买下了图书馆和文献的版权。这在比利时引发了当局的警惕，他们开始实施一个将博兰德学派的所有权转移给通格鲁（Tongerloo）的普雷蒙特雷修会修道院的计划。这项交易在具有决定性意义的1789年8月完成。两位前耶稣会士仍然健在，并能够担任教员，此时的法国大革命已经爆发，且在低地国家产生了巨大影响。尽管看起来令人难以置信，十月卷的第六册仍在1794年于通格鲁如期付梓。这就是结局。也就是在这一年，国民议会的军队涌入比利时，建立了共和国。一些图书和文件被抢救疏散到德国，其他的一些则被藏匿或遭到销毁。博兰德学派的大炮终于在港口被淹没之后不再轰鸣。

在接下来的四十年中，出现了各种各样的计划，有些暗藏祸心，有些滑稽可笑，或是为了拯救《圣徒行实》，又或为了捡起任何可能被时代风暴冲走的残骸上的货物。在由维也纳会议所建立的欧洲中，比利时从1830年起拥有了独立的一席之地。在滑铁卢战役的几十年里，在这个曾经整个地属于拿破仑帝国的地区出现了一种宗教回潮。在1814年，庇护七世复兴了耶稣会，耶稣会的比利时教省也在1832年建立。然而，重建工作是如此繁多，以至于当时都没有机会甚或没有意愿去发掘曾经的博兰德学派，即使旧图书馆的某些部分和各种文件在这里随处可见。有些文献通过一些途径进入了勃艮第图书馆，也就是现在的布鲁塞尔皇家图书馆。总之，这一事业的复活是出于一个奇怪的机缘。在巴黎，法国人建立了一个古怪而无能的学会，专门编撰圣徒传，并开始同比利时政府进行谈判，以获得《圣徒行实》的一些财产和遗物。这一次，爱国情绪又再次被激发起来。富有远见和影响力的鲁汶大学校长德·拉姆蒙席（Mgr. de Ram）领衔提交了一份请愿书，要求恢复博兰德学派，并将之委托给比利时的耶稣会士们。1837年，一个三人（后来成为四人）组成的临时小组在布鲁塞尔的耶稣会学院成立，他们所有的只是一小笔政府资助、几本书和一些图书馆特权，但他们却没有前辈的学术工具，也没有更为宝贵的由那些前辈所积累起来的传统。从1845年起，《圣徒行实》十月卷的剩余部分就以很短的间隔开始出现，这是弗兰德人的韧性和博兰德学派幽灵之活力的惊人见证。毫无疑问，这些作品在整体上达不到原有标准，一群没有经验的学者被派来生产这些货物，但是他们尽了自己最大的努力去履行责任。至少在 19 世纪 40 年代，在历史的学术世界中，除了德国之外大部分都是文人的世界，他们都很欢迎这种复兴，但困难在于找到能做事的人。其中一些人退出了，而另一些人，比如安托尼·丁尼布鲁克（Antoine Tinnebroek）和爱德华·卡朋蒂埃（Edouard Carpentier）则英年早逝。[①] 这一状况被一个火山爆发式的天才所拯救，这个人就是维克多·德·巴克（Victor De Buck，1817—1876 年）。[②] 德·巴克是一个精力极为充沛且多才多艺的人，具有连麦考莱（Macaulay）都可能会钦佩的记忆力，同时还具有无畏而快速的判断能力。除了复兴初期无休无止的事务外，他还能通过阅读和评注 56 册《圣徒行实》以自娱。他拥有帕彭布罗克的勇气和正直，虽然他缺乏大师所应具备的成熟和稳重，却拥有能够捕捉到直觉和闪光点的心灵，这就使他得以跻身于伟人的行列。他的成就之一就是认识到，所谓的圣哲罗姆殉道史不过是历法的拼贴；而另一个重要贡献，则是摧毁了当时的流行观点，也就是在地下墓穴的埋葬壁龛附近出现染成红色的壶腹便是殉道者的标志，这种观点常常被转入到礼仪实践当中。这篇批判的文章为德·巴克赢得了与帕彭布罗克比肩的名声，也使他分享了帕彭布罗克同样的命运。他的评注本来是供教会当局阅览的机密文献，却被泄露了，作者因此被愤怒地攻击为别有用心和虚伪的怀疑论者。德·巴克从未试图为自己进行公开辩护，他本可以用这种方法来强调自己的观点。但罗马当局还是默默地接受了他的观点，此后这一点也再没有受到质疑。与过去的博兰德学派不同，德·巴克在 19 世纪 60 年代的欧洲是一位名人。他和杜潘鲁（Dupanloup）以及蒙塔

① 关于这些人，参见 Peeters, “Après un siècle”, pp. xxiii, xxviii。

② 关于他，参见贝斯滕（P. V. Baesten）的文章，载 *Précis Historiques*, xxv (1876), pp. 389-410。

朗贝尔（Montalembert）是朋友，且同牛津运动以及东正教的重新合一派别的领袖们保持通信；他也完全继承了比利时贵族思想中最后的弱点，那就是坚信自己能够理解毫无逻辑的英国人。在1869—1870年，他被耶稣会的会长选中，作为参加梵蒂冈公会议的神学家顾问。德·巴克为《圣徒行实》工作了二十六年，虽然他从未真正成为这一团体的领袖，但实际上是这一团体的核心和动力所在。用彼得斯神父的话来说，虽然他并非一个典型的领袖，但他的冲动会压倒一切，迫使优柔寡断的人采取行动，哪怕仅仅是为了保命。在最后岁月中，他也同帕彭布罗克一样，在失明和疾病中度过。

德·巴克在1876年去世，博兰德学派再次陷入险境。没有人能够接替他的位置，团体也尚未建立起坚固的传统或者既定政策。过去的方法正迅速地被德国的新批判学派所淘汰，《德意志文献集成》的编校者与文献学院（Ecole des Chartes）的前学生（毕业生）们正在建立出版和校订中世纪文本的全新卓越标准。十月卷的第十三册——也是该卷的最后一册——是在德·巴克去世大约六年之后的1883年才出现的，且被批评为整部汇编中质量最差的一册。当时，名字出现在扉页上的人都已经不在人世了，读者们很可能会觉得这项事业似乎行将就木。

然而，由于另一位天才的降临，这一状况再次得到了扭转。这就是查尔斯·德·斯梅特（Charles De Smedt，1831—1911年）。当时他已经不再年轻，但注定要在三十五年内成为一个天才（genius loci），并催生新的创造，也就是我们这个时代的博兰德主义。德·斯梅特虽然只比德·巴克小三十多岁，却完全属于另一个崭新的世界，也就是19世纪科学和批判的世界。他意识到圣徒传记不能再是一件偶然为之的事情，也不再是勤奋的编撰者和业余历史学家们的工作，这项工作不能再依赖偶尔出现的天才而获得启发。新时代的博兰德主义者必须是受过新技术训练的学者，掌握一切新的技术辅助工具，并能为自己制造专业所需要的一切工具。他必须制订一个比下一卷所需还要广泛得多的计划，这个计划应当包括圣徒传每一个可能的领域和范畴。在德·斯梅特的指导下，一系列改革和新事业开始了。文本将按照现代批评的标准要求呈现，在对抄本进行完整汇编和分类后，还要有一个完整的“校勘记”（apparatus criticus），这样就能满足语文学家以及更高的批判要求。作为一项必要的准备工作，世界各地图书馆中所有关于圣徒传的抄本都要编制清单，所有具备圣徒传性质的书籍、专著和论文都要编订目录。像拜占庭、叙利亚、斯拉夫和凯尔特这些历史部分，被分配给那些更为专精的学者。为了鼓励研究和出版，他们还邀请批评者，以防止博兰德学派成为松鼠家族的学者，只是无休止地在那里堆积文献，无论这些文献是否被他们遥远的前辈使用过，或是已经在此前为其他学者所编订出版。在1882年，一本名为《博兰德学报》（*Analecta Bollandiana*）的杂志创刊，专用于排印全部圣徒瞻礼日历的文本和研究。这一特殊计划迅速发展起来。一开始其仅仅作为《圣徒行实》的附属补充，并以拉丁文出版，却呈现出现代评论的样貌。先是书评开始出现，后来则是对所有涉及圣徒之研究文献的定期评论。

德·斯梅特非常幸运，拥有一批人才并加入了他的队伍，这些人在各种能力上都足以与过去的那些巨人相媲美。其中有一位阿尔伯特·庞塞莱（Albert Poncelet，1861—1912年），是一位才华横溢、不知疲倦且有条不紊的工作者，特别对中世纪早期历史感兴趣，在许多年中，他都是《圣徒行实》的灵魂。此外还有弗朗索瓦·范·奥尔特洛伊（François Van Ortroy，1854—1917年），是博兰德学派历史上最富魅力的人物之一。他冲动、热心、机智、直率，他的面庞和身材配得上荷加斯（Hogarth）或卡朗·阿什（Caran d'Ache）的妙笔。他注定要去编撰圣卡洛·博罗梅奥（Carlo Borromeo）的传记，而他在意大利的那些年为他赢得了一位在世圣徒（亦即米兰的教授、真福孔塔多·费里尼［Contardo Ferrini］）和一位未来教宗（亦即庇护十一世）的友谊，这也同时使他的兴趣转移到阿西西的主保圣徒身上，这位阿西西的圣徒在当时由于勒南（Renan）和塞巴蒂尔（Sabatier）而广为人知。最后，也是其中最为伟大的一位，便是希波吕忒 · 德勒哈耶（Hippolyte Delehaye，1859—1941 年），他以个人之力恢复了许多《圣徒行实》在英雄时代的诸多特征。在长达四分之一个世纪里，德勒哈耶一直是这一团体的元老，是最为杰出的博兰德主义者，受到整个学界的盛赞。除了他在参考书目方面以及在《圣徒行实》和《博兰德学报》的工作外，他还发表了《拜占庭圣徒传》（*Byzantine synaxary*）的纪念版（1902 年）、对圣哲罗姆《殉道者列传》的评论（1931 年）、对《罗马传奇》的研究（1936 年）和他自己及其同事编写的《罗马殉道者》的评注，这四部作品成为了批判性学术研究的经典之作。① 他通过三本小书，为“圣徒传记资源”（subsidia Hagiographica）开辟了新天地，这些书在判断上极富洞察力，在形式上也极为完备，有着更为广泛的受众，包括《圣徒的传说》（*Les légendes hagiographiques*, 1905）《殉道圣徒敬礼的起源》（*Les origines du culte des martyrs*, 1912）以及《殉道者的牺牲与文学形式》（*Les passions des martyrs et les genres littéraires*, 1911）等三部作品

从博兰德和亨斯肯斯合作以来，从 1882 年开始的三十年是博兰德学派已知最富有成果且最为平稳的时期。它从一群不断变动的编辑群体，已经成为了欧洲学术界的知名机构，却丝毫没有丧失其独特的风格。与此同时，在 1905 年城市规划中一次幸运的意外，使其从城市狭窄的街区搬到了郊外宽敞的新建筑，这个地点是由国王利奥波德二世亲自指定的。德 · 斯梅特及其同侪的工作业已变得成熟，并且有希望稳定地产出十一月份的那一卷作品。

然而，致命打击再一次降临，这一次完全是外部机构的干预。德国人对比利时的侵略及之后的占领（1914—1918 年），使工作陷

---

① 《殉道者列传》的多种版本可能会让普通读者感到困惑。哲罗姆的《殉道者列传》的通行版是在 1894 年由杜申（Duchesne）和德 · 罗西（de Rossi）编订，参见 *Acta SS.*, t. II i Novembris。《殉道者列传》本身被德勒哈耶解构并批判性重构了，在 1931 年出版（文本由昆廷［Dom H. Quentin］编订，德勒哈耶评注），作为 t. II ii Novembris。当时所有博兰德学派成员都在德勒哈耶领导下，对《殉道者列传》的评论都做出了贡献，这些评论也是十二月卷的导论，于 1940 年出版。

入瘫痪，并切断了博兰德学派与其他学者的一切友好交往。招募新成员已完全不可能。范·奥尔特洛伊于1917年去世，而德勒哈耶同许多比利时神职人员一样，在反对德国的宣传和情报工作中发挥了重大作用。他在1916年遭到逮捕并处以罚款。当他无视德国警察而继续其活动时，他再遭拘捕，并在监禁三个月后被判处死刑。也因为如此，他得以逃脱长期的苦役劳动。在停战之前不久，他的拘役就结束了，但当他重新返回米歇尔大道时，博兰德学派再次几近绝迹。他毫不气馁，再次将过去的同事、昨日和今日的博兰德学派成员重新召集到他的身边。1925年，他出版了十一月卷的第四册。两次世界大战之间的二十年是丰收和耕种并存的时期，德勒哈耶在同侪帮助下令人满意地完成了对《罗马殉道者列传》的伟大评注，并作为十二月卷的导论册出版。这部作品1940年5月被送到出版社，距离德国第二次入侵比利时仅有三天。德勒哈耶再次眼睁睁地看着灾难再次威胁到他的工作，而在他去世的时候，他的国家又再次与西方世界的其他地方相互隔绝了。但是，这次比利时遭受的苦难比其他许多遭到德国军队蹂躏的国家都要少。《博兰德学报》仍旧在出版，而博兰德学派从1945年以来仍一直保持着其在六十年前首次达到的高度。

说到德勒哈耶的时候，我们就已经说到了我们身处的这个时代，但在我们总结之前，还有两位博兰德学派的成员应当提及。第一位是保罗·彼得斯（Paul Peters，1870—1950年），他是一位法国和比利时混血的学者。彼得斯在年轻时就是一位才华横溢的古典主义者和人文主义者，很早就展现出了自己的语言天赋，并逐渐对东方产生兴趣，从阿拉伯语和叙利亚语再到科普特语和亚美尼亚语，以及人们更加陌生的格鲁吉亚语，他一生的工作就是将东方基督教边界纳入到博兰德学派当中，并解决了许多涉及当地圣徒记录中的文本脉络和出处等问题。除了不断地输出各种校对文本和研究之外，彼得斯还为博兰德学派的家族添加了第三部大型目录索引《东方圣徒传记文献目录》（*Bibliotheca hagiographica orientalis*），他自己也成为了西欧最为著名的东方学家之一。这样的作品只有专家们才能理解，吾等俗人唯余欢喜赞叹。然而，彼得斯神父一生都是圣西门和圣伯夫的推崇者，他始终是一位人文主义者、一位风格主义者，并且是一个敏锐而富有同情心的观察者。我们对他的感佩，不仅在于他以生动而老练的语言对博兰德学派进行了细致而不偏不倚的描绘，更在于他所出版的一系列作品。这些作品除了在学术史上具有很高文献价值外，还在于这些作品都是以文雅而可靠的笔触来传达细致观察的杰作，这也使这些作品在法国当代文学流派的典范中备受赞美。而彼得斯神父也在《博兰德学报》中受到赞扬，尽管那些赞扬者的文笔不像被赞扬者的笔触那么妙笔生花，也没有他那样潇洒。

第二位也是最后一位，我要提及一位仍然在世的博兰德学派成员，他曾在牛津师从普尔（R. L. Poole）学到了部分专业知识，我们学会很荣幸地将他列为我们的通讯会士。他即是保罗·格罗让（Paul Grosjean）神父，他长期以来将布列塔尼作为自己的“领地”，但其特殊领域是西部的布列吞人（Britons）和布莱顿人（Bretons），以及在西姆鲁（Cymru）和埃尔（Eire）的暮色中。即使在我们谈论他的时候，他可能还正在追逐难以捉摸的吉尔达斯（Gildas）或者正在用希伯尼亚拉丁语（Hisperica Famina）的《潘古尔·班》（*Pangur Ban*）观察奔跑的老鼠。

那些关注博兰德学派漫长故事的人或者可以在结尾暂停一下，整理一下他们的感想。这个学派最显著的特征似乎就是其顽强地生存了下来，作为一个公认的、活跃的学术机构，它一直保持着自己不变的身份，并在一次又一次的危机中获得了天才的恩赏。在学术界，确实没有其他什么能与之媲美的了。唯一另一个能够与之相媲美的“不朽”团体就是法国学者的对应之结，他们在两个半世纪之后几乎将法国文学史延续到了维庸（Villion）时代。然而，他们在很多方面都与博兰德学派不同。他们并非莫尔学派的后裔，也并非他们的继承人，而仅仅是他们的延续者。他们并非慢慢开始这项工作的学者，而是根据他们在某一特定领域的能力，而被挑选出来的专家。最后，他们的领域本身就是一个专业的领域，他们并不需要囊括整个世界和整个基督教时代。而在另一方面，博兰德学派的人数从未超过六个人，他们的人数长期保持在三四个人。撇开路过的游学者和外来助手不谈，统共可能也不会超过六七十位博兰德学派的成员。以精算师的专业眼光来看，一项依赖于四五个人命运的事业似乎并非一项良好的风险投资。然而，熄灭的火焰却一次又一次找到了新的燃料，一旦熄灭却又重新燃起，并燃烧得比此前更加明亮。它从来没有通过一项"重大变革"或者通过大量输血而最终被拯救。

第二个反思则可能是，博兰德学派成员自始至终都具有某种家族相似性。他们都出身于几个世纪以来居住在莱茵河与埃纳河（Aisne）之间的城市化地区，具有混合的血统，其中一部分人具有非凡的勤奋与毅力，而另一部分人则继承了法国的清澈与勃艮第的阳光。这个地区从伊拉斯谟和拉托莫斯（Latomus）的时代，再到库蒙（Cumont）和皮雷纳（Pirenne）的时代，涌现出了一批又一批伟大的学者和人文主义者。博兰德学派都受深厚的古典文化约束，而在其上又嫁接了法国文化学问的传统。他们都经过耶稣会见习院、教士院和神学院的多年教育，最后他们都在长期陶冶中获得了博兰德博物院彼此肖似的家族肖像。在所有这些影响中，也许让博兰德主义者坚守岗位、忠于理想的是耶稣会士的奉献精神和信念，这种信念就是：他们的工作是对天国中耶路撒冷的真理和美善在某一个方面的实现和展示，这在本质上来说就值得付出任何痛苦的代价。

最后，博兰德学派的未来会如何？至少，一条开阔的道路永远会在他们面前延伸。圣徒群体永远不会绝迹，而当21世纪的博兰德学派最终到达圣西尔维斯特的时候*——当博兰德主义者的礼仪年周期结束的时候，这绝非一个对我们尚未出生的帕彭布罗克来说不合时宜的亡灵——一月卷将会再次掀开几乎完全是处女地的篇章。单单从一个修会在一个国家的一个教省中选拔出来的由五六个人所组

---

* 圣西尔维斯特的瞻礼日是在12月31日，作者此处是代指一年的终结。——译者

成的团体，能够应付这些日益繁重的工作吗？这可是一个打字员的世界，在这个世界中，这几个人所组成的机构及其所从事的微不足道的历史研究，与整个组织的精力相比要小得多。毫无疑问，如耶稣会所说的，可以建立一个不会让安娜堡（Ann Arbor）或者敦巴顿橡树园（Dumbarton Oaks）蒙羞的机构，*但其却将不再是博兰德学派的博物馆。再说，现在不还是有一些其他人在从事这项工作吗？全世界的宗教修会、天主教大学、中世纪学者和拜占庭学者都在大量地出版圣徒传记。博兰德学派如何生存呢？除了纯粹的技术性和批判性的问题之外，难道就没有其他的问题在等待着当今和未来的圣徒传研究者吗？难道他们不应该考察自然和超自然活动的疆域，划定心理学家和神秘神学家各自的职能吗？

我们可以提出这些问题，但是我们还不能回答。作为历史学家，我们也不必非要回答这些问题。我们也许可以用维吉尔式的愿望来结束我们今天的讨论："但愿家宅财运久长，祖宗备受景仰。"（stet fortuna domus, et avi numerentur avorum）

作者简介：大卫·诺尔斯（David Michael Clive Knowles，1896—1974年）是20世纪英国著名的历史学家，长期担任剑桥大学中世纪史教授和钦定近代史教授。曾任英国皇家历史学会主席，教会史学会首任主席。专攻欧洲中世纪天主教会史，特别是英格兰中世纪修会研究。他的三卷本著作《英格兰宗教修会》（*The Religious Orders in England*，1948—1959）受到广泛赞誉，迄今仍是进行相关研究的重要参考文献。

译者简介：李腾　上海师范大学人文学院教授。

---

* 此处的安娜堡代指密歇根大学的中世纪和文艺复兴时期抄本计划，敦巴顿橡树园则指敦巴顿橡树园研究图书馆和收藏馆，其主要支持和促进拜占庭研究、前哥伦布时代的研究以及花园和景观建筑研究，也以出版中世纪文献抄本而闻名。——译者

史家与历史书写

希腊史研究*

阿尔弗雷德·齐默恩 著
陶玉山 译　白春晓 校

摘要：阿尔弗雷德·齐默恩深入探讨了古希腊文明对于现代人的巨大价值和研究意义。齐默恩主张通过社会学视角研究古希腊史。他认为，古希腊尚未进入高度分工的社会，古希腊人并非职业人士，这反而提供了研究和理解社会力量相互作用的独特优势。他还指出，尽管古希腊文明与现代社会存在着根本差异，但通过研究其历史，我们能够在一个与现代迥异的环境中洞察人类共同的宏大主题。此外，希腊史研究还提供了观察城邦社会从诞生到衰落的整个发展图景。

关键词：古希腊史　古希腊社会　社会学

一位认真研究过去某一时期的学者，无论他的知识多么有限，都会以历史艺术家的精神对待其研究。他的目标是“掌握”（get a grasp）其研究主题，即真正了解他所研究的人的生活。因此，他不会局限于叙述他们的战争和政策，而是会广泛而自由地涉猎这些人的文学和艺术，他们说过的话、做过的事、制作过的东西和使用过的物品，直到渐渐地，就如一个在陌生国度久居的旅人一样，他开始对那里有一种宾至如归的感觉，对那里的居民和他们的生活方式

---

* 文章来源：Alfred Zimmern, “The Study of Greek History”, in Alfred Zimmern, *Solon & Croesus and other Greek Essays*, New York: Books for Libraris Press, Inc., 1928, pp. 59–79。本文的翻译得到安徽省高校杰出青年科研项目“中西古典文明价值观互鉴研究”（项目号：2023AHO20031）资助。——译者

侃侃而谈。正如伟大的历史学家向我们所展示的那样，也正如每一位恋人所发誓的那样，人的思想和想象确实有可能神游于一处，而他的身体却生活在另一个地方。

对于一位真正打算踏上这样一段古希腊研究之旅的学生而言，古希腊研究除了其蕴含的思想具有非凡的趣味性之外（现在还不是谈论这些的时候），还在旅行和观光的方法上提供了一些独特的优势。

首先，希腊史家的伟大远甚于此后任何历史学家。学习希腊史的学生必须掌握修昔底德和希罗多德的著作（不一定是原文），而对于现代史，他则可以学习最新的教科书。由此，他便立刻对自己的研究课题有一个更加快乐、更人性化的导读；因为修昔底德和希罗多德不仅仅是表面事实的叙述者，而且也是以各自不同的方式对其所在时代生活的许多方面深感兴趣的人。

而且，就希腊而言，尽管我们有这些一流的历史著作，我们也有相对较差一些的历史著作。因而，史学的良好传统在某种神圣的机缘巧合之下于牛津大学保留至今。这种传统将一个民族的外在历史与其内在生活——思想、文学、宗教和制度——紧密联系在一起，如此便减少了被推翻的危险。没有其他地方*将民族运动的外在和内在方面以如此容易和富有启发性的方式相结合以进行研究：例如，在文学和哲学中观察世界上第一次民主政治运作的理论，而在叙事史（也在喜剧）中观察其实践。

因此，对于那些能够掌握希腊史的人来说，希腊史（也许只有圣经除外）是社会学研究的最佳入门。

作为缪斯女神的最新馈赠，社会学不仅仅是一门对冠冕堂皇的抽象概念的研究。她并不像她的部分追慕者所追求的那样，将自己置身于一个空荡无趣的领域之中去掌权，周围充斥着空洞苍白的公式和“原则”。这些公式和原则涉及从星云假说（Nebular

---

* “没有其他地方”即指只有牛津大学能够做到。——译者

Hypothesis）* 到社会主义的最终胜利等一切普遍性问题，却无法解释任何具体问题。与历史学家的研究对象一样，社会学的研究对象也是现实中的生活，而不是应当如何的生活，或者说，如果不是偶然事件的话，本来会是怎样的生活——所有的历史也都是偶然事件的记录。只是社会学的视野相较于叙事史学家更广阔、兴趣点也更加全面，这是因为叙事史学家要讲述大事，不敢涉足细枝末节的问题。因此，社会学如坐于山巅之上，以超然的姿态观察、比较，试图去理解和领会构成一个共同体生活的各种社会力量，这些力量无论大小，无论显著或模糊，都在无休止地、错综复杂地相互作用着。在现代社会，这几乎是不可能做到的。因为，社会力量影响因素太过繁多，并且它们之间的相互作用又太过复杂，难以观察。例如，谁能用简短的概述来解释英国君主制的稳定性究竟体现在哪里？抑或王室在德比赛马大会（The Derby）的胜利 ** 对其产生怎样有利或不利的影响？究其原因是什么？这其中涌入了数以百计的影响因素；即使是修昔底德作为一位异乡人来到英国定居，也要花费半生时光才能理解爱德华国王 *** 葬礼上一幕幕场景的深层含义。

然而在希腊，社会学家的任务异常轻松。社会学家所处的是一个更年轻、不那么复杂的世界，在这里，生活还未被分门别类，一切不同类型的社会力量仍都是新生的，可以从其与整体关系的角度来观察，但（我们常常忘却）这些社会力量只是整体中渺小的一员。希腊人的生活如同我们的生活一样，展现在他们的制度之中，诸如法律和宗教、慈善和经济、体育与教育以及医学；希腊人的思想亦如同我们的思想一样，表达在艺术和文学、科学和神学以及形而上

---

* 一种宇宙起源观点。最早由康德（I. Kant）在 1755 年匿名发表的著作《自然通史与天体理论》（*Universal Natural History and Theory of the Heavens*）提出。1796 年，法国数学家拉普拉斯（Pierre-Simon Laplace）在《宇宙体系论》（*The System of the World*）中同样提出此假说。因此，后人将星云假说称为“康德–拉普拉斯星云假说”。——译者

** 1870 年，德比伯爵（Sir. Derby）在德比郡（Derby）举办赛马大会，此后发展为英国最重要的赛马大会之一。德比赛马大会在每年 6 月的第一个星期三举行，这天也被命名为德比日（Derby Day）。——译者

*** 指爱德华七世（Edward VII，1841—1910 年）。——译者

学之中。在几乎所有这些领域内，希腊人事实上都是我们的引路人与老师——但有一个巨大的差异：对他们而言，这些领域并不分门别类。更可靠的说法是：将它们称为社会中不同的基调或层面——尽管这样做对个别艺术家和哲人不公平。它们是多面向文明的短暂玩物或者一时关注的事物，这种文明渴望在重重事物之下，“洞察生命的全貌”：或是人们敬畏和崇拜的源泉，或是人们喜悦和惊奇的源泉，对希腊人而言，他们的城市在其法律所教导的真理之中，在其建筑所展现的美之中，宣告着：

“美即是真，真即是美：这就是你们在世上所知道、该知道的一切。”*

在我们听来这是多么矛盾啊，在我们这个专业化的世界，有哲学家和艺术家、主教和波西米亚人、研究真理的教授与研究美的教授，但他们彼此间少有往来。然而，对于社会学家而言，从他的角度俯瞰这个奇异美丽的希腊乡村，它是如此完美和令人满意，但又是如此冷静、井然有序和毫无浪漫气息。社会学家徒然地寻找着那些与现代生活类似的标志性事物，寻找着牧师和校长、律师和教授、皇家院士和商人的踪迹，只有一件事不可或缺——他必须学会观察。他们在希腊这里都处于萌芽时期——甚至是院士。但是，希腊用其他名称称呼自己——首选是公民或人。

然而，希腊人必须有特定的名字来称呼他们那些有特定基调的职业：如果社会学家对此深感兴趣，他将于此发现一场启迪心灵的盛宴。因为要真正了解这些不同社会力量在希腊人和希腊各城邦生活中所起的作用，不是将它们从亚里士多德为其大多数所开辟的鸽巢中一个一个抽出，置于专家的显微镜下研究，而是要像古希腊人那样看待它们，并思考古希腊人用优雅精确和永不过时的美妙词语所赋予它们的含义。“戏剧”“历史”和“经济学”的例子不言而喻。

---

* 此句出自英国诗人约翰·济慈（John Keats）的《希腊古瓮颂》（*Ode on a Grecian Urn*）。译文参考〔英〕济慈:《夜莺与古瓮——济慈诗歌精粹》，屠岸译，人民文学出版社 2007 年版，第 18 页。——译者

但仍有很多其他词汇既不能翻译，也不能音译：这是因为它们的韵味过于微妙。谁能用一句短语或一段话来诠释Phusis（“生长”“过程”“自然”“天性”）的全部含义？或者Nomos（“法律”“习俗”“规则”“牧场”——这正是人或动物成长的环境），或者Polis（在后面的章节中，我们将不厌其烦地阐释），或者Techne（艺术、技艺、技能、诡计），或是Philosophia（此词较于“哲学”更近于“探究”一义——对早期的希腊人来说，“哲学家”几乎意味着“心灵手巧之人”），或是Logos（既指“语言”或“文字”，也指与其内在相对应的“理性”：因为若你只懂一种语言，而这种语言如同古希腊语一样精确而富有表现力，那么一个单词可以表达这两层含义），或是Ergon（即Logos的最终目的，无论这是指议会或战争中的“行为”，还是指艺术“作品”或日常生计），或是最后但绝非不重要的Eudaimonia，即哲学家力图分析而普通人却能直接得到的“幸福”，也即“理智与情感协调一致的概念将会在我们道德意识的最深处取代目前可憎的混乱和无益的争斗。”*

“大多数职业，”有人说，“让人受到伤害。”正因为希腊人并非职业人士，正因为他们所生活的社会不分门别类，他们的生活才如此幸福和谐，他们的社会才如此有趣，值得研究；也正因为他们天性快乐、拥有赤子之心，他们才会在宏大而质朴的“话语和作品”中，在多立克式建筑、荷马以及索福克勒斯（如今谁还写作——更别说阅读——悲剧和史诗）那里获得满足，并且能够精确而有特色地阐明他们的想法，但不带一丝矫揉造作，其语言如此简单朴素，以至于我们最为谨慎细心的译者都害怕它的“直率”而不敢不加修饰。在其他民族的文学作品之中，在“八福”（Beatitudes）** 或《圣

---

* 此句出自格雷厄姆·沃拉斯（Graham Wallas）著作《政治中的人性》（*Human nature in politics*）。译文参考〔英〕格雷厄姆·沃拉斯：《政治中的人性》，朱曾汶译，商务印书馆2009年版，第132页。——译者

** 基督教教义之一，亦译“真福八端”，出自《马太福音》，第5章。“八福”是耶稣教诲门徒的《登山宝训》（*Sermon on the Mount*）基本内容，宣扬有八种人将会从上帝那里得到恩赐和福分。《登山宝训》是耶稣在拿撒勒山上对门徒的伦理教诲汇编，出自《马太福音》，第5—7章。——译者

方济各的小花》(*Little Flowers of St. Francis*)* 之中，我们也曾一度或两次看到过同样的朴实无华；并且在这些作品中，朴实无华的背后也蕴含着幸福。然而，除日本有一个短暂时期外，任何国家的任何社会作为整体从未如此和谐或幸福过。** 总有一天，我们会学会①去控制和享受② 那些束缚我们的众多财产，在我们自身的文明中去协调现代生活的一切社会力量。当这一天到来时，我们就会理解伯里克利的“国葬演说”(the Funeral Speech of Pericles)。“那时，大臣和议员们将会从日本最好的官方报纸那种我们听来非常奇怪的质朴语言中找到最有力的表达方式，而公民将学会像日本军队期望他们的将军那样期望他们的议员殚思极虑，只有那样，人类才既成为自然的仆人又成为自然的主人。”***

如果说希腊人是大师，那他们同样是自然之子。在这一点上，他们对社会学家来说，也将是一种帮助和愉悦，因为他们在社会安排方面和著作中一样都具有孩童般的天赋，能够直截了当地触及问题的根源。只是，与多数教授不同，社会学家必须保有人类的同情心，了解孩童的语言。只要他像所有伟大的教师一样记住这一点：当希腊人对社会问题最有发言权时，他们是最不教条的。如果社会学家准备在修昔底德的辩论和希罗多德的寓言之中寻觅尽可能多的关于人性的隐秘真理，就如在“福音书”中的短篇故事(以其现代

---

* 匿名作家创作于14世纪末的关于圣方济各生平的文学作品，意大利语称为“Fioretti di San Francesco”。圣方济各(1182—1226年)，出生于意大利的阿西西，基督教圣人，创立方济各会。——译者

** 此处出自〔英〕格雷厄姆·沃拉斯:《政治中的人性》，此处译文为:“但是，可能有人会问，认为柏拉图的‘灵魂和谐’概念——感情与理智两者因自觉协调而强化——能成为现代国家总政治理想的一部分，岂不是空想吗？在日俄战争之前，恐怕多数人会回答是。现在多数人会回答不是。”接着，沃拉斯解释了日本人兼感情和理智而有之的态度的原因。文中这一短暂时期应是指明治维新至日俄战争前。译文参考〔英〕格雷厄姆·沃拉斯:《政治中的人性》，朱曾汶译，第130—131页。——译者

① 在我们的文明面前，没有比这更难但更加必要的课程了。

② 因为，就如“福音书”中的年轻人一样，我们绝不愿意抛弃或变卖财产。

*** 译文参考〔英〕格雷厄姆·沃拉斯:《政治中的人性》，朱曾汶译，第133页。此处英文中为“For Ministers and Members...”，而格雷厄姆·沃拉斯原文中并无“For”一词，可能是齐默恩引用时省略。参见 Graham Wallas, *Human Nature in Politics,* Boston and New York: Houghton Mifflin Company, 1916, p. 198。——译者

名称称呼）之中寻找一样，那么他就能做到这些。

因为孩童的最大优点就是他们不会去宣扬真理（即使是在令人愉悦的社会学领域）：他们只会具体表现真理。由此观之，“正像有了白昼才有黑夜一样”，他们用从史诗到童话中能窃取的任何华冠丽服来包装其想法，但他们不可能“对别人欺诈”。* 他们总是直言不讳：而这样做会告诉细心的现代听众比他们本意多得多的东西。

读者会感到困惑不解，因此，我们不妨举几个例子来说明我们所描述的思维品质，这种品质对希腊研究的乐趣和益处很有帮助。由于社会学既关注抽象，也关注具体，既关注人的思想，也关注人的物质**，所以我们将分别举例说明，当然，就如孩子们总是做的那样，我们从具体开始。

现代建筑工程师可以在哈德逊河上架桥，在尼罗河上筑坝，帮助游客在一个多月内环游世界。对于他们而言，矗立于希腊山坡之上的古老环形城墙（ringwalls）乍一看相当可悲——气势恢宏却略显幼稚的塔楼、大门、门闩、栅栏和城垛，一应俱全，却毫无用处。然而，当现代建筑师用手指触摸方形砌块时，他也会承认，古希腊人对建筑这种游戏烂熟于心，并且是按照他们的想法来建造的（任何雇佣他的现代财团都不会允许他这样做）。如今已无人再要求建筑师设计建造环形城墙，或是卫城山门（Propylaea）***，或是长方形的双室神庙（Two-roomed temples）****。然而，20 世纪的建筑师在使用钢筋混凝土建造公共建筑时，有数十个委员会办公室，并满足了其他全部现代化的需求，但他们仍将目光投向希腊的典范。古希腊建筑仍然矗立在希腊大地上，它们不是废墟，因为废墟是浪漫主义的，而在人们心目

---

* 译文参考〔英〕莎士比亚：《哈姆莱特》，《莎士比亚全集》（第五卷），朱生豪等译，人民文学出版社 1994 年版，第 300 页。——译者

** 原文为“houses”，此处意译为“物质”。——译者

*** 古希腊城邦中用于分隔世俗和宗教场所的建筑，著名的如雅典卫城山门（Propylaia）。——译者

**** 如著名的帕特农神庙（Parthenon），东侧较大的房间置有雅典娜雕像，西侧较小的房间用作“金库”。参见 Simon Hornblower, Antony Spawforth, eds., *The Oxford Classical Dictionary,* Fourth Edition, Oxford: Oxford University Press, 2012, p. 1085。——译者

中，它们就如同昨日涨潮前的沙堡一样完美无缺。这些建筑试图在表达他们的意思，并且所表达的比他们的本意还要丰富得多。当我们的建筑师在设计他的下一个门廊造型或客厅饰带，或其他一些古代与现代不谋而合的细节时，他会发现自己几乎是在不知不觉中完全重现了希腊的一些技巧，这不是因为它是希腊的——他已经学会了，而仅仅因为它是正确（right）的——就像帕特农神庙的曲线一样一劳永逸地解决了问题。然而，希腊人未给我们留下任何关于“建筑原理”的著作，我们也没有理由认为他们曾写过这类著作。

这个十分具体的例子一定代表了众多领域中的其他例证——希腊人在宗教与哲学、艺术与文学、法律与经济，甚至在医学领域的所思、所言、所做的精确性、真实性以及得天独厚的诚实与不做作。因为在所有这些领域中，我们这些复杂而专注的社会中茫然无措的居民必须让“习俗沉重地压在我们身上”*，而希腊人却让这些领域中的水保持着鲜活流动，并始终愉快地发挥着智慧的作用。例如，我们的教育工作者和中小学校长（甚至是那些教授“色诺芬必修课”**的希腊灵魂人物），很容易陷入一种套路，对希腊精神照本宣科，而不是加以体现。让他们在希腊前辈的社会中待上几个月，会对他们有益。他们会对希腊人的蒙昧无知深感震惊，但也许会对希腊人的坦诚印象深刻。希腊医生对神经知之甚少：然而，如果你按照他的建议度过每一天，那么希腊的生活，即“高尚地利用闲暇”（noble use of leisure）***，就是一种永久的休养疗法，没有疗养院的大惊小

---

* 此处出自兰洛斯特 · 安德鲁斯，原文为“A Power able to roll back any stone of an evil custom, lie it never so heavy on us”（有一种力量能够将邪恶习俗之石推回原处，让它永远不会如此沉重地压在我们身上），作者此处意为我们缺少抵御习俗的这种力量。参见 Lancelot Andrewes, *Ninety-Six Sermons*, Vol II, Oxford: John Henry Parker, 1841, p. 204。兰洛斯特 · 安德鲁斯（1555—1626 年），英国主教与学者。——译者

** 色洛芬所著《长征记》（*Anabasis*）采用了相对纯正的阿提卡方言，其散文风格简洁明快，被作为欧美古典教育的入门必读古典著作。——译者

*** 亚里士多德等古希腊哲学家重视闲暇对城邦公民的重要性，认为闲暇是培养公民德性的前提。参见〔古希腊〕亚里士多德：《形而上学》，吴寿彭译，商务印书馆 2009 年版，第 4 页。〔古希腊〕亚里士多德：《政治学》，吴寿彭译，商务印书馆 2009 年版，第 416 页。〔古希腊〕亚里士多德：《尼各马科伦理学》，廖申白译注，商务印书馆 2009 年版，第 335 页。——译者

怪与欺骗。由于他不把中小学校长当作可以上钩的客户，或者是被逢迎的老傻瓜，而是（在没有社会学家告知他的情况下）将校长视为天然的同事和盟友。因此，他对校长有利，帮助两股巨大的社会力量（在我们现代国家中，这两股力量才刚刚承认彼此的存在），即人的思想与肉体，按照自然需要而共同合作。因为“求知是人类的本性”*（就连希腊人中最缺乏童心的亚里士多德也铭记了他的童年），如果没有给他更好的东西，他甚至会用心去记板球平均值**。但闲暇或许还可以用来进行明智的学习。因此，一向直接而务实的希腊人为他们的闲暇（scholê）或休闲时间发明了“学校”，而我们这些现代伪君子则只保留了此名称，但颠倒了它的含义。在两千年的荒芜之后，历史的车轮终于转了一圈，我们重新发现了“休闲学校”（leisure school）。当然，学生们（比他们的老师更像希腊人）一直都知道他们的存在，但他们明智地对此保密。

让我们先来谈谈更深层次的主题，对这些主题，我们很难辨别，更不用说“粗心的天使所知晓的绝对真理”***了。因为社会学家在这里也可以学到一些东西。

希腊人有多种脾气：但无论他们是好的还是淘气的，是像艺术家一样全神贯注，还是如一个精疲力竭的商人一样永远坐立不安（正如科林斯人对雅典人的批评）****，他们的眼睛和嘴巴总是张开着，享受着他们所遇到的一切，而且他们的保姆和他们的规矩，从未阻止他们将自己的所见所闻与所思所想一吐为快。因此，正如我们似乎愈加理智一样，希腊人并不害怕在演讲或写作中“认为他们自己很重要”，或“公开表达他们自己”，更不害怕在现代人病态、敏感、

---

* 译文参考〔古希腊〕亚里士多德：《形而上学》，吴寿彭译，第 1 页。——译者

** 英国自 18 世纪起已盛行板球运动，而板球平均值（cricket average）是板球比赛中非常重要的一项指标，用于衡量运动员的竞技能力与整体表现。——译者

*** 此处出自英国作家与诗人鲁德亚德·吉卜林，原文为“Who art in sooth that utter Truth, The careless angels know!”（谁在揭示绝对真理，粗心的天使知道！）。参见 Rudyard Kipling, *Many Inventions*, Gargen City and New York: Doubleday , Page & Company, 1914, P. V。——译者

**** Thucydides, *The History of the Peloponnesian War*, 1.70.1–9. 参见〔古希腊〕修昔底德：《伯罗奔尼撒战争史》，谢德风译，第 49—50 页。——译者

受窘或爱嘲讽（似乎两者真的可以共存）的“好形式”中，做一个理智直率、头脑清醒的开放的自我。就像所有长大成人的孩子一样，像乔叟和莎士比亚、柏拉图和索福克勒斯、圣方济各和他的犹太原型*（至少我读过相关记载），他们既十分严肃，又异常轻松：因为他们被赋予了一种常识（此形容词多么让人误解），或者正如他们所说的那样，是一种“拯救意识”。在我们浪漫而混乱的想象中（尤其是在学校或教堂里），这种常识通常显得相当疯狂且毫无意义，但当我们发现它意味着什么时，就会觉得非常不可思议。

也许《登山宝训》就是这种希腊特质的最佳例证。人们普遍认为这一点不言自明：它并不仅仅意味着它所说的内容。然而，你可能会猛然醒悟到人性的现实，并发现（就如第一位将学校称之为学校的人一样），讲话者所说恰如其分地表达了他的意思，因此，他所说比他想表达的原意要多得多。例如，他足够睿智地发现并坦诚地宣告（在这种情况下，与其说需要智慧，不如说需要坦诚），当人们暴饮暴食，超过了对身体的好处时，或是做了其他不应该做的事情时，他们不仅会口干舌燥，而且会被蒙蔽住整个视野，将无法“觐见上帝”。因此，他在希腊式的箴言系列中总结了这一点和一系列与之相伴的真理，我们称之为“八福”。毫无疑问，这种细腻的清晰度和诚实的洞察力与表达力是希腊人特有的。我们在迈达斯（Midas）**的寓言故事中或尼托克里斯（Nitocris）之墓的寓言中（她死后仍在布道），抑或是梭伦与克洛伊索斯（Croesus）的故事中发现并“快乐迎接”的，正是将整个工业革命中的道德冲突浓缩在一两张纸上的东西。因为关于国家与人，既可以布道，也可以讲述真理；社会学家必须认识到（因为他可以从希腊人那里学到最好的东西，又可以从希腊人中两位伟大的历史学家那里学到他们最好的东西），对待人类要像

---

* 指方济各和早期那些犹太先知，他们都提倡为了信仰而去过清苦节俭的生活，遵守教规。据犹太教典籍《塔木德》记载，犹太教共有48位先知和7位女先知。也可能指耶稣，方济各晚年时，身体上出现类似于耶稣受难的五伤。——译者

** 迈达斯，希腊神话中弗里吉亚国王，关于他点石成金的传说十分有名。——译者

对待“政治动物”（political animal）*，在这一点上艺术家们的认识最为深刻。但在这里，他必须再次具有眼光。例如，当他读到波利克拉特斯（Polycrates）指环的古老故事或雅典人与米洛斯人悲剧性的对话 ** 时，他必须从中看到，这不仅仅是编年史家们将其视为旧联盟的破裂和雅典吞并一座小岛 *** 的借口，还要看到一些非常有趣的启示。这些启示是睿智的历史学家努力为那些有眼光去发现他们的人保留下来的，是关于希腊人的普遍人性。

但是，现在是时候回到——用我们老兄的话来说——更为实际的事情上了。因为在本文中，我们主要关注的不是当我们到达希腊时会发现什么，而是为什么进行这次研究之旅是有益的。在谈到方法时，难免预示着结果。然而，这些必须尽可能保留到考察结束时再谈。

我们看到，希腊研究值得推荐，因为学者可获得的证据在质量上优于他期望在其他地方所找到的（可能有一个例外）。第二个优点在于希腊书籍不多。希腊书籍中关于希腊社会与希腊生活状况的内容相对较少。这对于学者来说是一大幸事：因为它使可怜的记忆力免去了许多疲惫的负担，并为人的想象力提供了空间，使其能自己找到新世界。

为什么希腊书籍告知我们的内容如此之少？

部分原因在于现存的希腊书籍是如此之少。有人说，“反复阅读稀少的”希腊文学作品，“是一件愉快的，而不是费力的工作”。****

---

* 亚里士多德认为人类在本性上是政治动物。Aristotle, *Politics*, 1253a1–5. 参见〔古希腊〕亚里士多德：《政治学》，吴寿彭译，第 4 页。——译者

** 即“米洛斯对话”，公元前 416 年，在雅典军队灭亡米洛斯前，雅典使者与米洛斯人的谈判。参见 Thucydides，5.84–113；〔古希腊〕修昔底德：《伯罗奔尼撒战争史》，谢德风译，第 413—420 页。——译者

*** 指米洛斯岛（Melos）。——译者

**** 此处出自吉尔伯特·默雷，原文为“To read and re-read the scanty remains now left to us of the Literature of Ancient Greece, is a pleasant and not a laborious task（反复阅读稀少的古希腊文学遗著，是一件愉快的，而不是费力的工作）”。译文参考〔英〕吉尔伯特·默雷：《古希腊文学史》，孙席珍、蒋炳贤、郭智石译，上海译文出版社 2007 年初版，前言，第 1 页。——译者

毫无疑问，近些年来，非文学类证据在不断积累，但希腊史研究学者仍可自鸣得意地审视着在伦敦档案局的抄本或大英博物馆的报纸中辛勤工作的中世纪和近代史同行。

另一部分原因在于，在我们现存的著作中，希腊人常常假定他们的读者具备我们所不具备的知识。例如，喜剧是我们首要的信息来源之一；但阿里斯托芬的作品中的许多笑话对我们仍然是完全陌生的，同时还因为我们对一些极小的社会事实一无所知，另一些笑话的确切含义也仍不确定。此外，尽管最优秀的希腊人为所有文明的后代撰文，但是他们却总想象后人生活在自己的城邦体制之下：因而，虽说他们会停下来解释（城邦的）特殊性，但他们没有解释城邦社会赖以生存的基础。

还有部分原因是他们自己对很多事情都一无所知。我们生活在有一个统计数据和精确信息的时代，每个学生只要查阅一本手册，就能感受到现代社会的脉搏。天才的探究者已经调查了我们社会结构的每一个角落，并揭示出结婚率、啤酒消费量和对外贸易规模（仅选三个因素）在有节奏的循环中起伏消长的神秘规律。但是，希腊政治家们没有蓝皮书和数据作为指导；他们只能通过剧院或公民大会中的空座来说明他们所辖的人口是在增长还是在减少。由于他们自己也不了解这些信息，我们也很难查明此类事实。实际上，直到1817年博克（Boekh）* 写出他关于雅典社会经济的巨著之前，几乎无人尝试这样做。

在过去的半个世纪里，考古学家勇敢尝试去填补我们知识中的这一空白；但幸好他们并未做成。他们的确成功地用铁锹挖掘出了大量“真实可靠的事实”，从而在古代研究领域引发了一场伟大的革命。这种变革对所有人都是好事；但考古学的真正意义不在于它填补了多少空白，而在于它打开了怎样的视野。人们不需要在古代

---

* 奥古斯特·博克（August Boeckh，1785—1867年），德国古史学家，参与编订《希腊铭文集成》（*IG*），著有《雅典国家经济》（*The Public Economy of Athens*）等。此处将Boeckh错误拼写为Boekh。——译者

遗址的石堆上攀爬，就能感受到考古学所揭示的问题比其所解决的还要多；一门科学，无论其方法多么精确，它的发现在很大程度上都依赖偶然性，因而它绝不可能为历史学家提供大量整齐且经过筛选的数据，而这正是现代社会的学者进行概括归纳所需要的。这些考古学证据有时似乎证实了他的观点，有时似乎又与他的观点相悖，但永远不会免去他发挥想象力的麻烦。

但是，希腊史值得研究还有第三个原因，也许是最令人信服的原因。这是因为它向学者描述了一个社会，虽然这个社会是真正文明的社会，因此也是我们可以理解的社会，但它却与我们的社会完全不同。人们常说，希腊社会与现代社会是相似的，换言之，通过努力，我们似乎可以以某种方式拉近它们之间的关系。没有比这更致命的错误了：因为它遮蔽了对希腊社会和对我们自己社会中主要力量的理解。希腊文明无论是在物质环境还是在思想情感上都与我们的文明存在根本性的不同；而了解它的唯一途径，正如加拿大人经常告诉他们新来的移民那样，即"忘掉你所知道的一切"，将关于社会生活的一切旧观念从头脑中赶出去。反之亦然，我们的希腊主义者和海外游客同样需要被提醒这一点。

研究阿兹特克人和埃及人的学者也会得到同样的建议。但这有一个巨大的不同之处——虽然希腊人与我们完全不同，但他们和我们一样都是"文明的"（civilized）：全世界的文明人都有相同的灵魂。因此，尽管希腊社会呈现出奇特的面貌，我们用现代的眼光去看待希腊历史的发展进程，也觉得难以理解，但希腊文学却用语言向我们讲述了人类共同的宏大主题。尽管古代的写作有着种种惯例，我们仍能学会对这些主题做出直接的回应。希腊社会离我们很远，但希腊文学却离我们很近；希腊研究的主要好处之一，就是在一个与我们自己迥然不同的环境中观察人类共同的问题和他们的奋斗突破，这是任何其他历史都无法在同等程度上提供的好处。

如果学者的眼界足够宽广，希腊史还为他们提供了一幅完整的城邦文明从诞生至衰落的整个发展过程的图景。无论何处都无法观察到像这样规模的现象。其他伟大的社会也曾兴起、繁荣并衰落：但它们要么没有给我们留下足够的记录，要么当我们第一次见到它们时，它们就已经完全成熟。但是，我们几乎可以在希腊文明的每一个发展阶段发现它留下的踪迹：无论是在最初令人赞叹、拥挤的旅途中——时代在两代人里迅速发展，至伯里克利时代短暂而完美的辉煌中达到顶峰，还是在漫长而没有那么多重大变故的几个世纪的征途中——当不再仅仅是希腊文明，而是希腊罗马文明时，它与罗马军团一起渗透进西方世界的每一个角落。“从克诺索斯（Cnosos）的劫掠到君士坦丁堡的洗劫”，或者更好的说法是，从赫西俄德到奥多亚克（Odoacer）*，我们可以看到希腊人，在历史学家所述的“中世纪时期”（Middle Age）** 是牧羊人和农夫，在城邦鼎盛时是公民和政治家，在马其顿王国时是开拓者和殖民者，在罗马时期是教师、教化者和最后的受害者。

这一点值得再略做阐述：因为它与当前的一些观念截然相反。

它与从古至今不断进步的观念相矛盾。这种观点当然源自达尔文，它试图混淆思想，将一种假设移植到有人类活动记录的很小的范围内，而该假设是针对自生命首次出现在我们星球上以来的广阔时间段而提出的。此种说法的依据是一些孤立的特征，例如奴隶制，它被认为在中世纪时让位于农奴制，而农奴制则通过类似的“进步”，之后进化成为现代生活中的雇佣劳动制。这种说法谬之千里，并没有持续不断的进步。希腊人所创造、罗马人所借鉴的文明，在公元 4 世纪因一种神秘的疾病而衰落、消亡，并且至今无人能诊断；如果我们像古人一样，在抵御困扰我们的力量时失去活力，那么任何进步的法则也无法阻止我们的文明同样消亡。世界在人类活动的几乎每一个领域都会回到黑暗时代，之后在全新的基石上重新建立起文明。

---

* 奥多亚克（Odoacer，435—493 年），意大利第一位日耳曼蛮族国王。476 年，作为“蛮族”雇佣兵首领的奥多亚克废黜了西罗马皇帝罗慕路斯，标志着西罗马帝国的灭亡。——译者

** 指希腊黑暗时代（Greek Dark Ages，公元前 1200—前 800 年）。国内史学界已经逐渐摒弃这一说法，代之以“英雄时代”（约公元前 1200—前 750 年）。——译者

再者，它也与那种笼统地将基督教时代的开端作为所有历史发展的主要转折点的观点相矛盾。基督教的社会和政治影响虽然巨大，其作用需要几个世纪才能显现出来：当它们产生影响时，它们有助于消解旧秩序而不是去转化它。基督教诞生于希腊罗马文明的鼎盛时期；它是少数几个在希腊罗马文明的残骸中幸存下来的重要社会因素之一；因此，切斯特顿先生 * 将其描述为“我们拥有的最异教徒的事物”是有道理的。

最后，它与“希腊文明游离于任何历史和社会发展进程之外”的观点相悖。当然，无人敢做这样明确的表述，但这类言论和文章却很多：仿佛希腊人都曾在同一时期过着整年都不花钱的日子，并且都拥有公元前 5 世纪最优秀的雅典人的智慧和品位。这种观点是很多代文学研究的遗存。在文艺复兴时期，人们重新发现了古代，并且依靠古代的经验在短时间内重新发现了生活的艺术，这并不奇怪。那时，他们太高兴，并不愿意成为历史学家：他们对自己的宝藏过于满意，以至于不愿再为年代和历史发展过程费神。对他们而言，帕特农神庙与《拉奥孔》群雕都是同样的经典之作；并且当他们取材奥维德的作品来绘画、照搬（他们所认为的）阿斯帕西亚（Aspasia）** 的道德箴言时，他们没有意识到年代上的错乱。莎士比亚让克莉奥佩特拉（Cleopatra）打弹子 *** 时也是如此。但是，在当今时代，我们变得异常认真；现在是时候让希腊研究在方法上与其他时代和民族的研究保持一致了（它不必害怕阅兵场上的严峻考验）。

作者简介：阿尔弗雷德·齐默恩（Alfred Zimmern，1879—1957 年），英国著名古典学家、政治学家。毕业于牛津大学，曾先后担任

---

* G. K. 切斯特顿（G. K. Chesterton，1874—1936 年），英国评论家、诗人、散文作家和小说家，著有《异教徒》（*Heretics*）、《回到正统》（*Orthodoxy*）等。——译者

** 阿斯帕西亚（约公元前 470—前 400 年），米利都人，雅典女政治家，伯里克利的情妇。——译者

*** 此处出自莎士比亚戏剧《安东尼与克莉奥佩特拉》（*Antony and Cleopatra*）第二幕第五场。参见〔英〕莎士比亚：《安东尼与克莉奥佩特拉》，《莎士比亚全集》（第六卷），朱生豪等译，人民文学出版社 1994 年版，第 39 页。——译者

牛津大学古代史、国际关系学教授，威尔士阿伯里斯特威斯大学伍德罗·威尔逊讲席教授。1947年，他移居美国，不久当选为美国艺术与科学院院士。

齐默恩具有深厚的古典历史和文化修养，同时致力于国际关系学的理论研究和现实事务，一生著述颇丰。代表作有《希腊共和国：公元前5世纪雅典的政治和经济》《第三英帝国》《梭伦和克洛伊索斯》《民主的前景》《国联与法权》《美国走向世界和平的道路》等。

译者简介：陶玉山，安徽师范大学历史学院世界史硕士研究生。

校者简介：白春晓，安徽师范大学历史学院教授、古典文明研究中心主任。

作为艺术的历史学*

阿尔弗雷德·齐默恩 著

邵世豪 译　詹瑜松、白春晓 校

摘要： 阿尔弗雷德·齐默恩提出了两个问题，即为何要研究古希腊史和古希腊史中究竟蕴含着什么值得人们去研究。为此，他否定了古往今来流行的三种研究历史的原因：第一是历史循环论，第二是熟悉历史的前因来理解现在的后果，第三是道德目的论。齐默恩继承了希罗多德的传统。他认为，历史学家也应是文学艺术家，最伟大的历史学家是能把故事讲得最好的人。作为艺术的历史学可以使读者与历史建立起亲密感，并获得丰富的历史经验。古希腊人是伟大而高尚的，所以他们的历史值得研究。历史学家应更多地关注他们思想的内在世界。

关键词： 历史学　艺术　古希腊史

自罗马时代以来，古希腊历史一直是一个研究主题，但并非所有古希腊历史的研究者和教授者都会停下脚步问自己为何要研究这一主题，或者问自己古希腊历史中究竟蕴含着什么值得人们去研究。因此，这两个简单的问题值得我们在一开始就尝试做出回答。

对于古代希腊，当下大部分关于为什么要研究历史的理由都是错误或不充分的。尽管这些理由仍可能符合其他研究领域的要求，

---

* 文章来源：Alfred Zimmern, “History as an Art”, in *Solon & Croesus and other Greek Essays*, New York: Books for Libraries Press, Inc., 1928, pp. 41–57。本文的翻译得到安徽省高校杰出青年科研项目“中西古典文明价值观互鉴研究”（项目号：2023AHO20031）资助。——译者

但当这些理由应用到古希腊领域时显然是无法令人满意的。

例如，人们过去总是因为他们相信“历史重复它自身”而研究历史，且认为把握未来的关键在于对过去知识的掌握。正是这种信念让一些最清醒、最敏锐的人投入对古人的研究。“谁想知道将来会发生什么，就让他思考已经发生的事情，因为世界上每个时代的一切事物在过去都有其独特的对应物。”这种不寻常的观点，不是来自于一个企图维护垂死的学说的卫道士，而是来自于大师马基雅维里的思想。尽管不太恰当，同样的观点也能归源于修昔底德，如果他轮回转世的话，马基雅维里就是修昔底德的转世化身。西塞罗在反对安东尼的演讲中选择“反腓力辞”* 这个标题，普鲁塔克在《平行列传》中关于希腊和罗马政治家的并列安排，都可以看出罗马人对这一观点的广泛支持。当然，除了自身的和希腊的历史之外，罗马人并不知道其他历史（因为迦太基人没有历史学家，当然即使他们创作了史书，罗马人也不会去阅读）。因此，如果罗马人说历史要重演，那将只能是古希腊历史周期的重演。也因此，在思考帝国面临的问题时，西塞罗兴致勃勃地沉浸在城邦的政治哲学研究中，甚至是恺撒也需要西班牙和高卢的新鲜空气来抛弃他早年所受的教育。罗马人与英国人一样，在他们的政治制度中，他们从不承认自己在做任何创新。当无法援引先例时，他们喜欢援引历史。由于进步或发展的观念仍然是闻所未闻的，并且这种状况一直持续到18世纪，罗马帝国的缔造者们以及那些体现缔造者观点的诗人，自然而然地会依赖于历史循环论。

然而，浪费文字去驳斥这种“历史循环论”几乎是毫无意义的。很明显，尽管两种历史情况可能有惊人的相似之处，尽管查理一世和路易十六两人都丢了脑袋，但一系列的条件永远不可能一致，甚至也不可能相似。而且，就算各种条件确实相似，也没有人能够确定，即使是对过去研究最多的学者也会心怀犹豫，不敢根据他的假设下定决心采取行动。因为“大自然的奥妙之处远大于人类的奥妙

---

* “反腓力辞”这一名称来源于古希腊德摩斯梯尼反对马其顿国王腓力二世而作的演说辞。——译者

之处”，政治局势总是比表面上看起来更复杂，在计算中没有考虑到的一个细节可能会造成完全不同的结果。因此，使用历史类比法，虽然很有吸引力，而且对想象力的帮助也是不可或缺的，但会带来很大的危险。许多俄国人因为在法国大革命的历史上花了太多时间而失去了生命，阿卜杜勒·哈米德二世*失去王位也可能是因为他太清楚地记得自己是如何处理1876年宪法的。正确的做法是大量地使用历史类比，并非常生动地发挥想象力的作用，这样你就不可能成为任何一个类比的奴隶。即使历史什么也不能证明，什么也不能预言，但是，如果使用得当，它依然能带来很多启示。

不过，我们现代人比先知派的学者有一个优势——因为，如果我们知道历史证明不了任何事，那我们也将知道它反驳不了任何事。马基雅维里可以将目光投向混乱的历史记录（其中，将军和皇帝们获得了如此多的赞美之词），并断言普遍和平的梦想纯属徒劳，而那些对历史了解比他少的游手好闲的愤世嫉俗者，可以将“常有穷人和你们同在”** 这句话解释成是在说我们伟大城市“文明的贫困”的必然性和持久性。但现代的历史学者不会对任何事情做教条化处理，他们对过去已经有足够的了解，知道现在与之完全不同，正如希罗多德所说：“在无限的时间里，任何事情都可能发生。”遥远的未来是未知的，没有哪个历史学家或政治家能展望几代人之后的情况，不远的未来是他们的研究对象，他们研究它，不是通过调查过去，而是试图通过理解现在。

这又引出了为什么要研究历史的另一个普遍理由——人们可以通过熟悉历史的前因来帮助自己理解现在的后果。若应用到希腊史，这显然是荒谬的，因为当下的事件与其发生于古希腊的前因相隔两千多年，一个勤勉认真的学者耗尽一生也难以找出其中的因果链条。那些以此为遁辞的知名历史学家，最好老实承认他们研究历史是因

* 阿卜杜勒·哈米德二世（1842—1919年），奥斯曼帝国的苏丹和哈里发。1876年宪法，是奥斯曼帝国第一部宪法。——译者

** 该句引自《新约圣经·马太福音》，第26章第11节。本文所引用的《圣经》文字，依据1919年中文和合本译文。——译者

为他们喜欢历史，并且禁不住也希望他们的读者也会喜欢历史。这一理论若应用到现代史，那倒显得更为可信一些，德国皇帝* 也成了这一理论的皈依者，他在1890年建议应该向普鲁士学生教授历史，以便学生了解前因后果。

德国皇帝的这个建议完全合乎逻辑。学者如果想要透彻地理解现在，就必须发掘其过去的根源。每一本关于当代问题的精心编排的专著或蓝皮书都以一个历史章节开头，这些章节都是以现在的角度审视着这个问题最近的历史。

但是，站在现在的立场来审视过去并不是历史，就如倒过来读小说不是文学一样。历史是一种远离现在回到过去的尝试——用我们研究的那个时代的人的眼睛看，用他们的思维去思考。有时可能有必要采访他们，听取他们对当前关心的问题的看法，但他们也许不会认为这与研究他们自己时代的历史是一样的。在这种站在现在的立场审视历史的观念看来，波斯战争仅仅是为亚历山大大帝的征服做准备，研究中世纪史不为别的而只为寻找宗教改革的征兆，我们也可以从莫莱** 的《格拉斯顿传》一书的索引中得出格拉斯顿这位伟人对社会主义的所有观点。

让我们转到另一种观点，这种观点和我们最古老的书一样久远，却又与上周日的布道一样新鲜。我们研究历史是为了从历史中吸取道德教训。我们可以发现，在这种历史观下美德得到奖励而邪恶受到惩罚，从而得出道德目的统治这个世界的结论。对无数世代的读者来说，《历代志》的作者让历史的进程变得十分简单。"乌西雅登基的时候年十六岁，他在耶路撒冷当了五十二年的王……他遵从父亲亚玛谢的一切所作所为，做那些主认为正义的事……只要他信仰主，主就使其兴旺发达。"再往下看两章："亚哈斯王登基的时候年二十岁，他在耶路撒冷当了十六年的王，但他不做那些主认为正义

---

* 威廉二世（1859—1941年），德意志帝国皇帝。——译者

** 莫莱（1838—1923年），英国政治家，著有《格拉斯顿传》。格拉斯顿（1809—1898年），曾任英国首相。——译者

的事，像他父亲大卫王一样……所以耶和华他的神将他交到叙利亚国王手里，叙利亚王打败了亚哈斯王，俘虏了亚哈斯王国内的许多人，将他们带到了大马士革。之后，亚哈斯又被交到以色列王手里，以色列王打败了他，对他的人民大行杀戮。”

尽管耶稣在西罗亚塔事件*上明确反对这是神的特殊审判，但卢梭在18世纪仍在向法国的父母阐述这种道德历史观，每一次地震、火山爆发，甚至大选都会让这种道德史观在我们的生活中重新焕发生机。然而，关于这种史观，前人已经讲得够多了，讲不出更好的观点了。人们总要一次又一次付出了代价，才会明白他们最伟大的老师告诉他们的话，“神的审判是不会发生的”。历史进程并没有表现出道德规律。如果真的有道德规律的话，祭司般的犹太历史学家预言未来会如同事后审视一样容易。例如，对俾斯麦和加富尔的道德进行调查，结果将揭示德国和意大利后来的历史。人类的道德行为与国家历史之间的确有着密切的联系，但研究国家运动最聪明、最有哲学造诣的学者，会克制自己的情绪，会极其谨慎地避免道德赞美或谴责，就像修昔底德和托马斯·哈代**在《列王》中做得那样。只有经历过伟大历史的批评家才适合评论历史，因为他知道这是很难的，就像修昔底德拒绝褒贬雅典人一样，不管他们做坏事是出于既定的目的，还是因为他们无法控制自己，由命运把他们推下了激流。能够面对现实，不把坦率误认为冷酷无情的读者，也将更愿意与修昔底德一样研究性格和环境之间的相互作用，这种相互作用才是伟大历史的灵魂，而不是以道德史观的立场批判地站在历史的外部，对每一次违反十诫***的行为都指手画脚。

但是，这是所有可能的理由中最好的一个，假如连它都必须被抛弃，那么我们应该用什么来代替它呢？“历史之父”亲自给我们

---

* 西罗亚塔是耶路撒冷城的防御工事。《新约圣经》记载该塔倒塌致18人死亡。——译者

** 托马斯·哈代（1840—1928年），英国诗人、小说家。《列王》是其所著的史诗剧。——译者

*** 指摩西十诫，出自《圣经》。——译者

传授了一种既不矫揉造作又可接受的理由。希罗多德在开篇告诉我们，他撰写历史是为了伟大和令人惊叹的事迹不至于没有留下记录和应有的荣誉。很明显，希罗多德想让他的听众听到这些故事，进而欣赏他的这些“伟大和令人惊叹的”事迹。所有的历史都是故事，是对已经发生的事情的叙述，是希腊人所说的戏剧，我们读历史就像读文学作品一样，是为了欣赏它。历史学家也是文学艺术家，最伟大的历史学家是能把故事讲得最好的人。严格地说，那些涉及过去但没有被艺术地写作的书籍根本就不是历史著作，它们可能会为别人的“历史”提供材料，但那是另外一回事。

这听起来很简单，但仍然需要解释历史写作与其他文学分支的区别。许多“历史小说”讲述了“伟大而精彩的故事”，但其作者绝非历史学家。历史学家与诗人和小说家的区别在于，历史学家所用的材料严格限定在所谓的“事实”，即那些真实发生过的事情，那些从前的人真正体验过的思想和感情。诗人和小说家也从这些汲取灵感，但是他们却可以允许自己遗忘或改变“事实”，从而“把它捣成粉碎——重新又照着心愿抟拟”*。而作为艺术家中最苦行主义的历史学家，他们必须严格控制自己的想象力（问问弗劳德和麦考莱**就知道做到这一点到底有多难），并把全部精力集中在如何解释摆在他面前的东西上。因为历史的独特效用——历史艺术家想要传达的特殊情感——取决于它是否具有狭义上的真实性。一旦我们怀疑历史学家是在“凭空”描绘他的战斗，就像一位助理编辑一样，那么他的书对我们来说就仅仅是一部小说，而且几乎必然是一部糟糕的小说。历史是一回事，神话是另一回事。就各自独特的一面而言，两者都可能是真实的（稍后我们将看到希腊神话中有多少是真实的成分），但如果把这两种真实性混合在一起，结果就会产生混乱和一种欺骗的感觉。

---

* 引文出自波斯诗人伽亚谟《鲁拜集》的第99首（费慈吉拉德英译）。——译者

** 弗劳德（1818—1894年），英国维多利亚时代著名历史学家。麦考莱（1800—1859年），英国维多利亚时代早期辉格派历史学家、政治家。——译者

但是，对于一位艺术家来说，学会使用大理石和黏土是不容易的，同样地，历史学家也不容易学会处理过去的事实。在他们获得作为成功艺术家所必须具备的技能之前，他们都需要经过艰苦的科学训练。二者都使用一整套的仪器和装置，这些仪器和装置需要大量的练习才能掌握。因此，历史艺术像大多数其他艺术一样，依赖于科学使用材料。从这个意义上说，历史学家是科学研究者，随着他所处理的材料不断积累，他的科学训练也日益耗费精力。但是，如果他不知道如何让他的材料成为他作为艺术家设计的素材，或者如果他仅仅把历史视为“一门科学，不多也不少”* 而不是一门艺术，那么他所有的辛劳都将是尘土和灰烬。

没有任何作家或作家团体能声称自己是历史学家，无论他们列举了多少“权威参考文献”，除非他们能够传达给我们与伟大历史相关的特殊愉悦。我们读——或者说应该读——历史是为了这种独特的历史情感，但这种情感到底是什么呢？因为担心粗暴地对待这种情感而尝试对其进行分析的做法似乎是错误的，但还是必须尝试一下。

历史的读者可能会说，他们感觉到了一种双重影响，而将其归因于所谓的基调。第一重影响是与庞大而连续的过去建立起的亲密感。历史在时间上对我们的作用就像地理在空间上对我们的作用。当人们所关心的仅仅是眼前的小世界，而包围着他们家园的群山也束缚了他们的知识时，他们就理所当然地被称为野蛮人。地平线上的蓝线标志着他们的道德底线，如果一个陌生人来自他们所知的范围之外，如果他温顺则奴役他，如果他美味可口则吃掉他，他们不会觉得这有什么错。不懂历史的人也类似于野蛮人。让读者设想一下他对他实际所看见、所经历以外的事情一无所知，让他忘掉知识的所有分支，无论是口头的还是书面的，抑或是在建筑和机构中永存的，然后让他审视自己精神世界中剩下来的东西，那么他将失去对过去的感应——对英国人来说几乎是第六感的东西（或者我们必

---

* 语出伯里（J. B. Bury）于1903年发表的演讲“历史科学”，稍有不同；参见 H. Temperley, ed., *Selected Essays of J. B. Bury*, Cambridge University Press, 1930, p. 22。——译者

须说曾经是？）。他将会失去他在家庭、学校或大学中或许能获得的那些独特的自豪感。他将被去民族化和去家乡化，因为他与民族和城镇的一切庄重而持久的联系将被切断，并且这些联系在警察、税务员和报纸上的喋喋不休面前将变得毫无意义。他和他的小圈子将仅仅是一个小小的、盲目挣扎的社会单位，在一个他们既不了解也不希望了解的世界里漂泊不定。他们只知道它是庞大而复杂且非常残酷的。自从人类文明开始以来，很少有人像这样完全脱离历史，因为历史就在我们身边，我们是在历史的咒语下成长起来的。然而，自工业革命以来，现代生活中无情的激进主义正在使人们远离历史的影响，在我们欧洲和美洲大城市的废墟中，人们可能会遇到一些家庭，他们的眼界像原始野蛮人一样有限，视野也像原始野蛮人一样匮乏，或者像犹太人一样，当他们开始流浪，就知道他们将成为一个没有国家的民族，他们没有把自己的历史当作最珍贵的财产。如果现代世界重视这种只有历史才能提供的感觉，那么现代社会将需要更加有意识和有目的地培养这种感觉，因为滋养这种感觉的无形影响会随着年龄状况的变化而逐年减弱。

大多数受过教育的人会觉得他们还应该将第二重影响归功于历史。历史训练、改善和磨练我们的判断力，将关于宽容和勇气的艰辛内容教导给我们。一个读过历史的人，就像一个见多识广、游历各地的人，对人类和民族的生活方式有着丰富的经验。比起那些认为万事万物都是全新的、难以预料的新手来说，读过历史的人的同情心更广，他的批评不会那么激烈，他的期望值不会过高，他会更有耐心。他不会急切地去为目前的困难找到补救办法，因为历史没有为解决她的问题提供任何规则。但她为她的信徒准备了一份更珍贵的礼物——能观察和理解的眼睛，以及面对和驾驭困难的不可动摇的勇气。政治家在紧急情况下的演讲，我们可以很容易从中得出历史的精神是否曾经照耀过他们。对于这样的人来说，没有恐慌，没有英雄主义事迹，没有毁灭的幻象或乌托邦的预言，而只有一种坚定的责任感，以及在勇敢而艰难的一瞬间承担起阿特拉斯*式的世界事务重担的尊严感。

这种双重精神正是历史的艺术家想要传达的。这种说法比一些其他的说法更谦虚，但它确实足够伟大。这也让那些迫切索求为什么学习历史的人转向更新的主题。

第二个问题仍有待回答。历史学家记录的过去是什么？什么值得历史学家关注，什么又不值得？

一些现代人以一个概括的答案来回避这个问题。过去发生的一切都值得记录下来。我们希望保存的是整个过去——过去残存下来的每一个碎片和痕迹。对我们来说，关于人类历史的任何知识、任何事实都不是平凡和不洁净的。所有这些都是有价值的材料，可以记录完整的、有定论的、完全真实的人类发展过程，而这正是要建立历史科学的目的。

然而，稍加思考就会发现，这样的理想是难以企及的。一个人在一个小时内的思想和行动已经是很多的了，它们当然都是关于过去的事实，然而，一旦这些事实都被记录下来，就会形成历史材料。过去的东西很少能保存下来，历史学家必须用批判性的想象力来筛选和补充这些材料。换句话说，历史学家不仅要进行收集，而且要进行选择，没有两个历史学家会做出相同的选择（因为历史学家也是人，而不是记录的天使）。所以被历史学家书写下来的历史，不是科学般的最终定论，而是主观想象的作品。历史学家尽可能地做到真实写作，但那依然只是属于他个人的著作，而非这一主题的不容置疑的权威作品。因此，对过去的研究永远不会枯竭，希腊和罗马为每一个探索者提供了新的宝藏，希腊和罗马的历史需要为每一代全新的读者重新书写。

然而，尽管所有的历史学家都有自己的选择，关于什么是值得选择的，他们也会有一些大致的共识。哪种事实尤其吸引他们择取呢？

---

* 阿特拉斯，古希腊神话中的擎天巨神，属于提坦神族。他被宙斯降罪用双肩支撑苍天。——译者

《英雄与英雄崇拜》(即《论历史上的英雄、英雄崇拜和英雄事迹》)一书的作者*教导我们，历史是以伟人的传记为中心的，研究英雄的历史学家会了解到整个民族的发展。这种观点很诱人，因为将历史简化为传记是很容易的。对于一个时代或一个问题的初步入门，这不失为一种有效的方式。但这种方式不能真正令人满意。

因为历史和传记不是必然有关的，而只是偶然联系在一起。传记研究人物是因为他们的个性值得研究。但历史学家不得不勉强承认，一个人是否有伟大的个性根本不能检验其在历史上是否拥有显赫的地位。许多软弱、迟钝、卑鄙的君主和政治家们在历史的舞台上占据重要地位。由于出身或机遇的偶然性，他们被推到了前台，而汉普顿村的村民们和乡间哲学家们却默默无闻且不受尊敬。如果一个真正伟大的人物(如托马斯·卡莱尔的英雄们一样)在历史上具有十分重要的地位，这个伟大的人物就会超越他的同辈，这不仅因为他比同辈更高，更是因为他是站在同辈的肩膀上的。就像我们说的，如果他生得“太早”或“太晚”，他们就永远不会发现他。

这表明了历史学家真正应该关注的地方——与其说是伟人，不如说是小人物；与其说是英雄，不如说是人民。因为没有人民的合作，没有普通百姓的心灵和双手付出的无数努力，国王和英雄是无能为力的。要研究如此纷繁复杂的一群人，唯一的办法就是不要把注意力集中在他们个体生命中的日常行动上，而要集中在他们的思想和感情上，集中在激发和推动他们的各种各样的思想、倾向或力量上。不管他对外界的盛况多么感兴趣，明智的历史学家总是回顾思想的内在世界(就像修昔底德笔下的演说词那样)，因为没有思想的内在世界，历史的运动力量就仍然是不可理解的。这些思想创造了历史，不是因为伟人持有它们，而是因为小人物持有它们。事实上，历史上的重大运动几乎总是匿名的，有时，历史甚至没有成功地给某些重大运动贴上标签。宗教改革被归功于路德，但是谁引发

* 指托马斯·卡莱尔(1795—1881年)，维多利亚时代的历史学家。——译者

了工业革命？又是谁在俄罗斯播下了新时代的种子？“匿名的俄罗斯”，屠格涅夫在他的《处女地》中，用忧郁的结语回答道。

但并非所有的思想和倾向都同样值得研究。在这里，历史学家必须再次进行选择。为什么人们对古希腊历史的研究，要比对中世纪晚期希腊的坎坷命运热情得多？答案很简单。因为古希腊人比他们中世纪的后人更为优秀。从民族或个人层面来讲都是如此，除非他们有趣，否则人们是不会想要了解他们的。如果他们是沉闷和琐碎的，那就不值得费心费力。如果推动一个民族的历史的思想和力量是伟大而高尚的，如果它们仍然可以丰富或有益于人类生活，那么这个民族的历史就是值得研究的。

在这里，我们绕道而行，回归到传教士和道德家的观念。历史学家和所有艺术家的目标是——如果他们愿意仔细思考的话——应该是改善人类生活的状态。但这并不是他们的直接目标。他们的直接目标是忠实地观察和真实地呈现现在和过去可以唤起最大力量运行的事物。

作者简介：阿尔弗雷德·齐默恩，参见前文第 65—66 页。

译者简介：邵世豪，安徽师范大学历史学院世界史硕士研究生。

校者简介：詹瑜松，安徽师范大学历史学院讲师、古典文明研究中心研究员；白春晓，安徽师范大学历史学院教授、古典文明研究中心主任。

希罗多德和他的同辈人* ①

罗伯特·富勒 著
肖苏阳 译　何炜 校

真实的信息是混乱的。
——汤姆·斯托帕德（Tom Stoppard），
《阿卡迪亚》（*Arcadia*），I, iv

摘要：学界对希腊早期史学史的看法长期被菲利克斯·雅可比构建的线性发展模式所桎梏，他认为希腊早期史学的萌芽与发展经历了四个阶段，希罗多德是其中承前启后的重要人物。实际上，希罗多德与许多早期史家是同辈人，与其相信线性的史学发展模式，不如设想希罗多德与其众多同辈之间长期、互惠的作品和观念的交换。他在史学史上的重要地位不在于时间早，而在于开创性地认识到史料中存在的问题，并对其进行批判。一些学者对希罗多德所提及史料系其凭空编造的指控实际上是错误地解读了他和材料之间的关系，他的叙述并非虚构，而是通过批判的方法将自己掌握的各种信息组织在一起的产物。

关键词：早期希腊史学　希罗多德　史学批判

在早期希腊历史学家中，希罗多德和修昔底德由于幸存了下来

---

* 文章来源：Robert L. Fowler, "Herodotos and His Contemporaries", *The Journal of Hellenic Studies*, Vol. 116 (1996), pp. 62–87。——译者

① 本文的不同版本曾分别在1995年2月牛津语文学学会（Oxford Philological Society），1995年5月罗马"智慧"大学（University of Rome "La Sapienza"）相关会议上宣讲过。我十分感激两处听众给予的热烈讨论和建议，以及因内斯（D. C. Innes）博士对后文涉及的德米特里奥斯（Demetrios）《论雄辩》（*De Elocutione*）给予的建议和信息，并向刊物的审稿人表达感谢。

而不可避免地主导了我们的注意力。但显然他们不是独一无二的。他们的同辈人有大量引文和众多较短的残篇为我们所有。多年以来，解读的困难以及这些材料最伟大的现代解读者——菲利克斯·雅可比（Felix Jacoby）的权威，阻碍了对早期史学史和希罗多德在其中地位的重新评价。本文致力于这项工作。第一部分列出了希罗多德同辈人的名单，作为必要的起点。我们会发现，雅可比对证据的评估，尤其是他对一些史家较晚的定年应该被拒绝，而且他关于希罗多德在史学史发展中地位的结论虽然至今仍然主导此领域，但至少缺乏了一部分根据。鉴于缺少确切的年代顺序/年表，第二部分提出一种替代的方法识别各位史家的主要特征；这种方法部分参考了叙事学。它由第一部分中所列作家的残篇和其他晚至公元前4世纪初的史家作品来说明。第三部分聚焦希罗多德；这部分将揭示他最独特之处是反复论及材料以及如何评估它们。其他史家（当然，还有诗人）知道材料是互相矛盾的，但希罗多德第一个意识到这种情况是一个需要使用新方法的理论问题。他的意识是第二阶的（second-ordered）、元认知的（meta-cognitive）。第四部分继而讨论德特里夫·费林（Detlev Fehling）有关希罗多德的材料的理论，假若他的理论正确，那么希罗多德对待这些材料其实并不认真。结语关注公元前5世纪忒奥格尼斯（Theognis）语料中一则与柏拉图《普罗泰戈拉》片段出奇相似的篇目；它们都使希罗多德的序言更加清楚，也印证了本文为他的著史活动所描绘的图景。

一、谁是希罗多德的同辈人？

讨论必须从哈利卡纳苏斯的狄奥尼修斯（Dionysios of Halikarnassos）的著名篇目[①]开始，在其中他评估了修昔底德的前辈的贡献：

---

① 对该篇目的探讨，见 L. Pearson, *Early Ionian Historians*, Oxford, 1939, 3f.; W. Kendrick Pritchett, *Dionysius of Halicarnassus: On Thucydides*, University of California Press, 1975; T. S. Brown in *AHR* lix (1953–1954), 854 ff.; Sandra Gozzoli, "Una teoria antica sull'origine della storiografia greca", *SCO* xix-xx (1970–1971), 158–211; David L. Toye, "Dionysius of Halicarnassus on the first Greek historians", *AJP* cxvi (1995), 279–302。文本校勘的细节我可能会参考我即将出版的关于早期神话作家（mythographers）的著述。（由于引文篇幅较长，此处省略希腊语原文，中译文由作者给出的英译文译出。——译者）

在我开始讲关于修昔底德的那些内容之前，我想先说一点有关早于他和与他同时代的那些作家的事情，这样一来，其作品的计划（他凭这一点超越了前辈），以及他的整体能力都会显明。以前的作家人数众多，来自很多地方；他们中生活在伯罗奔尼撒战争（约公元前 431 年）之前的是萨摩斯的厄乌盖昂（Eugaion of Samos, *FGrH* 535 T1），普罗孔内索斯的德奥科斯（Deiochos of Prokonnesos, *FGrH* 471 T1），帕罗斯的厄乌德莫斯（Eudemos of Paros, *FGrH* 497 T1），菲格拉的德莫克勒斯（Demokles of Phygela, *FHG* ii p. 20），米利都的赫卡泰俄斯（Hekataios of Miletos, *FGrH* 1 T17a），阿尔戈斯人阿库西劳斯（the Argive Akousilaos, *FGrH* 2 T2），兰普萨库斯人喀戎（the Lampsakene Charon, *FGrH* 262 T3a），卡尔克顿人（Chalkedonian）……〈以及雅典人〉阿美勒萨戈拉斯（Amelesagoras, *FGrH* 330 T1）；出生于伯罗奔尼撒战争前不久并活到了修昔底德的时代的人有莱斯博斯的赫兰尼科斯（Hellanikos of Lesbos, *FGrH* 442 T1），西基昂的达马斯特斯（Damastes of Sigeion, *FGrH* 5 T2），科俄斯的色诺米德斯（Xenomedes of Keos, *FGrH* 442 T1），吕底亚人克桑托斯（Xanthos the Lydian, *FGrH* 765 T4）和许多其他人。这些作家在题材方面的计划都相似，各自的能力没有很大差别。有些人写关于希腊的历史，另一些人写关于蛮族人的历史，没有把他们的这些探究相互缀合，而是按照族群和城邦分开并单独呈现，只关注同一个目标，就是彰显在当地人当中{按照族群和城邦}保存的公共记忆，[①]不论是世俗的还是神圣的记载，不增减任何东西，如实直录。在这些材料中，有偶然获得的从很久以前就为人所信的神话，以及一波三折的戏剧性故事，在我

① 我采纳了乌塞纳（Usener）的删除（文中大括号内的冗余文字。——译者）和奥雅克（Aujac）的增补（文中尖括号内文字。——译者）。当然，狄奥尼修斯对早期档案和前文学的年代学问题缺乏独立的知识来源；他从历史学家，尤其是希罗多德和修昔底德的文本中推断出他们的存在。

> 们这个时代的人看来颇为愚蠢。他们使用的风格大部分都一样（至少[①]对那些使用相同方言的人而言）：清楚、通俗、质朴、简洁，适合这种主题，不使用精细的技巧；然而他们的作品带有一种特殊的优雅和魅力，有些人的作品比别人的更多，这确保它们能留存下来。但哈利卡纳索斯的希罗多德（Herodotos of Halikarnassos），出生于希波战争（公元前480/479年）前不久并活到了伯罗奔尼撒战争的时候，选择了更宏大、更有野心的主题……并在他的风格里增添了他以前的作者不具备的优点。
> （Dion. Hal. *Thuc.* 5.1，i 330.7 Usener-Radermacher, 48.17 Aujac）

狄奥尼修斯将早期历史学家分为两类：首先是生活在伯罗奔尼撒战争以前的，然后是那些生活或活跃于战前不久直至修昔底德时代的人。再后是希罗多德，狄奥尼修斯说他生于希波战争前不久并且活着见证了伯罗奔尼撒战争的开始。我们能从希罗多德自己的话（希罗多德著作第9卷第73章第3节）中知道这个下限是正确的，而上限很可能也是对的。狄奥尼修斯的名单是部分按年代顺序排列的，但也是有章法的，无疑是为了仿照忒奥法拉斯托斯（Theophrastos）在其中勾勒出早期散文风格的历史。在一些案例中，年表的长度可能被拉长了，以便适应某个作家在风格史中推想出来的位置。例如，他被假托阿美勒萨戈拉斯的伪作骗了。他的名单有明显的忽略，但因为手稿似乎有残缺，也许这不是他的错。

另一方面，他在我们能够直接检查信息的部分表现得相当准确。我们必须相信他的话，把他提及的前四个作家——厄乌盖昂或厄乌阿贡（Euagon）[②]、德奥科斯[③]、厄乌德莫斯[④]和德莫克勒斯[⑤]归于非常

① 此处的读法 ὅσοι〈γε〉参见 *Thuc.* 23.4 sqq.，其中狄奥尼修斯细心提醒我们每种方言都有各自的特点。

② 这个名字最正确的形式“Euagon”出自 *IPriene* 37 = *FGrH* 535 F 3。他撰写萨摩斯岛的地方史（没有作品标题流传下来）。

③ 流传下来的作品标题是《关于库济库斯》（*Περὶ Κυζίκου*）和《关于萨摩色雷斯》（*Περὶ Σαμοθράκης*）。

④ 帕罗斯人（Parian）或纳克索斯人（Naxian）；没有作品标题流传下来。

⑤ 没有作品标题流传下来。

早的年代，他对赫卡泰俄斯和阿库西劳斯年代的看法也是对的。[①] 据《苏达辞书》(*Suda*) 的说法 (δ 41=*FGrH* 5 T1)，西基昂的达马斯特斯[②] 是希罗多德的同辈人，但又说他是赫兰尼科斯的学生，所以也许可以看出他遵循了这位作家笔下各事件的版本。达马斯特斯还曾点出公元前433/432年的将军——斯特罗姆比科斯之子狄奥提莫斯 (Diotimos son of Strombichos) 的名字，将其作为波斯地理细节的一个参考来源。[③] 另一方面，另一条证据说赫兰尼科斯的书《蛮族风俗》(*Barbaric Customs*) 抄袭自达马斯特斯和希罗多德，因此倾向于佐证这位西基昂人的较早定年。[④] 关于科俄斯的色诺米德斯的确切年代，除了狄奥尼修斯给出的信息以外，我们没有其他线索。[⑤] 至于克桑托斯[⑥]，他关于吕底亚历史的书里有一些引人注目的信息，如果希罗多德知道其存在的话很难相信他会忽略，例如国王坎布勒斯 (Kambles) 吃掉了自己的妻子 (*FGrH* 765 F18)，或者麻葛僧 (magi) 和他们所有的女性亲属都有性关系 (F31)。比这个沉默论证更有力的线索是克桑托斯以奥林匹亚赛会纪年法确定了一个事件的日期 (*FGrH* 765 F30)，我们不指望在厄利斯的希庇阿斯 (Hippias of Elis) 发表他的名单之前有人能使用这项技巧；但一些学者因此将这则残篇斥为伪作。[⑦] 埃弗洛斯 (Ephoros, *FGrH* 70 F180) 明确地说克桑托斯给了希罗多德他的 ἀφορμαί——要么是"起点"，要么

---

① 赫卡泰俄斯写了《谱系学》(*Γενεαλογία*，有时也被叫做《历史》[*Ἱστορίαι*]，有一处被叫做《英雄事迹》[*Ἡρωολογία*]) 和《大地环游记》(*Periodos*)；阿库西劳斯写了《谱系学》。

② 流传下来的作品标题是《关于希腊的诞生》(*Περὶ τῶν ἐν Ἑλλάδι γενομένων*)、《关于去伊利昂作战之人的父亲与祖先》(*Περὶ γονέων καὶ προγόνων τῶν εἰς Ἴλιον στρατευσαμένων*)、《族群和城邦名录》(*Ἐθνῶν κατάλογος καὶ πόλεων*)、《关于诗人和哲学家》(*Περὶ ποιητῶν καὶ σοφιστῶν*)、《海上环游记》(*Περίπλους*)。

③ Strabo i. 3.1 p. 47 = *FGrH* 5 T7, F8.

④ Porph. *fr.* 409 Smith apud Eus. *Praep. Evang.* x. 3.16 p. 466b = *FGrH* 5 T5 = Hellan. *FGrH* 4 T17.

⑤ 他撰写地方史 (没有作品标题流传下来)。

⑥ 流传下来的作品标题是《吕底亚史》(*Λυδιακά*)、《麻葛僧事迹》(*Μαγικά*)、《关于恩培多克勒》(*Περὶ Ἐμπεδοκλέους*)。

⑦ 见 Pearson，115 (第79页注①。——译者)。这个残篇里的奥林匹亚纪年由克莱蒙 (Clement) 保留下来，也许是其他人根据克桑托斯作品中的历史事件计算出的；基于这一假设，这个残篇也许可以被接受为真实的。

是“材料来源”，[①] 保存下这个残篇的雅典奈俄斯（Athenaios）觉得他的意思是（如果他自己并没有这么说）这个吕底亚人是两人中年代更早的那个。一个可能的最早年代（terminus a quo）来自一处提及阿塔薛西斯（Artaxerxes）的片段（*FGrH* 765 F12），他于公元前465—前425年在位。综合来看，赫尔特（H. Herter）的估计——“一个比希罗多德更老的同辈人”[②]——可能是对的。

还剩下赫兰尼科斯[③] 和喀戎[④]。雅可比反复论证说希罗多德不知道这两个作家，即使喀戎被狄奥尼修斯放在第一类里面。雅可比最多承认他们二人的一些作品，像其他一些早期史家的一样，可能在希罗多德的“故事”（logoi）之前发表，但不会早于希罗多德的旅行，这样希罗多德就可以在“发展史”（Entwicklungsgeschichte）中扮演自己的角色，除了熟悉旧的民族志作者以外没有任何负担。[⑤] 雅可比的观点与他现今依然有影响力的希腊史学史发展的理论捆绑在一起，该理论认为赫卡泰俄斯的民族志和地理学首先被希罗多德全景式“希腊史”（Hellenika）继承，后者起初打算写民族志，但由

---

① 见 R. Drews, *The Greek Accounts of Eastern History*, Princeton, 1973, 102，他认为埃弗洛斯从克桑托斯的作品主题中得出了错误的推断，它看似大部分都关注比希罗多德更早的年代。反对意见见 Peter Kingsley, “Meetings with Magi: Iranian Themes among the Greeks, from Xanthus of Lydia to Plato’s Academy” , *JRAS* v (1995), 173–209 at 174 n. 12。

② *RE* ix A. 2 (1967), 1354.

③ 《弗洛纽斯事迹》（*Φορωνίς*）、《丢卡利翁事迹》（*Δευκαλιωνεία*）、《阿特拉斯事迹》（*Ἀτλαντις*）、《阿索波斯事迹》（*Ἀσωπίς*）、《特洛伊史》（*Τρωϊκά*）、《艾奥利斯史/莱斯博斯史》（*Αἰολικά/Λεσβι(α)κά*）、《阿哥利斯史》（*Ἀργολικά*）、《关于阿卡迪亚》（*Περὶ Ἀρκαδίας*）、《阿提卡史》（*Ἀτθίς*）、《彼奥提亚史》（*Βοιωτιακά*）、《色萨利史》（*Θεσσαλικά*）、《埃及史》（*Αἰγυπτιακά*）、《阿蒙神庙行纪》（*Εἰς Ἄμμωνος ἀνάβασις*）、《塞浦路斯史》（*Κυπριακά*）、《阿尔戈斯的赫拉女祭司》（*Περὶ τῆς Ἥρας αἱ ἐν Ἄργει*）、《卡尔内欧斯赛会获胜者散文体事迹》（*Καρνεονῖκαι οἱ καταλογάδην*）、《卡尔内欧斯赛会获胜者韵体事迹》（*Καρνεονῖκαι οἱ ἔμμετροι*）。我在此处和其他地方列举的目录当然都伴随着一些常见问题，不过没有必要在这里讨论学者们合并或修改赫兰尼科斯作品目录的努力，但不管怎样重构，他的作品目录还是令人印象深刻。

④ 《埃塞俄比亚史》（*Αἰθιοποκά*）、《波斯史》（*Περσικά*）、《希腊史》（*Ἑλληνικά*）、《关于兰普萨库斯》（*Περὶ Λαμψάκου*）、《利比亚史》（*Λιβυκά*）、《兰普萨库斯编年史》（*Ὧροι Λαμψακηνῶν*）、《斯巴达执政官》（*Πρυτάνεις {ἢ ἄρχοντες}*［编者将其作为注释删去］*τῶν Λακεδαιμονίων*，关于该作品的争议见后文）、《诸城邦建立史》（*Κτίσεις πόλεων*）、《克里特史》（*Κρητικά*）、《赫拉克勒斯之柱以外环游记》（*Περίπλους τῶν ἐκτὸς τῶν Ἡρακλέους στηλῶν*）。

⑤ F. Jacoby, *Atthis*, Oxford, 1949, 184; introduction to *FGrH* 323a pp. 8f.

于在雅典以及希波战争中的经历而转变为一个历史学家。[①] 雅可比认为地方史源于各个城邦"在希腊的历史中确保自己的位置"的欲望，"但宏观史学（Great Historiography）（即希罗多德）没能给予它们地位……地方编年史……故意将一个城邦的历史放在由'科学的'史学创制的希腊人总体历史的框架内"。[②] 所以地方史必须等待希罗多德。但希腊的一些历史框架意识早已存在。我们一定不能忘记诗人。米姆讷尔莫斯（Mimnermos）在公元前7世纪末就写过诗体的历史。[③] 色诺芬尼（Xenophanes）写过科罗丰（Kolophon）的建立和厄勒亚（Elea）的殖民开拓。[④] 希罗多德自己的叔叔（或表亲）用诗歌讲过伊奥尼亚的殖民开拓，[⑤] 这个题材也是很多散文体历史的起点。在史诗中，传奇性地方史扮演了首要角色的有《科林斯纪》（*Korinthiaka*）、《梅洛皮斯纪》（*Meropis*）、《瑙帕克图斯纪》（*Naupaktia*）、《弗洛纽斯纪》（*Phoronis*）和《佛凯亚纪》（*Phokais*）；诸如阿尔克曼（Alkman）的和品达（Pindar）的抒情诗，尽管在目的上不是历史的，但也展示了地方传统的细节知识。[⑥] 一部先于希罗多德的散文体地方史书并不令人惊讶；基于发展理论的论证并不比把埃斯库罗斯（Aischylos）的《乞援人》（*Supplices*）

① "Über die Entwicklung der griechischen Historiographie und den Plan einer neuen Sammlung der griechischen Historikerfragmente", *Klio* ix (1909), 80–123 = *Abhandlungen zur griechischen Geschichtsschreibung*, ed. H. Bloch, Leiden, 1956, 16–64; *RE* articles on Hekataios (vii. 2 [1912], 2666–2769), Hellanikos (viii. 1, [1912], 104–153), and Herodotos (suppl. ii [1913], 205–520), 都重印于 *Griechische Historiker*, Stuttgart, 1956; Atthis ch. III 4 *et passim*; introduction to *FGrH* 323a。（有条件的）支持意见见 K. von Fritz, *Die griechische Geschichtsschreibung*, Berlin, 1967; 最近的见 S. Hornblower, *Greek historiography*, ed. S. Hornblower, Oxford, 1994, 15 f.; 参照他的 *Thucydides*, London, 1987, 19 n. 14。

② *Atthis* 201.

③ Frr. 13–13a West.

④ *Vorsokr.* 21 A1.

⑤ Panyasis Test. 1 Davies. 另外参考 Kallinos *fr.* 7 West。关于建城诗歌，见 C. Dougherty, "Archaic Greek Foundation Poetry: Questions of Genre and Occasion", *JHS* cxiv (1994), 35–46; 就她对哀歌场合的讨论，还可参考 R. L. Fowler, *The Nature of Early Greek Lyric*, Toronto, 1987, ch. 3。她关于这一文类单独存在的总体猜测不影响这里的论点。

⑥ 被归于阿莫尔戈斯的色蒙尼得斯（Semonides of Amorgos, test. 1 West）的《萨摩斯古事记》（*ἀρχαιολογία Σαμίων*），尽管标题几乎不可能由其作者所起，但也可能关注了这个岛屿的建城。参见 F. Lasserre, "L'historiographie grecque à l'époque archaïque", *QS* iv (1976), 113–142 at 199 ff.。

放在他现存悲剧的最前面更有说服力。[①]

雅可比继续论证说希罗多德没有显示出他知晓任何地方史或编年史。[②]如果我们能确保这一点，它就会成为一个较强的论点。雅可比下此判断的主要理由是希罗多德很少使用执政官纪年法或相似的工具。但我们不知道这些工具在最早的编年史里有多么频繁地出现，不论它们的名字是什么，[③]也不知道希罗多德选择让它们发挥何种作用。他的目标非常不同。学者们对于赫卡泰俄斯的内容有多少被编入了他的作品分歧很大，尽管我们实际上有这位作者数量可观的残篇；相比之下，对一些仅被屈指可数的引文代表的作品下任何论断会更危险。想要下教条主义式的论断，记载中的空白还是太大了。

我们从赫兰尼科斯的残篇里了解到，他直到伯罗奔尼撒战争结束依然活跃；[④]传统认为他度过了长寿的一生，[⑤]同时他就算不是到非常成熟的年龄，也必须到懂事后才能写作这么多的作品。如果他的名字真的与希腊人对波斯人的胜利有关系的话，[⑥]那我们可以合理地揣测他快乐的父母选择用这种方式纪念这一最近的事件；但如果他名字里的ι发短音，[⑦]也许我们就该想说他长寿的传统是源自有人把那

---

① 雅可比反复质疑狄奥尼修斯的证据，因为它最终只是基于所提及作者的风格；所以他直接忽略了后者（“完全无用”，*RE* viii. 1 109）。但风格并不是很差的标准——如果完全无从下手的话，比雅可比的好。

② *Atthis* 182; *RE* suppl. ii 404.

③ Jacoby, "Über die Entwicklung", 49 ff.（第 84 页注 ①。——译者），他坚持任何叫做“编年史”（Ὧροι）的东西必然“按年份”（κατ' ἔτος）记载。但我们不知道这些标题是否由作者所取（注意阿里斯托芬各作品之间的不同情况，见后文注 54［现第 89 页注①。——译者］，关于喀戎，见注 44（现第 87 页注⑦。——译者），也不知道使用了诸如“在国王 X 的统治期间”“在其子统治时期”“几年后”“Y 毁灭之后二十年”等表述（我们常常在早期史学的残篇和希罗多德那里看到这些表述）的作品是不是在后世学者给它们寻找合适的分类时获得了这样的标题。

④ *FGrH* 4 FF171-172=323a FF25-26（提及公元前 407/406 年的事件）。

⑤ [Lucianus] *Marc.* 22=*FGrH* 4 T8, 323a T4（活到了 85 岁）。

⑥ *Vit. Eurip.* (i 2.5 Schwartz) = *FGrH* 4 T6, 323a T4（他和欧里庇得斯都在萨拉米斯海战那天出生）。Wilamowitz, *Kleine Schriften* iv 673 n. 1 用与 Πυθιόνικος 和 Ὀλυμπιόνικος 的类比解释这个名字的意思是在体育竞技中“对希腊人的胜利”（他可能还援引了 Ἀνδρόνικος）。参考 L. Pearson, *The Local Historians of Attica*, Philadelphia, 1942, 5 f.。

⑦ 这样的话该名字就是重音变化了的族群名。这个名字的其他出现，见 P. M. Fraser and E. Matthews, A *Lexicon of Greek Personal Names I*, Oxford, 1987, s. v.。（一个来自公元 3 世纪的例子写作 -νεικος；这位历史学家自己的名字在 *POxy* liii 3711 里也两次这样拼写。）

个ι看成了发长音，然后进行了合理推断。无论如何，狄奥尼修斯将他的整个职业生涯置于希罗多德之后，但其他证据却毫不含糊地将他放在前面；[①]甚至狄奥尼修斯在另一处也说赫兰尼科斯的有些作品要更早一些。[②]这些证据的确没有遇到什么严重问题：赫兰尼科斯几乎完全是希罗多德的同辈人，度过了长寿的一生，死于约公元前406年之后。在他的生命中，我们只知道少数几部作品的大概发表时间。

至于喀戎，一个确凿的事实是他提及了阿塔薛西斯统治的早期：喀戎说地米斯托克利（Themistokles）在流亡时不是去了薛西斯（Xerxes）的宫廷，而是去了他儿子的宫廷。[③]阿塔薛西斯即位于公元前465/464年并死于公元前425/424年。这与狄奥尼修斯给出的日期以及公认有些令人困惑的《苏达辞书》中的线索[④]很一致（二者都没有指向更晚的定年，而是相反）。雅可比将喀戎的年代放到公元前5世纪末的理由很弱。[⑤]他试图将喀戎提及阿塔薛西斯统治刚开始时的事件变为提及其统治末期的事："（编年史家认为的）君王统治的起始通常是作者从其在位时间来推测的；公元前425/424年本来就

---

① Au. Gell. 15.23 = *FGrH* 4 T3, 323a T5; Suda δ 41 = Damastes *FGrH* 5 T1, Hellan. 4 T9（前文引用过）。Aulus 的材料是 Pamphila, *FHG* iii 521 *fr.* 7, 将他的出生日期放在公元前496/495年（她说他在公元前432/431年时65岁）；这就将他的盛年（ἀκμή）置于公元前457/456年，接近欧里庇得斯第一部作品的年份（公元前456/455年），F. Rühl, *RhM* lxi (1906) 475 认为这是她的（阿波罗多罗斯的）定年的依据；《苏达辞书》里赫兰尼科斯的词条（= *FGrH* 4 T1, 323a T1）认为这两位作家是同时代的。还可参考 Alden A. Mosshammer, "The Apollodoran *Akmai* of Hellenikos and Herodotos", *GRBS* xiv (1973) 5–13。在 Eus. (Hieron.) *Chron.* p. 107e Helm = *FGrH* 4 T4a 中，赫兰尼科斯据说在第70个奥林匹亚德的第一年（约公元前500/499年；亚美尼亚语的版本说是第60个奥林匹亚德的第三年）就"有名"（clarus）了；也许这个日期是因为将 γέγονε 误读为"活跃于"（floruit）而非出生日期，基于这种猜测，我们又有了确定古代观点的另一则证词，它不应该无缘无故地被丢在一旁：无论生于公元前495年还是公元前480年，他与希罗多德一样生于这个世纪的前期。

② *Pomp.* 3.6 = *FGrH* 4 T12, 323a T2b, 687a T1, 这里指的是与希罗多德主题相近的作品；这些是几个可能的选项（*Αἰγυπτικά, Εἰς Ἄμμωνος ἀνάβασις, Περὶ Λυδίας, Περσικά, Σκυθικά, Βαρβαρικὰ νόμιμα*）。《苏达辞书》说他与希罗多德同时代。

③ Plut. *Them.* 27.1 = *FGrH* 262 F11.

④ *Suda* χ 136 = *FGrH* 262 T1.

⑤ F. Jacoby, "Charon von Lampsakos", *SIFC* xv (1938), 207–242 = *Abhandlungen*, 178–206（第84页注①。——译者）. H. D. Westlake, "Thucydides on Pausanias and Themistokles—a written source?", *CQ* xxvii (1977), 95–110, 在108 n. 74, 发现雅可比的论证很弱；详细的批评见 Gozzoli, 169 n. 33（第79页注①。——译者）; Drews, 24 ff.（第83页注①。——译者）; Mauro Maggi, "Autori greci di *Persika*. II: Carone di Lampsaco", *ASNP* vii (1977), 1–26 at 5 n. 17; Silvio Accame, "La leggenda di Ciro in Erodoto", *MGR* viii (1982) 1–43 at 26 ff.。

是一部波斯历史的合适结尾。”[①] 另一个理由稍微更值得推荐。修昔底德著作第1卷第97章第2节说在他自己之前除了赫兰尼科斯以外没人写过“五十年”（Pentakontaetia）的史事。所以喀戎一定还没有写成他的《希腊史》。[②] 然而我们并不知道这部作品涉及的时间范围。[③] 同样重要的是，我们无法得知，在这样一个论战性的片段中，修昔底德可能会不屑于提及哪些书。最后一个理由是喀戎的书《斯巴达执政官》被《苏达辞书》形容为“编年史”（χρονικά），可能是受赫兰尼科斯的《阿尔戈斯的赫拉女祭司》（*Priestesses of Hera in Argos*, *FGrH* 4 FF74–84）影响，我们从修昔底德第4卷第133章那里可以推知这部作品出版于公元前423年之后，或者基于修昔底德第2卷第2章第1节推测为至少晚于公元前429年（因为前一个推测不完全牢靠）。[④] 此外，雅可比说对斯巴达官制的兴趣更有可能来自公元前404年后斯巴达霸权的崛起。[⑤] 这第三个理由并不比前两个更有力。智术师对政府体系感兴趣的时间远早于公元前404年；事实上克里提亚斯（Kritias，死于公元前404/403年）就写了一本叫做《斯巴达政制》（*Πολιτεία Λακεδαιμονίων*）的书，存世有数个残篇。[⑥] 不管怎么说，喀戎的作品名很可疑。斯巴达从来没有“执政官”（πρυτάνεις）。安东·韦斯特曼（Anton Westermann）于1838年将其修订为“兰普萨库斯人的执政官”（Πρυτάνεις τῶν Λαμψακηνῶν）。[⑦] 这还是没有

---

① F. Jacoby, p. 179.

② Ibid., 182.

③ Drews, 25（第83页注①。——译者），有人可能会想讨论地米斯托克利的流亡暗示了对“五十年”的书写；但他可能在写萨拉米斯战役时简要写了这位将军后来的死亡。（雅可比，p. 178说这个想法“非常不可能”；pp. 202 ff. 给出的支持这种判断的原因非常笼统。显然，这非常有可能。）

④ 见 Jacoby, intro to *FGrH* 323a, p. 4; Gomme on Thuk. iv 133.2–3。

⑤ F. Jacoby, p. 187. 基于他对沉默论证法的爱好，他可能还会说修昔底德也许会用至少一两次这样一部书里的信息，就像他使用了赫兰尼科斯的书里关于女祭司的信息。

⑥ *Vorsokr*. 88 B 32–7.

⑦ 在再版的 Vossius, *De historicis graecis*, p. 21 n. 63。如果他的修订是正确的（这很有可能，尽管雅可比［p. 187］认为这“非常不可能”），那更进一步的问题就是这个标题是不是《苏达辞书》紧接着就在后面列出的《兰普萨库斯编年史》（*Ὦροι Λαψακηνῶν*）的另一种可能形式。它也有可能是关于一个叫做“普吕坦尼斯”（Prytanis）的斯巴达国王（Hdt. viii 131）。

涉及关于赫兰尼科斯有可能施加的影响，但即便这本书创作于喀戎职业生涯的晚期（公元前5世纪20年代后期？），还是有很多作品可能在此之前诞生。像狄奥尼修斯在他的《论修昔底德》（*Thuc.*）和《致庞培》（*Pomp.*）里那样，普鲁塔克也非常清楚地表明喀戎是比赫兰尼科斯更早一些的作家。[①]

简言之，希罗多德可能知道许多狄奥尼修斯提及的作家的作品，以及其他一些没有被他提及的作品。这其中包括卡里安达的斯基拉克斯（Skylax of Karyanda）[②]和其他古代游记作者：马西利亚的厄乌提门尼斯（Euthymenes of Massilia）和迦太基的汉诺（Hanno of Carthage）、[③]米利都的狄奥尼修斯（Dionysios of Miletos）、[④]雅典的菲瑞基德斯（Pherekydes of Athens）[⑤]、叙拉古的安条克（Antiochos of Syracuse）[⑥]、希俄斯的伊昂（Ion of Chios）[⑦]，还有谱系学家科俄斯的西蒙尼得斯（Simonides of Keos the Genealogist）[⑧]。这些是所有可以证实较早定年的作家。另外，我们还必须提及其他一些人的名字，多种线索显示，他们的年代至少要早至公元前4世纪上半叶，而且就我们所知可能会更早：萨摩斯的埃特利俄斯（Aethlios of Samos）[⑨]，

---

① *De Hdt. mal.* 20 p. 859b = *FGrH* 262 F9. 类似的还有 Tert. *De Anim.* 46 = *FGrH* 262 F14。

② *FGrH* 709; 伪托斯基拉克斯的作品见 *GGM* i 154 ff.。流传下来的作品标题有《海上环游记》（*Περίπλους τῶν ἐκτὸς*［*ἐντος coni. quidam*］）、《赫拉克勒斯之柱》（*τῶν Ἡρακλέος στηλῶν*）、《关于米拉萨之王赫拉克勒德斯》（*τὰ κατὰ Ἡρακλείδην τὸν Μυλασςῶν βασιλέα*）、《大地周游记》（*Γῆς περίοδος*）。希罗多德第4卷第44章提到他。

③ *FHG* iv 408; *GGM* I 1 ff.

④ *FGrH* 687. 唯一流传下来的作品标题是《波斯史》（*Περσικά*），被 *Suda* s. v. Ἑκαταῖος（=*FGrH* 1 T1）认为与大流士同时代；同一个条目认为希罗多德借鉴了他。

⑤ 写了谱系性质的《历史》（Ἱστορίαι，有一处将其叫做《神谱》［*Θεογονία*］，*FGrH* 3 F54，无疑将他与那位叙罗斯人［Syrian］相混淆了）。他可能活跃于公元前470年左右：见 G. Huxley, "The date of Pherekydes of Athens", *GRBS* xiv (1973), 137–143; R. Thomas, *Oral tradition and written record in classical Athens*, Cambridge, 1989, 161 ff.。

⑥ *FGrH* 555；流传下来的作品标题是《关于意大利》（*Περὶ Ἰταλίης*）、《西西里史》（*Σικελικά*）。

⑦ *FGrH* 392, *Vorsokr.* 36, *TrGF* 19, *IEG* ii 79; 写了《希俄斯的建立》（*Χίου κτίσις*）和诗歌、哲学与其他作品。第一部悲剧作于 Ol. 82 (452/48)；死于约公元前421年（Ar. *Pax* 827 ff.）。

⑧ *FGrH* 8; 根据"一些人"（κατά τινας）的说法，他是同名诗人的外孙。写了《谱系学》（*Γενεαλογία*）、《探索》（*Εὑρήματα*），也许还有《杂文集》（*Σύμμικτα*）。

⑨ *FGrH* 536；流传下来的作品标题是《萨摩斯编年史》（*Ὧροι Σαμίων*）。

彼奥提亚的阿里斯托芬（Aristophanes of Boiotia）[①]、阿门尼达斯（Armenidas）[②]、以弗所的克瑞奥菲罗斯（Kreophylos of Ephesos）[③]、克桑托斯的墨涅克拉特斯（Menekrates of Xanthos）[④]，以及忒俄斯的斯基提诺斯（Skythinos of Teos）[⑤]。

雅可比关于希腊早期史学史的理论，尽管具有无可否认的才华，却在发展的方面考虑了太多，这对当时的学者而言是个不言自明的理念。在这套理论里，史学最初阶段的所有特征都在于一个作者——赫卡泰俄斯，逻辑上第二阶段的所有特征都集于另一位——希罗多德，第三阶段的特征又集于赫兰尼科斯，第四阶段则是修昔底德，所有这些人像方砖一样砌在一起，将中间的任何人全都挤出去，这从根本上说不大可能。雅可比在其著作中的排布就是以这套理论为基础的；因此我们很容易忘记有多少历史学家活跃于希罗多德在世的时候，因为卷一以后（实际上是卷一前三位之后）的所有人在雅可比的体系中都在理论上晚于希罗多德。我们已经编制了一份长长的希罗多德同辈人名单。如果有一位神明可以帮我们复原所有这些人的作品，而且附有日期，那我们肯定会受到很多震撼。

那么希罗多德之前有没有"希罗多德"？理论上我们必须承认其可能性。实际上，我们可以期盼有这方面的迹象，比如说假如喀戎的《希腊史》就可能是一部题材范围类似的书。我们至少可以说，在所有我们知道标题的早期史著中，只有喀戎的那部有可能与希罗多德的相似；这令人振奋。[⑥] 在任何重构中，希罗多德可能都是史学史上极为重要的转折点。但长久以来众人都承认希罗多德的历史用

---

① *FGrH* 379；流传下来的作品标题是《底比斯编年史》（*Θηβαῖοι Ὧροι*，也被称作《底比斯史》[*Θηβϊκα*]或《彼奥提亚史》[*Βοιωτικά*]）。

② *FGrH* 378；流传下来的作品标题是《底比斯史》（*Θηβϊκα*）。

③ *FGrH* 417；流传下来的作品标题是《以弗所编年史》（*Ἐφεσίων Ὧροι*）。

④ *FGrH* 769；流传下来的作品标题是《吕基亚史》（*Λυκιακά*）。

⑤ *FGrH* 13, *IEG* ii 97；流传下来的作品标题是《历史》（*Ἱστορίη*）。

⑥ 达马斯特斯的《关于希腊的诞生》（正如雅可比在其他地方的评论，这可能是作品序言里的一句话）看起来像一部希腊史，但可能比希罗多德的作品更晚。喀戎作品的残篇里包含关于波斯的奇闻逸事；关于他和希罗多德之间可能存在的联系，见 Accame（第 86 页注⑤。——译者）和 L. Priccirilli, "Carone di Lampsaco e Erodoto", *ASNP* v (1975), 1239–1254。

到了不同的素材，如果（我认为我们已经证明这具有很强的可能性）希罗多德了解地方史和其他本文提及的作品，没人能真正知道有多少这些作家塑造了他的思想，或者教导了他撰史的技艺。

当然，希腊史学在某种意义上发展了，但必须用合适的词汇审慎形容这些发展。与其相信一种拾级而上式的发展模式，我们不如设想希罗多德与其众多同辈人之间长期、互惠的作品和观念交换。因此，如果我们要证明希罗多德的独特性，我们最好去论证他看起来最显著的特征与他自己对其治史工作的认知是否联系密切。这样一来，他就更不易被某个前辈在任何关键点上抢占先机，即便是被抢先了也无关紧要。

二、历史学家的声音

学者们一遍又一遍地审视了希罗多德的序言，的确在这里面最有可能找到他的自我认知。对希罗多德序言的细读要留到本文的最后。与此同时，本文还会从各方面考察什么能被称作“历史学家的声音”。任何史学文本都包含史家和研究对象。在阅读文本时，我们时常感觉到调查者在我们和资料之间的斡旋。在最明显的情况下，这种强行介入以第一人称陈述或提及自己等形式出现。序言就是这种陈述最容易出现的地方。在我们知道姓名的作者撰写的公元前5世纪散文作品中，有数量多得令人惊讶的开篇序言（10则）为我们所知。[①] 第一人称指示代词（在赫卡泰俄斯那里是“我这样说”［ὧδε μυθέεται］和“我写这些”［τάδε γράφω］；在希罗多德那里是“展示如此”［ἀπόδεξις ἥδε］；在安条克那里是“安条克……写了这些”

① “我们知道姓名的作者”撰写的作品里不包括希波克拉底的医学著作。为我们所知的开篇是：Hekataios *FGrH* 1 F1; Herakleitos *fr.* 1 Marcovich; Ion of Chios Τριαγμός *fr.* 20 von Blumenthal; Antiochos of Syracuse Περὶ Ἰταλίας *FGrH* 555 F2; Alkmaion of Kroton *Vorsokr.* 24 B1; Philolaos of Kroton 44 B1; Diogenes of Apollonia 64 B1; Kritias Πολιτεία Λακεδαιμονίων 88 B32; Herodotos and Thucydides。Anaxagoras 59 B1 可能是第 11 则，取决于怎么断句：要么是 “...λέγων ἀπ᾽ἀρχῆς: ὁμοῦ πάντα ἦν...”（……在开头说：一切都是一体的……），或者 “...λέγων: ἀπ᾽ἀρχῆς ὁμοῦ πάντα ἦν...”（……说：在最开始，一切都是一体的……）

[Ἀντίοχος...τάδε συνέγραψε]，等等）是这些篇目广为人知的风格式习惯，就好像在说“我在这里，这是我的作品”。第一人称指示代词通常伴随着对题材重要性或者信息准确性的强调。[①] 在希腊的第一位历史学家那里，历史学家的声音就已然强势且以自我为中心。的确，这并非必不可少；但在诗人都夸耀自己受到缪斯女神启发的时代，这种对个人成就的骄傲也许并不令人惊讶。修昔底德像往常一样，与其他人在风格上不同（没有第一人称指示代词），然而他在宣布主题时的强有力和表达对自己成就的骄傲方面与他人并无不同。[②]

第一人称陈述只是使历史学家的声音得以彰显的诸多形式中最明显的一种。在光谱的另一端是叙述的基本形态所隐含的决定，以及叙述展开时用措辞的变化将读者的注意力引导到不同的对象上；正如叙事学家所言，有些这类手段非常不起眼。在希腊语中最微小的小品词也能出卖作者的介入。下面是来自赫拉克勒亚的希罗多罗斯（Herodoros of Herakleia，活跃于约公元前 400 年）的一个小例子，尽管微小，却必须用语文学来解释（*FGrH* 31 F63）：

> δράκοντες δέ που ἦσαν ἐν τῷ Καυκάσῳ <θαυμαστοὶ τὸ> μέγεθος,
> καὶ μέγεθος καὶ πλῆθος
>
> Demetr. *Eloc.* 66. καὶ ἀναδίπλωσις δ᾽ ἔπους εἰργάσατο μέγεθος

---

① Aristeides（xxviii 68）在一则短小的证词里对早期作者这种拍胸脯的习惯有所评论，这则证词逃脱了雅可比的注意：ἔστι δὲ ταῦτα οὐδὲν ἕτερον ἀλλ᾽ ἢ ἐνδείκνυται τῷ Ἡροδότῳ καὶ τοῖς Ἑλλανίκοις καὶ τοῖς Ἑκαταίοις καὶ πᾶσι τούτοις ὅτι ἐγὼ ὑμῶν προέχω τῇ κρίσει πρῶτον. τὰ γοῦν κράτιστα ἐξειλεχὼς, ταῦτα καὶ περὶ τούτων γράφω, τὰ δὲ πλείω παιδιά。见 Joseph. Ap. i 16 = Eus. *Prarp. Evang* x 7.12, p. 478c = Akous. *FGrH* 2 T6, Hell. 4 T18 探讨赫兰尼科斯和阿库西劳斯之间经常出现的分歧；Thuk. i 97.2 = *FGrH* 4 T16, 323a T16（对赫兰尼科斯著名的攻击）；Aristophanes, *FGrH* 379 F5（攻击希罗多德）。还可参考 Hippias, *FGrH* 6 F4，这是对于很可能出自一则序言的一个片段的逐字引用，其中希庇阿斯吹嘘了自己的“新奇且多样的故事”（καινὸς καὶ πολυειδὴς λόγος）。L. Koenen, “Der erste Satz bei Heraklit und Herodot”, *ZPE* xcvii (1993), 95–96 论证说第一人称指示代词指的是作品自身；这些指示代词到最后（当这本书被存放在某处时）当然有这个作用，但最开始它们是用在表演中的，因此指向作者。

② 关于修昔底德序言的相关研究，见 A. W. Bowie, “The beginnings of Thucydides”, in *Tria lustra. Essays and notes presented to John Pinsent*, Liverpool Classical Monthly, Liverpool, 1993, 141–147。

> ὡς Ἡρόδωρος (Orth: -δοτος cod.). ʽδράκοντες δέ που,ʼ φησίν, ʽἦσαν……πλῆθοςʼ. δὶς ῥηθὲν τὸ μέγεθος ὄγκον τινὰ τῇ ἑρμηνείᾳ πραέσχεν.
>
> 蟒蛇栖息在高加索山中的某处，体型〈了不得〉，体型和数量都是。
>
> 德米特里奥斯《论风格》第 66 节：重复词句能显得壮观，像希罗多罗斯（奥尔特将这里的“希罗多德”修订为“希罗多罗斯”）说的，“蟒蛇栖息在高加索山中的某处，体型〈了不得〉，体型和数量都是”。重复“体型”给风格增添力量。（尖括号内文字为克罗尔［Kroll］和雷德马赫［Radermacher］增补）

雷德马赫、罗伯茨（Roberts），无疑还有其他更早的校勘者认为“某处”（που）是希罗多罗斯说的，奥尔特[1]辨认出了希罗多罗斯的名字，并且识别出这个残篇的阿尔戈号英雄故事（Argonautic）语境，他很奇怪地将这个小品词给了德米特里奥斯；雅可比也采纳了他的版本。这造成了难懂的词序，断句在 δέ 之后，于是就有了 πού φησίν，而不是 φησίν που；非重读后接部分没有依靠了。如果我们把小品词给希罗多罗斯，就会获得引人注目的结果。που 的意思不是“某处”，像奥尔特想的那样（这样的话对他来说 ἐν τῷ Καυκάσῳ 就变得难以理解），而是“我觉得”；[2]我猜测希罗多罗斯在对巨蟒守护金羊毛的故事进行理性化解释。他经常用这种方式来理性化。“我觉得高加索山里有非常大的蟒蛇”的口气随意且自信，就好像这样的理性化是一种惯例，是被科学研究广为接受的技艺。作者预设读者理解他的方法，并且邀请读者分享自己的老练，这种方式之中有些作者的诡计。就在一个世纪前，赫卡泰俄斯还必须为自己的新方法辩护。

---

① *B. phil. Woch.* xlv (1925), 778 ff.

② 希罗多德第 1 卷第 114 章第 2 节和第 3 卷第 72 章第 3 节中 δέ που（κου）的位置和意思与此处相似；在希罗多德第 1 卷第 181 章第 4 节中，与之相对，κου 是空间性的，在第 3 卷第 120 章第 1 节则是时间性的。

许多小品词能暗示不同事实之间相对优先级的判断、评价、估计，以及许多其他包含于历史学家的介入中的行为。每一个 γάρ（“因为”）也许都能算进这种介入。人物的某些行为的动机通常只能是历史学家的猜测；当有多种可能的动机出现时，这几乎是必然的，例如在希罗多德第 1 卷第 86 章第 2 节中，作者给出了三种居鲁士（Kyros）将克洛伊索斯（Kroisos）送上火刑架的原因。

在直白和隐晦两种极端之间，有许多其他自我肯定的方式，其中历史学家的声音也可能被听见。下面是此类方式的列表，我的方法是通读希罗多德，尽可能仔细地寻找任何历史学家的痕迹；无疑，其中可能有遗漏：

1. 直白或隐晦的第一人称陈述，例如：

对总体目标的陈述（例如在序言中）；对方法的探讨；说明接下来的叙述中要写什么、之前发生了什么或省略了什么；关于事件、人物、材料可信度的价值判断或作者评论；承认无知；对其他从业者的取笑或否定；使用小品词。

2. 使用科学工具，例如：

理性化；纪年法；词源学；通过与相似现象比较或咨询可能了解此事的人来检测某个说法或理论；诉诸“常理”（τὸ εἰκός）；提供“迹象”（σημεῖον）、“证明”（τεκμήριον）或“证据”（μαρτύρια）。

3. 提及材料来源：

具体的名字；由“据说”（λέγεται）暗示；给出多种可能的材料来源并权衡它们的价值；声称没有可用的材料。

4. 给出不同寻常的信息以暗示对此有专门知识或研究，例如：

古怪的地方习俗、信仰、名字、气候、植物、动物等；地点、人、物的目录；谱系；统计数据；日期；地点的旧名；外语中对应的东西；“在为我们所知的东西中（τῶν ἡμεῖς ἴδμεν）第一 / 唯一 / 最 xx 的”（xx 是形容词）；“直到我的时代”（ἔτι ἐς ἐμέ）。

正如我们的期盼，这些都是自我说明，也许除了第 4 组的最后两类以外。其中的第一类“在为我们所知的东西中”在希罗多德

（以及修昔底德）那里总是伴随着最高级或者“第一/最”（πρῶτος），暗示史家已经淘汰了除此之外的所有竞争此头衔者，例如“第一个伤害希腊人的”或“据我们所知最富饶的土地”。第二个短语“直到我的时代”（或类似的表述）通常被希罗多德用来代指到他那时候还存在的某个古迹或实践；它表明历史学家研究并建立起过去和现在之间的联系。与之相似，列表里的所有其他手段都出卖了研究者插手的蛛丝马迹。

通过仔细描述一个历史学家——或按照我称呼他们的方式：历史学家之声的“制造者”——笔下这些手段的出现频率和使用情况，理论上我们能获得某种声纹，每个史家的声纹各不相同。当然，对仅有残篇存世的史家而言，其声音永远难以被清楚地聆听。然而，主要的轮廓依然可以还原，同时只要给予证据中的缺口和沉默论证的危险以应有的重视，我们还是能找出希罗多德有什么独特之处，或者至少能找出他身上有什么是高度个性化的。本文难以仔细研究所有这些细节；但倾听更洪亮回音的解释性努力至少能阐明这幅图画的大致轮廓，并为进一步研究提供更多可能。[①]

传说故事的理性化出现在所有对早期史学的探讨中。众所周知，这种方法尤其与赫卡泰俄斯相关（也许是他的发明）；他的序言是：“我写这些故事，是因为在我看来它们是真的；因为希腊人的传说，在我看来，为数众多且可笑。”这段话通常令人信服地归于对传统故事中超自然元素的批评，赫卡泰俄斯提议将之全部删除，或至

① 为了寻找有趣的例子，我扩展了名单，包含了稍晚的一些作者，但不晚于公元前4世纪早期：阿吉亚斯/德基洛斯（Agias/Derkyllos, *FGrH* 305）；米利都的小阿那克西曼德（Anaximander of Miletos the younger, *FGrH* 9）；哈利卡纳索斯的安德隆（Andron of Halikaenassos, *FGrH* 10）；伪厄皮门尼德斯（pseudo-Epimenides, *FGrH* 457）；伪欧墨洛斯（pseudo-Eumelos, *FGrH* 451）；赫拉克勒亚的希罗多罗斯（Herodoros of Herakleia, *FGrH* 31）；希俄斯的墨特洛多罗斯（Metrodoros of Chios, *FGrH* 43）；波罗斯的阿克拉加斯（Polos of Akragas, *FGrH* 7）；米提列涅的斯卡蒙（Skamon of Mytilene，也是赫兰尼科斯之子；*FGrH* 476）；厄利斯的希庇阿斯（Hippias of Elis, *FGrH* 6）；塔索斯的斯特希姆布罗托斯（Stesimbrotos of Thasos, *FGrH* 107）；雅典的克拉提波斯（Kratippos of Athens, *FGrH* 64）；阿克山德罗斯（Akesandros, *FGrH* 469），提布戎（Thibron, *FGrH* 581）；克里提亚斯（Kritias, *Vorsokr.* 88 B32-7）。我还不时兼顾修昔底德；色诺芬完全没有涉及。

少用他的理性化方法减少一些。他把地狱犬说成是一条巨蛇，而革律翁（Geryones）是一个普通的凡人国王。[①] 这些创新，以及它们在从 μῦθος（神话）到 λόγος（理性）的转变中可能扮演的角色，长期以来困扰着学者们。我尤其想强调的是此种声音里的颤音：在赫卡泰俄斯想将地狱犬的神话放到现实主义框架中的同时，他却能接受奥瑞斯特乌斯的狗生下一个树桩，以及其他许多类似的故事。[②] 发展出一套革命性的新方法是一回事，意识到其所有可能性并且凭直觉一有机会就使用它又是另一回事。赫兰尼科斯以相似的方式批评尼俄伯（Niobe）石化的故事，转而说是希皮洛斯山（Mt. Sipylos）上有一口泉眼，喝了泉水的人肚子会变成石头——这个版本只是肤浅地比神话更接近现实主义一些，但显然也是编造的。[③] 乔弗里·劳埃德（Geoffrey Lloyd）探讨了很多早期科学家未能将方法普遍化的失败，例如很难指望他们用他们自己的处理方式探索癫痫发作的真相；在令人钦佩地拥护理性原则并拒斥其对手荒谬说法的同时，他们经常也用自己同样武断的理论取代之。[④] 这个论点与后面我们讨论的希罗多德的方法也相关。那时我们也许会注意到，在理性化的方面，第 2 卷全部和第 4 卷的大部分都充满这种态度。其中一个例子是他辩称多多那（Dodona）的“会说话的鸽子”其实是一个外族女人，其蛮族语言听起来像鸟叫，因为鸟不能用人类的语言说话。[⑤] 希罗多罗斯呈现出理性主义、寓言（allegory）和动物志怪学（fantastic zoology）的奇怪混合。[⑥] 在主要人物中，只有菲瑞基德斯没有理性化的例子；

---

① *FGrH* 1 FF27, 26.

② *FGrH* 1 F15.

③ *FGrH* 4 F191; 其他例子见 *frr*. 28, 72, 104b, 148, 168a。

④ G. E. R. Lloyd, *Magic, reason and experience. Studies in the origin and development of Greek science*, Cambridge, 1979; id., *The revolutions of wisdom. Studies in the claims and practice of ancient Greek science*, Berkeley, 1987.

⑤ 关于希罗多德的理性化，见 A. Lesky, “Aithiopika”, *Hermes* lxxxvii (1959), 27–38 = *Gesammelte Schriften*, Bern/Munich, 1966, 410–421; A. B. Lloyd, *Herodotus Book II*, Leiden, 1975, i 135 ff.; Virginia Hunter, *Past and process in Herodotus and Thucydides*, Princeton, 1982, 107 ff.。

⑥ *FGrH* 31 FF4, 13, 14, 19, 21, 22, 28, 30, 57, 58, 63 *bis*. 另一方面地狱犬的神话还是存在于 *fr.* 31。

这位作家那里也没有希腊启蒙运动（Greek enlightenment）的其他踪迹。阿库西劳斯也许有两个例子，但都不特别显著。[①]

词源学作为一种科学方法，于公元前5世纪晚期变得尤受喜爱，当然通俗的词源学与荷马一样古老。[②]赫卡泰俄斯认为米克奈（Mykenai）得名于 μύκης，即珀尔修斯（Perseus）刀鞘的顶冠。[③]菲瑞基德斯讲了一个引人入胜的故事，说的是忒俄斯怎样得名于连词 τέως（在……的时候）；"在你们寻找建城地点的时候，"阿塔马斯（Athamas）的女儿用石头建起一座小城堡后说，"我已经建起一座了。"[④]伊昂和墨特洛多罗斯认为希俄斯的名字来源于χιών（雪）。[⑤]希罗多德当然也论及了所谓的诨号（speaking name，即揭示身份、职业的名字。——译者），例如克罗伊索斯故事里的阿提斯（Atys）和阿德拉斯托斯（Adrastos），不过唯一科学性使用词源学的例子似乎在希罗多德第2卷第52章，在这里他说 θεοί（神）源自 τίθημι（放下，放置），以及在第4卷第27章中创造性地解释阿里马斯波斯人（Arimaspians）的斯基泰语词源。[⑥]如果说这些早期作者没有完全意识到词源学的潜力，那它已经成为赫兰尼科斯一次又一次使用的利器。在这方面，他能做出一些令人惊讶的断言——伊代亚的达克

---

① *FGrH* 2 F29：赫拉克勒斯抓获的克里特公牛是生下欧罗巴（Europa）的那一头——所以不是宙斯变的；2 F37：金羊毛不是金色的，而是被海染成了紫色。还可参考 Agias/Derkyllos 305 F6; Xanthos 765 F20。

② 关于词源学，见 E. Risch, "Namensdeutungen und Worterklärungen bei den ältesten griechischen Dichtern", in *Eumusia, Festschrift Ernst Howald*, Erlenbach/Zurich, 1947, 72-91 = *Kleine Schriften*, Berlin/New York, 1981, 294-313; M Salvadore, *Il nome, la persona. Saggio sull' etimologia antica*, Genova, 1987; 其他提及词源学的地方，见 L. E. Woodbury, *Phoenix* xxxiv (1980), 114 n. 12 = *Collected writings*, Atlanta, 1991, 341 n. 12。

③ *FGrH* 1 F22；其他例子见 *fr.* 15（奥依涅乌斯［Oineus］源自 οἶναι，古人称它为 ἄμπελοι）。

④ *FGrH* 3 F102.

⑤ *FGrH* 392 F1; 43 F3 *bis*.

⑥ 希罗多德第4卷第189章中有类似词源学的内容：这里声称希腊人给雅典娜女神雕像穿上埃吉斯（αἰγίς，类似羊皮的东西）的习俗来自利比亚人，他们将 αἰγέται（羊皮）用于同样目的。见 Henry R. Immerwahr, *Form and thought in Herodotus*, Cleveland, 1966, index s. v. "etymology"。如果必须说"通俗的"和"科学的"词源学之间有什么区别，我们可能无法成功地给出普适有效的标准，但后者通常更加自觉，表面上假装自己基于某种对此现象的理论性了解；特别是它可能被用于构建或确认历史性猜测。

提洛斯人（Idaian Daktyloi）得名于被瑞亚（Rhea）的手指所触摸，或赫耳墨斯·菲勒忒斯（Hermes Philetes）得名于他在爱情中被孕育。[①]这些与柏拉图《克拉底洛斯篇》(*Kratylos*）中的内容一样武断，应该被视为作者自己的判断，除非能证明事实与之相反。因此，他对阿帕图里亚节（Apatouria）的解释——最初名为Apatenouria，以纪念米兰托斯（Melanthos）与克桑提俄斯（Xanthios）争斗时使用的“诡计”——不太可能代表雅典传统中此节日真正的起源和意义。[②]

典型的希罗多德惯用语“直到我的时代”(ἔτι ἐς ἐμέ）没有出现在我们名单中其他作者存世的残篇中，但喀戎的第二个残篇里有所暗示，他声称宙斯假装成安菲特律昂（Amphitryon）给阿尔克墨涅（Alkmene）的杯子（名为καρχήσιον）还在斯巴达。καρχήσιον还被菲瑞基德斯和希罗多罗斯提及，阿那克西曼德也提到过，只是名字变成了σκύπφος。[③]显然这是神话中的固定模式；宙斯递出杯子的场景也在居普塞洛斯（Kypselos）的柜子上有所描绘，[④]也许有人会怀疑它确实作为宗教用具存在。与“直到我的时代”类似的语句常常出现在指认某神话人物实际上是后来某城邦的名祖时；这种情况在赫卡泰俄斯那里出现了十几次，他也给其他人提供了现成的模式。[⑤]

---

① *FGrH* 4 FF89, 19b; 还可参考33 (Maloeis), 38 (Areopagos), 71 (Sinties), 108 (Agameia), 111 (Italy), 123 (Pelias), 130 (Aphetai), 188 (Helots)。其他作家的例子：Andron, 10 FF4 (Selloi), 8 (Parnassos); Aristophanes of Boiotia *apud* Phot. p. 237 Porson = *Suda* λ 867 s. v. λύσιοι τελεταί(Arist. of Byzantium *fr. dub.* 421 Slater; 不在 *FGrH* 379；这个仪式也得名于 διὰ τὸ λυτρώσασθαι Θηβαίους παρὰ Ναξίων ἄμπελον）; Charon, 262 F12 (Hamadryads); Herodoros, 31 F45 (Miletos); Hippias, 6 F6 (τύραννος); Menekrates, 769 F2 (Lykia); Stesimbrotos, 107 FF12 (Daktyloi), 13 (Dionysos); Xanthos, 765 F15 (Mysoi); Xenomedes, 442 F4 (Telchines)。此类活动集中于公元前5世纪后半段的趋势很明显。

② *FGrH* 4 F 125 = 323a F23. 不幸的是，这个猜测对维达尔-纳凯（P. Vidal-Naquet）影响力巨大的“黑色猎手”(Black Hunter）理论至关重要。见“The black hunter and the origin of Athenian ephebe”, *PCPS* xiv (1968), 49-64; 修订后于最近重印于 *id, The black hunter. Forms of thought and forms of society in the Greek world*, Baltimore, 1986, 106-128. 还可参考“The black hunter revisited”, *PCPS* xxxii (1986), 126-144。

③ *FGrH* 3 F13; 31 F16; 9 F1. 克桑托斯一则释义性残篇中的短语 ἔτι καὶ νῦν(直到现在）可能也来自他。

④ Paus., v 18.3.

⑤ 名祖的追溯太常见且普遍了，我没有费事去列举。

作家还可能亲眼认出故事发生地点附近尚存的地标，比如阿门尼达斯的一则残篇中提到底比斯的七个火葬堆，[①] 希罗多罗斯的一则残篇中提到赫拉克勒亚集市中的野橄榄树，[②] 或者克瑞奥菲罗斯残篇中的许佩莱奥斯（Hypelaios）泉、神圣的港湾以及以弗所的一座神庙和两处圣所。[③] 还有一种很常见的情形是指出城市或国家的旧名，后面跟着一个关系从句："它现在叫做某某。"[④]

接下来从"直到我的时代"转而讨论"在为我们所知的东西中"：同样，虽然名单里的作者存世残篇中没有出现该短语，但"第一个发明者"（πρῶτος εὑρετής）确实是他们最喜欢的主题，它很容易引出使用"我们所知的第一个"（πρῶτος τῶν ἡμεῖς ἴδμεν）这类语句的情形。[⑤] 赫卡泰俄斯、米利都的狄奥尼修斯、阿那克西曼德、希罗多罗斯以及哈利卡纳索斯的安德隆都讨论了希腊字母的创造者。[⑥] 安德隆讨论了火葬的起源。[⑦] 赫兰尼科斯知道谁发明了字母书写系统，更不用说裤子、宦官和头巾，[⑧] 他的儿子斯卡蒙写了一整本关于发明的书，谱系学家西蒙尼得斯也一样。喀戎以相似的路数告诉我们佛卡亚的科德罗斯之子福波斯（Phobos son of Kodros of Phokaia）是第一个从白岩（White Rocks）上跳下去的人，马尔多尼奥斯（Mardonios）在阿

---

① *FGrH* 378 F6（一则被逐字引用的残篇）。

② *FGrH* 31 F51; 还可参考 *fr*. 31.。

③ *FGrH* 417 F1.

④ 本段所论现象的更多情况，见 Hek., *FGrH* 1 FF10, 84, 119, 127–129, 234, 239, 275, 308–309, 372; Pher., 3 FF54, 64a, 79a, 84, 125, 145, 155; Hell., 4 FF4, 6, 23, 25, 26a, 51, 59–60, 77, 79a, 109, 115, 117, 150, 163, 165, 197 *bis*; Aethilos, 536 F3; Agias/Derkyllos, 305 FF4, 7, 8, 8 *bis*; Andron, 10 FF6, 16a; Antiochos, 555 FF3, 11, 12; Aristophanes, 379 FF 2, 4, 9; Armenidas, 378 FF3, 5; Charon, 262 FF7, 8, 12; Deilochos, 471 FF3, 5, 7a, 9; Epimenides, 457 F11; Eumelos, 451 F4; Herodoros, 31 FF34a, 48; Menekrates, 769 F2; Xanthos, 765 F17; Xenomedes, 442 F1.63。

⑤ 例如希罗多德第 1 卷第 94 章第 1 节："（吕底亚人）是据我们所知第一个铸造金银钱币的族群。"关于这个主题的总体情况，见 A. Kleingünther, Πρῶτος εὑρετής, *Philo*. suppl. xxxvi. 1 (1933)。除了正文中列举的例子，还有 Hellanikos, *FGrH* 4 FF71b, 86, 175, 189; Damastes, 5 F6; Xanthos, 765 F4; Hippias, 6 F8; Andron, 10 F13。

⑥ Hekataios, *FGrH* 1 F20; Dionysios, 687 F1; Anaximander, 9 F3; Hdt., v 58; Andron, 10 F9.

⑦ *FGrH* 10 F10.

⑧ *FGrH* 4 F178.

索斯山（Mount Athos）遭遇灾难以后白鸽才在希腊出现。[①]

至此，我们讨论了早期史家或多或少普遍使用过的手段，并列出了例外情况。我们手中材料的残篇本质意味着我们不能永远确保被提及得少的那些手段是否重要。“证据”（μαρτύριον）这个词没有在除了希罗多德和修昔底德以外的作家那里出现；“证明”（τεκμήριον）只在他们两位之外出现了一次，是在希庇阿斯的一则残篇里；[②]“迹象”（σημεῖον）也只在希罗多罗斯的残篇中出现了一次。[③]有一些历史学家的发声手段（例如第1组里讨论叙述如何被组织起来的那些）只在较长的文本里才容易被发现；还有一些只在特定种类的文本中易于被发现：讨论外语中对应的东西是民族志中的特色，所以在阿库西劳斯和菲瑞基德斯那里找不到也并不奇怪。[④]古怪的地方习俗和气候等也都在民族志里面，还有关于距离的统计数据和族群名单也一样，不过在地方史家那里也能收获类似的材料，偶尔甚至能在谱系中遇到。[⑤]

---

① *FGrH* 262 FF7, 3.

② Diog. Laert. i 24 = *FGrH* 6 F5 (τεκμαιρόμενον); 但这个词也许是第欧根尼写的（而且实际上经由希庇阿斯和亚里士多德被归于泰勒斯［Thales］！）。然而，该词也出现在品达（Pindar）和悲剧作家那里，因此没有太多东西可以引申。

③ *FGrH* 31 F22a. 这个词在两位作品完整传世的史家那里也并不常见：在希罗多德的作品中仅出现在第9卷第71章（ἀποσημαίνομαι）；在修昔底德的作品中出现在第1卷第6章第2节、第10章第1节、第21章第1节和第2卷第42章第2节。

④ 在赫卡泰俄斯那里见 *fr.* 21, τῇ Δανᾷ μίσγεται Ζεύς: 记载该残篇的赫罗迪安（Herodian, Π. μον. λέξ. ii 912.23 Lentz）说赫卡泰俄斯自己声称（ὡς αὐτός φησι）这是腓尼基语里的达那厄（Δανάη）。其他例子，见 Hek., *FGrH* 1 FF322, 370; Charon, 262 F5; Hell., 4 FF54, 60, 111; Xanthos, 765 FF16, 20d, 23; Menekrates, 769 F1。相似的例子，见 Hek., *fr.* 15: 赫卡泰俄斯说 οἴνη 是 ἄμπελος 以前的形式，由此建立历史推测。

⑤ 各地的奇闻逸事：赫卡泰俄斯和斯基拉克斯的许多残篇；Aethlios, *FGrH* 536 FF1, 3; Agias/Derkyllos, 305 F7; Antiochos, 555 F1; Armenidas, 378 F4a; Charon, 262 FF1, 5; Damastes, 5 F5 = Hellanikos, 4 F195（一则奇闻：有些厄佩俄斯人［Epeians］能活两百年，甚至三百年）；Demokles, *fr.* 1 Müller; Hell., 4 FF53, 54, 66, 67, 71a, 137, 174, 184, 190; Herod., 31 F31; Kritias, *Vorsokr.* 88 B 32 sqq.; Metrodoros, 43 F3; Pher., 3 F47; Xanthos, 765 FF 13, 31; Xenomedes, 442 F1。统计数据见 Damastes, 5 FF2（赫拉克勒斯之柱之间的距离），10（塞浦路斯岛的大小）；Pher., 3 F30（阿瑞斯牧场的大小）；Hek., 1 FF 197（爱琴海的大小，尽管具体数字不是他自己算的），322（跨越 Ψυλλικὸς 海湾要三天）。尼俄伯子女名单（Catalogue of Niobids）和类似的神话元素不太需要列举。地理学家的沿海岸城市名单在 Herodoros, 31 F2 中出现（逐字引用），赫卡泰俄斯式的伊比利亚半岛海岸城市名单出现在赫拉克勒斯西进故事的叙述中。这是希罗多罗斯理性化处理的一部分。

纪年法是个更困难的问题。[①] 爱德华·迈耶（Eduard Meyer）在一篇著名的文章中从希罗多德使用纪年法的方式指出那不是他自己的原创；[②] 在19世纪对分析的力量无比自信的情况下，他推测希罗多德的纪年法比其发明者晚了两个阶段。发明者必然是赫卡泰俄斯，四十年一代人的纪年体系被归为他的发明，即便残篇中没有提到其应用。迈耶论证中的缺点早已暴露。希罗多德使用这项技术过程中的不一致说明不了什么。比如说，希罗多德没有注意到，用他提出的三代人一世纪的法则（第2卷第142章）套入斯巴达国王世系（第7卷第204章，第8卷第131章）中的21代人，推算出的赫拉克勒斯的年代（约公元前1180年），与第2卷第145章他自己给出的年代——比他早九百年（大概公元前1330年）不一致。然而，斯巴达国王世系是别人提供给他的，他没有必要在所有情况下都使用自己的新技术。[③] 如果我们假设赫拉克勒斯的年代不是希罗多德的原创，这当然意味着其他人发明了纪年法；但赫拉克勒斯的年代可能出自希罗多德自己的计算，如果我们假设其第1卷第7章里22位吕底亚的赫拉克利德王族（Heraklids）的国王总共历经505年的说法（众所周知，该片段把每一代人的时间算得很短，看起来不像年代学计算的结果）出自其他材料来源；赫拉克利德王族之后有五位美尔姆纳德王族（Mermnads）的国王，统治了170年（第1卷第14、16、25、86章），按照三代人一个世纪的法则就是167年，外加由于克罗伊索斯的虔诚多出的三年（第1卷第91章）；从第一个赫拉克利德王族的国王阿尔贡（Argon，第1卷第7章）开始，上溯到他的曾曾祖父一共是五代人，也就等于一又三分之一个世纪；所有这些从克罗伊索斯倒台的时间（从希罗多德的暗示中无法准确得到确切年份，但肯定在公元前6世

① 对更早的文献的参考，可见 E. Vandiver, *Heroes in Herodotus. The interaction of myth and history*, Frankfurt a. M., 1990, 133 n. 1; Alden A. Mosshammer, *The chronicle of Eusebius and Greek chronographic tradition*, Lewisburg and London, 1979, 105–111; 还可参考一部重要著作：Pietro Vannicelli, *Erodoto e la storia dell'alto e medio arcaismo (Sparta-Tessaglia-Cirene)*, Rome, 1993, 9 ff.。

② E. Meyer, *Forschungen zur alten Geschichte* i, Halle, 1892, 153–209.

③ 关于没有普遍使用的方法，详见前文。

纪中叶）算起，几乎正好将我们带到公元前1330年，这个日期是希罗多德基于所获信息和（他自己提出的？）三代人一世纪的法则算出的。[①] 我们不太可能从希罗多德介绍年代的口吻和方式来判断其方法的部分或全部是否由他本人原创。[②] 当然迈耶称希罗多德对纪年法不感兴趣的说法[③]——他只是将别人给他的东西拿来用，使用数据前后不一致，还在计算中出错，说明这完全不是他的发明——无法得到希罗多德文本的佐证；他无疑对纪年法很感兴趣，并且有意识地向听众提供了很多时间流逝的暗示。的确，纪年法看起来像一个新发现的工具，它对历史探究的作用让希罗多德印象深刻。

当然，赫卡泰俄斯有谱系学作品，但残篇中没有迹象表明他为每一代人制定了标准的时长或以此为基础的年代学计算；也没有任何迹象表明赫卡泰俄斯的作品里存在同时代欺诈，即用编出来的名字填满谱系，以将不同分支的同时代人联系在一起。阿库西劳斯和菲瑞基德斯也没有用过此类技术；不过这对赫兰尼科斯而言倒是很典型，他写了好几部本质完全是年代学的作品。很难说他是不是第一个这样干的人（也许喀戎的《兰普萨库斯人的执政官》[？] 更早一些），[④] 但纪年法肯定是赫兰尼科斯成名的领域。总体上说，我们不该期待在史学天真的幼年阶段此类手段能暗含某种方法论意识。当然，在总体层面小心一点并不为过，赫卡泰俄斯的确有可能是某种

---

① 参考 D. W. Prakken, *Studies in Greek genealogical chronology*, Lancaster, PA, 1943, 22 f.。如果这个猜测正确，那么迈耶提出四十年一代人的推论就没了基础，他是用九百年除以斯巴达国王的数量得来的。在早期史料中，四十年一代人这种说法的唯一真正暗示是修昔底德第1卷第12章第3节（多利安人入侵发生于特洛伊战争之后八十年）。希罗多德第1卷第163章第2节和第3卷第23章第1节中出现40的倍数也具有暗示性，但难以作为证据。见 W. Burkert, "Lydia between East and West, or how to date the Trojan War: a study in Herodotus", in J. B. Carter, S. P. Morris, edd., *The ages of Homer. A tribute to Emily Townsend Vermeule*, University of Texas, 1995, 139–148, 该文论证505年这个数字可能来自亚述的记载。

② Von Fritz, ii 177 n. 3（第84页注①。——译者）论证说，希罗多德第2卷第146章第2节最后一句暗示他之前的人就基于谱系创制了年代学计算体系。

③ Von Fritz, 169, 184 f. 参见 Mosshammer, 326 n. 6（第100页注①。——译者）；Lloyd, i 193（第95页注⑤。——译者）在大段论述后总结："无疑他对年代学问题感兴趣。"

④ 详见前文。我不同意托伊（Toye）（第79页注①。——译者）对《阿尔戈斯的赫拉女祭司》的观点。

基础系统的发明者。但根据现有证据，将这些方法的出现放到希罗多德活着的时候更为谨慎。也许他和赫兰尼科斯有过一些讨论。①

理性化、词源学、研究外语以及其他前面提及的手段，也许除了纪年法之外，都不是在希罗多德的作品里首次被发现，不能被视作他声纹的独特元素。现在我们需要探究这些元素可能是什么。

三、希罗多德的声音

第一个可能的元素身处那些因为过于明显而容易被忘记的东西当中。根据我们的记录，希罗多德作品的显著特征之一正是他让自己的声音被听见的频率。他的作品是一场自我意识非常强的表演。发声标志出现得如此频繁，以至于读者在阅读的时候更容易注意到他的缺席而非出场。与之相对，修昔底德在自己的作品中就出现得很少，因此表面上给人一种更“客观”的印象。有趣的是，希罗多德退到一边，允许读者的眼睛直接看见事件的时候，正是他作为故事讲述者的想象力最无拘束的时候：讲述逸事或者编写演说词的时候。发声标志的缺席不是客观性的保障；同样的道理，发声频繁并不意味着史家任由自己的个性妨碍自己的工作。

在大段直接叙述之后，历史学家之声的再次出现还可能伴随着特别的叙述效果。最好的例子就是希罗多德第 1 卷第 119 章哈尔帕戈斯（Harpagos）及其子故事的结尾。“于是他收集起剩余的躯体回家，我想他是想要全部收集起来将其埋葬。”这之前很长一段都没有出现历史学家发声的任何迹象（从希罗多德第 110 章开始），希罗多德之声“我想”直接闯入，打破了沉寂。我们意识到自己迷失在了扣人心弦的叙述中；其恐怖和感染力对我们而言变得更明显。②

---

① 年代学研究的其他迹象，见 Agias/Derkyllos, *FGrH* 305 F2; Andron, 10 F13; Damastes, 5 F7; Hell., 4 FF74 sqq.（《阿尔戈斯的赫拉女祭司》），85–86（《卡尔内欧斯赛会获胜者》（*Karneonikai*）），152，168，169，201 *bis*; Herod., 31 F33; Ion, 392 F1; Xanthos, 765 F32。

② τούτοισι δὲ ἀμειψάμενος καὶ ἀναλαβὼν τὰ λοιπὰ τῶν κρεῶν ἤιε ἐς τὰ οἰκία, ἐνθεῦτεν δὲ ἔμελλε, ὡς ἐγὼ δοκέω, ἁλίσας θάψειν τὰ πάντα. 参见 J. D. Denniston, *Greek prose style*, Oxford, 1952, 6（来自 H. 劳埃德–琼斯［H. Lloyd-Jones］的提醒）。

在两个值得注意的情形中，修昔底德的发声会变得频繁：修昔底德第 1 卷和第 6 卷的“考古篇”（*archaiologiai*）。[①] 在这些章节里他的言辞和技巧完全是希罗多德式的，暗示着后者的方法被认可为判断遥远的过去中何为真实的恰当方法。[②] 鉴于模仿是最真诚的奉承，我们也许会怀疑，修昔底德在第 1 卷考古篇结尾嘲讽那些相比真相对“传说”（τὸ μυθῶδες）更感兴趣的人，是不是像我们常听说的那样，是在针对希罗多德。如果我们要设想一位假内行，一个显然的选择会是像希庇阿斯这样的智术师（Sophist），他在柏拉图的《大希庇阿斯篇》（*Hippias Major*）中说目前他的听众最喜欢的主题是“英雄与凡人的谱系，古时候城邦如何建立，简言之，所有的‘古事’（ἀρχαιολογία）”。[③] 至少他不是在批评希罗多德的著作，而且修昔底德考古篇的大部分（尽管不是全部）所涉主题全都不在希罗多德的视野内。

希罗多德最喜欢谈论的东西之一就是他的材料来源。他不断给出不同消息来源的事件版本，有时候评论其优劣。他谨慎地告诉我们哪些是他亲眼所见，哪些是道听途说的。有时候他只说“据说”，不给出材料出处；有时候他明确地说某一条信息他没有报道出来。他使用很多词汇来讨论他与材料之间的关系：比如“我听说”（ἀκούω）、“看起来”（ὄψις）、“我得知”（πυνθάνομαι）、“我发现”

---

① 参考 S. Horblower, “Narratology and narrative technique in Thucydides”, in S. Hornblower, ed., *Greek historiography*, Oxford, 1994, 131-166 at 151; L. Canfora and A. Corcella, “La letteratura politica e la storiografia”, in *Lo spazio letterario della Grecia antica*, edd. G. Cambiano, L. Canfora, D. Lanza, Rome, 1993, I 1.433-71 at 454 ff.; 尤其要参考 Hunter, ch. 1. 3（第 95 页注 ⑤。——译者）。

② 在修昔底德第 1 卷第 1—21 章，第 2 卷第 15—16 章和第 6 卷第 1—5 章中，我清点出了以下发声标志：τεκμήριον 或类似的词（包括 δῆλον 及其同类，它们在论证中具有相同的力量），共 18 例；使用诸如 ἔτι καὶ νῦν 或“它现在被叫做”的表述，26 例；使用像 ὡς ἀκοῇ ἴσμεν（正如我们听说的那样）的表述，或提及某物的发明者，10 例；纪年，无论是精确地指他那个时代的一段时间还是模糊地说“几年后”“希波战争前不久”“几代人之后”，28 例；诉诸“常理”（εἰκός），7 例；提及材料来源或探索的可能，8 例，包括 2 例“据说”（λέγεται），1 例 οὐκ ἔχω εἰπεῖν（我不必说），和 1 例有其他可能的情况；1 例外语中相同的东西，以及 5 例“在我看来”（δοκεῖ μοι）和类似的说法：这说明修昔底德在此处不能以他惯常的至高无上的方式掌控真实。这是一张令人惊讶的列表，能非常有力地反对费林（Fehling）的论点（见本文的最后一个部分）。还可参考修昔底德第 6 卷第 54—59 章。

③ *Hipp. Maior* 285d = *FGrH* 6 T3. 参考 Toye, 289, 297（第 79 页注 ①。——译者）。

（εὑρίσκω）、“我收集”（συμβάλλομαι）、“我探究”（ἱστορέω）、“我知道”（οἶδα）、“我认为”（δοκέω）、“我想”（λογίζομαι）、“观点”（γνώμη）、“我估计”（σταθμόομαι）、“不可靠”（οὐ πιστά）、“真实地说”（ἀτρεκέως εἰπεῖν），等等。就我们所知这是他的原创，作为其文风的一大部分，这些词汇一定使每个读者惊讶。有鉴于叙拉古的安条克的作品《关于意大利》的序言（*FGrH* 555 F2），我们也许指望能在他的作品中找到一些关于材料的探讨：“色诺芬尼之子安条克，从古老的说法中最可信最清楚的那些当中（取材），撰写了这些关于意大利的事。”不幸的是，安条克存世的残篇没有证实或证伪这种期盼；不过我们也许会注意到，在其著作第4卷开篇关于西西里的考古篇中，修昔底德的措辞突然变得像希罗多德，评论者都同意他是在追随安条克。① 不过，安条克的大部分职业生涯可能晚于希罗多德，因为《关于西西里》的残篇将作者的最晚年代（terminus post quem）定在公元前424/423年；② 因此他不太可能是创新者。

在希罗多德之前的作家笔下，没有探讨不同材料来源的迹象。当然，**材料**有时候会被提及。比如在残篇21中（见第99页注释④。——译者），赫卡泰俄斯告诉我们腓尼基人把“达纳厄”（Danae）叫做“达纳”（Dana）。在残篇79a中，菲瑞基德斯记载了“当地人”怎么称呼一个地标；在其他残篇中，他似乎展示出对托利科斯（Thorikos）、底比斯和德尔斐（Delphi）当地信仰的了解，可能证明了一定程度上的“探究”（ἱστορίη）——走出去亲眼了解；但他也可能从书写传统中获得这些知识。③

---

① 根据 K. J. Dover, “La colonizzazione della Sicilia in Tucidide”, *Maia* vi (1953) 1–20 = “Die Kolonisierung Siziliens bei Thukydides”, in Herter, ed. *Thukydides* (Darmstadt 1968) 344–168; 还可参考 *HCT* iv 198 ff。

② *FGrH* 555 T3 清楚地给出了该作品所涉时间范围的最后一年。

③ 底比斯：*FGrH* 3 F84，阿尔克墨涅的起源神话；德尔斐：3 F64，关于涅奥普托勒墨斯（Neoptolemos）的起源神话；托利科斯：3 F34，R. L. Fowler, “The myth of Kephalos as an aition of rain magic (Pherekydes *FGrH* 3 F34)”, *ZPE* xcvii (1993), 29–42 推测它也是起源神话。关于征引地方性材料，见 Hell., 4 FF23, 71a, 137, Herod., 31 F 31, Metrod., 769 F2（“他们说”［λέγουσι］），以及 Arist., 379 F6, 他引用了一则地方档案（“备忘录”［ὑπομνήματα］）。

菲瑞基德斯有一次似乎说了谱系里面的某个名字**没有**被写出来；如果我们能确定这一点，意义将很重大，因为通常我们预计一个早期神话撰述者，例如一个诗人会编造名字，然而某人因为传统中没有说就拒绝这么做，暗示此人不处于这种传统之中，而这可能让研究者遇到麻烦——换言之，它暗示一种与诗人不同的觉悟和自我认知。这个残篇（Schol. Ap. Rhod. 2.373–76a = Pher. *FGrH* 3 F15b）里说："多伊阿斯（Doias）和阿刻蒙（Akmon）是兄弟，谁是父亲不清楚，正如菲瑞基德斯所说。"不幸的是我们永远无法从这些古注家的语句中还原出原文的措辞可能是什么样的。在古注家的希腊文中，惯用语"菲瑞基德斯没有说 X 而是说了 Y"，其中 X 是"多伊阿斯和阿刻蒙的父亲是某某"这类观点，并不意味着菲瑞基德斯明确否定了 X，而意味着菲瑞基德斯对 X 保持沉默，然后说了 Y。在菲瑞基德斯的许多残篇中，这个表述很久以前就被卡尔·吕特克（Karl Luetke）注意到，[①] 最近博斯沃思（A. B. Bosworth）有几个关于卡里阿斯和约的重要推断也基于普鲁塔克笔下同样的语句。[②] 也许在这则菲瑞基德斯的残篇背后是对"菲瑞基德斯没有说某某"的误解，也许菲瑞基德斯只是对此保持沉默而已。

希罗多德通常用"没有说"（οὐ λέγεται）来记录信息的缺失；更常见的是他用"据说"（λέγεται）来表示传统的存在。这个动词的无人称用法本身就暗示作者的态度与传统之间的距离，就好像它尚需检验一样。在赫卡泰俄斯、阿库西劳斯和菲瑞基德斯被逐字引用的残篇中，没有发现这样的例子。此类残篇的数量足够说明这种缺失的意义是显著的。在希罗多德之后，史学和神话撰述中"据说"的使用成为常规。[③]

据说阿库西劳斯用父亲在自家挖掘时发现的写有古代传说的

---

① Carolus Luetke（维拉莫维茨的学生），*Pherecydea*, Diss. Göttingen, 1893, 26. 见 Pher, *FGrH* 3 FF26, 54, 60, 72, 82, 133; Hell., 4 FF104a, 117; Andron, 10 F13; Deilochos, 471 F5。

② A. B. Bosworth, "Plutarch, Callisthenes, and the peace of Callias", *JHS* cx (1990), 1–13.

③ 参考 H. D. Westlake, "λέγεται in Thucydides", *Mnem.* xxx (1977), 345–162, 他发现了与希罗多德用法相似和不同的有趣之处。

铜板上编纂了自己的书，如果这一说法是真实的，那么在阿库西劳斯的作品中对不同或不存在的材料的探讨可以说完全不存在。①我怀疑其实是阿库西劳斯在他的序言里提到了这些铜板，同时声称自己只不过是古代传说的发布者；因此他是像俄诺马克里托斯（Onomakritos）这类神谕编纂者的神话撰述同行。如果这个猜测是对的，就能解释为什么《苏达辞书》②中有说法认为他的作品是伪作，因此不在最早的散文作品之列（有些人确实据此这样认为）；它还解释了为什么有些容易受骗的权威作家将他当成"七贤哲"（Seven Wise Men）之一。③有鉴于这些，我们不该指望阿库西劳斯采取一个公正探究者的形象，并诚实地评价各种材料的优劣。

赫卡泰俄斯笔下有一处对材料的批判十分著名。在残篇9中他说："埃及普托斯（Aigyptos）没有亲自来阿尔戈斯，但他的儿子来了，为数50，正如赫西奥德所说，但我觉得不会超过20个。"他的依据可能是觉得50是个大得不现实的数字，所以他理性地缩减之。但他没有告诉我们他的根据，除非在残篇中断以后他接着就这么干了；但这与我们已知的早期作家的风格不协调。我们经常能抓到他们改变神话的细节来避免令人不悦的暗示，在这个程度上我们可以看到他们与自己的材料就这类问题较劲。有时候我们能找到他们更改细节的原因——比如说，家国情怀。这种情况下我们就该满足了，因为我们很少被告知其中的原因。在这个过程中早期神话撰述者与诗人没有区别，他们都习惯于拒绝自己不喜欢的神话，有时候还并不讳言这一点。④不过，要想意识到材料的冲突和缺失是一个普遍问题，需要理论性的关切，而我们没有在诗人或神话撰述者那里发现批判工具的发展。它在希罗多德的作品中被找到了。

希罗多德对信息可靠程度的想法经常流露出来，而且有一套巧

---

① *Suda* α 942 = *FGrH* 2 T1.

② ε 360 = *FGrH* 2 T7 = Hec. *FGrH* 1 T1a.

③ Diog. Laert. i 41 = *FGrH* 2 T11a; Clem. Al. *Strom.* i 59.5 = 2 T11b.

④ 见 T. C. W. Stinton, "'Si credere dignum est': Some expressions of disbelief in Euripides and others", *PCPS* xxii (1976), 60–89 = *Collected papers on Greek tragedy*, Oxford, 1990, 236–264。

妙且一致的词汇来表达。这方面最重要的片段之一在第 2 卷第 23 章讨论尼罗河定期泛滥的各种理论时出现：

ὁ δὲ περὶ τοῦ Ὠκεανοῦ λέξας ἐς ἀφανὲς τὸν μῦθον ἀνενείκας οὐκ ἔχει ἔλεγχον· οὐ γάρ τινα ἔγωγε οἶδα ποταμὸν Ὠκεανὸν ἐόντα, Ὅμηρον δὲ ἤ τινα τῶν πρότερον γενομένων ποιητέων δοκέω τὸ οὔνομα εὑρόντα ἐς ποίησιν ἐσενείκασθαι.

那个讲关于俄刻阿诺斯河的故事的人将故事置于隐秘之中，无法被证伪。因为我不知道哪条叫做俄刻阿诺斯的河流存在，而是觉得荷马或某个较早的诗人发明了这个名字并放进诗歌里。

此处希罗多德宣布了可证伪性这个重要原则：一个真实的主张不仅要能被证实，也要有能被证伪的潜在可能。不给想进行验证的人提供途径的主张，原则上不能进入讨论。这种主张可能在想象或诗歌的世界里有价值，但不存在于实证主义真假分明的领域中。希罗多德对这种主张不感兴趣。

在城邦世界中，尤其是在发达的民主制度之下，公民长期以来习惯于倾听不同观点的陈述，然后在法庭或议事会投票中对它们进行裁决。公元前 5 世纪中叶，修辞术已经发展出理论框架和一套实用工具，以供在此类场合中使用。演说者用类比、对比、可能性和经验来论辩——希罗多德也一样。长久以来，诗人在本质上其实是哲学家，正如他们在本质上是修辞学家一样，但是智术师首先意识到知识能用可检验的主张的形式表达出来，这样他们的成果就能以主张的形式得到验证了。[①] 如果我们接受普遍认可的年代顺序，那么

---

① 关于希罗多德和智术师，见 Albrecht Dihle, “Herodot und die Sophistik”, *Philologus* cvi (1962), 207–220（从可能性来论证，见 218）；关于同时期辩论的方法，见 G. E. R. Lloyd, *Polarity and analogy*, Cambridge, 1966, index s. v. Herodotus; 关于早期修辞术，见 R. L. Fowler, *HSCP* xciii (1987), 15 n. 24 提供的例子。A. B. Lloyd, i 149 f., 156 ff.（第 95 页注⑤。——译者）对希罗多德及当时智识环境之间的联系进行了详细的探讨；还可参考 Hunter, 93 n. 1（第 95 页注⑤。——译者）。

大概希罗多德正在撰史的时候，苏格拉底遇到了来自德尔斐神祇的神秘主张：他是最智慧的人；他“驳斥”（ἐλέγχειν）了这个说法；如果我们认可苏格拉底职业生涯的通常概述，那么在这次经历中他发展出了自己对哲学独有的贡献：“驳斥”（ἔλεγχος）。[①] 相比其他感官知觉和推理，亲眼见证（autopsy）对于获取知识的贡献在希罗多德年轻时的哲学领域中十分常见，对他来说很熟悉。[②]

希罗多德的言辞说明他是自己那个时代的人。他不是一名智术师，而是一名思考者，从与其他思考者的对话中获益。他给 ἱστορίη——批判性探究的古老技艺带来新的批判工具，从而让它与时俱进，并且将 ἱστορίη 应用到了新的主题上。历史学家之声的力量和坚决可能自从赫卡泰俄斯起就没有变化；但这种强烈的自我投射和对材料自身问题——它们的本质和可靠性——的深刻认识，外加历史学家与它们的关系，三者相结合，就是希罗多德独特的声纹。修昔底德和安条克模仿了他，说明二者认可他的工具是找出过去之事中何为真实的恰当方法。治史者先获取所有能找得到的“故事”（λόγοι），然后用各种方法检验之：估计它们自身的可能性；查明他们的倾向，如果有的话；[③] 与相似的故事对比；诉诸日常经验；与存世的纪念物或实践进行对比；运用基本的逻辑，比如寻找矛盾之处。希罗多德笔下的角色偶尔也会从事此种活动，这对我们弄清楚他的 ἱστορίη 到底意味着什么很有帮助。[④] 即便没有这些角色，我们也能

---

① Pl. Apol. 21; 关于年代顺序，见 W. K. C. Guthrie, *History of Greek philosophy*, Cambridge, 1969, 405 ff.; 关于神谕与驳斥之间的联系，T. C. Brickhouse and N. D. Smith, *Socrates on trial*, Oxford, 1989, 87–100 给出了详细的解释。

② 例如 Heraklaitos, *frr.* 5–6 Marcovich; Xenopanes, *Vorsok*, 21 B34–6; Alkmaion, 24 B1; Anaxagoras, 59 B21a; 参考 E. Hussey, “The beginnings of epistemology: from Homer to Philolaus”, in *Epistemology*, ed. S. Everson, Cambridge, 1990, 11–38。还可参考 Donald Lateiner, *The historical method of Herodotus*, Toronto, 1989, 66; G. Schepens, *L' 'autopsie' dans la méthode des historiens grecs du Ve siècle avant J.-C.*, Brussels, 1980。

③ 例如希罗多德第1卷第95章提到居鲁士时：“在我的叙述中我将采纳那些不想夸耀居鲁士而是想讲真话的波斯人的说法——尽管我知道关于居鲁士的故事有许多版本。”还可参考希罗多德第3卷第16章。

④ 见希罗多德第1卷第24章第7—8节、第117章、第122章、第209章（这个片段清楚地描绘出希罗多德自己对此问题的认知），第2卷第2章、第119章。参考 W. R. Connor, “The *histor* in history”, in *Nomodeiktes. Greek studies in honor of Martin Ostwald*, edd. Ralph M. Rosen,

自己判断他要做什么。希罗多德对材料问题清晰的认知，以及自己发展出解决这些问题的方法，是他对史学的独特贡献。

四、希罗多德的材料和序言

熟悉近来学术争议的读者可能会想，如果希罗多德持续引用的那些材料根本不存在的话，那本文正在为他描绘的图景可能就不会那么耀眼。我们可以逃避这个问题，只声称目前我们觉得不同的、新的东西存在于希罗多德的文本中，无论这部文本与外部现实世界的关系怎么样。但这很难令人满意。如果希罗多德对待“探究”不如当时的数学家、医生、天文学家、科学家、哲学家和其他人（包括希罗多德笔下的一些角色）那样严肃，那他对“历史”的贡献最多也就是偶然性的。因此有必要面对让我们另作他想的任何理论。

在一本论证有力的书中，德特里夫·费林认为希罗多德的许多材料引用都有问题。[①] 它们有固定的模式；它们永远是最合适的材料，无论被提出的事实或理论是什么，有多荒谬或不真实；可靠性被刻意保存下来——比如说，在涉及来自已知世界边缘的信息时，通过强调它们经转了数个中间人，含蓄地允许了失真；偏见总是被保留下来（比如说，埃及人永远赞扬埃及人）；补充性说明和证实来自最广泛的区域，但它们相互之间总是完美吻合，即便是支持错得离谱的说法。这份声讨列表还可以继续下去。费林总结说，希罗多德几乎所有的材料引用都是虚构的。为了忠实地传达费林的观点，必须强调他不是想要简单地说希罗多德是个撒谎者或骗子，即便他的许多评论看起来没有其他含义。他认为希罗多德发明了一种新的艺术

（接上页）Joseph Farrell, University of Michigan, 1993, 3–15, 他强调旧有词源里“裁断”（ἵστωρ）的含义（ἵστωρ 早在《伊利亚特》第 18 卷第 501 节和第 23 卷第 486 节中就出现过）。康纳（Connor）对希罗多德最后几卷中“探究”一词不常出现的猜测性解释忽略了一个要素，就是这几卷关注与希罗多德时间更近的事迹，需要的“探究”较少。

① Detlev Fehling, *Herodotus and his "sources". Citation, invention, and narrative art*, tr. J. G. Howie, Leeds, 1989; German original, 1971.

形式，不是历史，但其叙述松散地基于历史事实。代替历史学家希罗多德的不是骗子希罗多德，而是诗人希罗多德。[①] 他搜集手头所有的信息，然后用它们编造一个故事，用自己的想象填补空缺。

这些令人震惊的想法遭到了许多反对。[②] 本文此前提出的思考又引出另一个难题：关于希罗多德不断讨论其知识的依据，费林最多只能评价说，他是个非常聪明的说谎者。[③] 他没有给出希罗多德在智识环境中所处位置的恰当描述，尤其是他与其他史家之间的关系。有一个地方显示出费林对他的立场感到不适：在费林著作第 121 页他允许希罗多德使用“撒谎的文学”中的手段来呈现出“看起来更严肃的目的，而不只是为了增加其叙述的可信度……其中的许多段落肯定也是为了给人们上一堂关于历史知识获取的条件和限制，以及潜在错误来源的客观课程”。这个说法似乎露出破绽了：很难看出为什么在费林看来，如果希罗多德自己对写真正的历史都不感兴趣的话，那为什么只存在于他头脑中的对材料表示怀疑的陈述，应该被解读为关于历史方法的“客观课程”？希罗多德为什么会在乎呢？而且古代的听众怎

---

① Fehling, 154 f.; 参见 11, 214 f.。

② E. Will, “review of Fehling”, *Rev. de phil.* xlvii (1974), 199–121; Hartmut Erbse, “Über Herodotos Kroisoslogos”, *Ausgewählte Schriften zur klassischen Philologie*, Berlin and New York, 1979, 180–202 at 181 f.; id., “Fiktion und Wahrheit im Werke Herodots”, *CGN* (1991), 131–150（在我看来是目前回应得最好的）; Oswyn Murray, “Herodotus and Oral History”, in H. Sancisi-Weerdenburg and A. Kuhrt, edd., *Achaemonid history II: the Greek sources*, Leiden, 1987, 93–115 at 101 n. 12; Simon Hornblower, *Thucydides*, London, 1987, 19 ff.; *id.*, introduction to *Greek historiography*, ed., S. Hornblower, Oxford, 1994, 18 f. with further references; J. A. S. Evans, “review of Fehling”, in *EMC/CV* xi (1992), 57–60; *id.*, “The Faiyum and the Lake Moeris”, *AHB* v. 3 (1991) 66–74; W. Kendrick Pritchett, *The Liar school of Herodotus*, Amsterdam, 1993; Canfora and Corcella, 448 ff.（第 103 页注①。——译者）; P. J. Rhodes, “In defence of the Greek historians”, *G&R* xli (1994), 156–171 at 160 f. 有力的支持和合理的评论来自 H. R. Immerwahr in P. E. Easterling, B. M. W. Knox, edd., *The Cambridge history of classical literature i*, Cambridge, 1985, 439 f.。伊文斯（Evans）注意到，与其他早期旅行家相比，希罗多德在准确性上更胜一筹，比如与新大陆探险家相比（在 *Herodotus, explorer of the Past*, Princeton, 1991, 135, 141 中提到过的观点）。我还想说，费林几乎不允许记忆失真，比如他在其著作第 243 页中说：“难道有谁看见过金字塔却理解得如此错误吗？”最近我在离开十七年后重访了肯尼尔沃思（Kenilworth），惊讶地发现有人在我不在的时候新建起了两栋四百年历史的建筑。

③ 关于希罗多德和“撒谎的文学”共有的特征（例如细节丰富，偶尔表达怀疑，公开承认就某些问题揭示真相时能力有限），见 Fehling, p. 120；还可参考 p. 8、33。费林承认希罗多德笔下能找到一些历史，但数量非常少（p. 213）；尽管希罗多德使用了他所掌握的所有真实信息（p. 83），他的首要目标却不是发现这些信息，而是创作一套娱乐性的叙述。

么从文本中明白他的真实意图呢？他们怎么知道他的研究只是在“表演”？[1]费林没有讨论关于“驳斥”的篇章；但被费林视作真正历史学家的修昔底德[2]（这是循环论证。提出这么革命性的想法，修昔底德从哪里获得的启发？），[3]在他自己最出名的方法论篇章中认可了希罗多德的方法论洞察，说其他所有故事都“无法证伪”（ἀνεξέλεγκτα，第1卷第21章）。正如上文所述，修昔底德知道希罗多德对于治史是认真的；他知道希罗多德的方法是探究过去的可取方法中最好的一种。希罗多德远非编造材料，他找到了处理它们的方法。

然而不可否认的是，费林接触到了希罗多德的操作流程中真正有个人特征的部分。在事实的发现和呈现之间，的确有大量的人为操弄。许多对费林的回应都没能找到一条中间道路，来平衡他的极端立场和令人愉悦但同样站不住脚的图景，那就是将希罗多德视作我们所理解的“事实”的忠实研究者。

我们必须考虑希罗多德的思维方式、他工作的环境和占主导的智识氛围。在前文中我引用了乔弗里·劳埃德关于同时代科学家的可敬著作；斯特芬妮·韦斯特（Stephanie West）在对希罗多德所用铭文的细致研究中看出了他的发现怎样被应用于其著作中。[4]可以预料，希罗多德的批判性工具没有被完美、一贯地应用，也可以预料他会用自己觉得合理的推测填补记载中的空缺；他很难选择其他道路。鉴于他那个时代知识的状态，许多他自己觉得真实的猜测，就像任何人觉得真实的任何主张，对我们来说都是可笑的。现实在进

---

① Fehling, 252. 关于他的猜想，即使听众被骗了，那其他许多决定玩同一个游戏的历史学家也不会被骗；难道希罗多德在表演结束后将他们带进他的秘密后台了吗？

② Fehling, 154 f. 将除了修昔底德以外的所有人逐出历史学家的殿堂是荒谬的。费林没有考虑到修昔底德决定专注于当代史所造成的差异，详见后文。

③ 这则针对费林的反对意见由多弗尔（Dover）首先提出，并由 S. Hornblower, *Thucydides*, London, 1987, 22 首先报道。

④ S. West, “Herodotos’epigraphical interests”, *CQ* xxxv (1985), 278–305 at 303：“他自信地确保其历史重构是在虚张声势……他论证的不充分可能是因为涉及时段的问题，而不在于他个人。当然，我们在早期希波克拉底的作品中找到了类似的操作……”；她接着引用劳埃德的作品，然后进行了生动的类比：“一个维多利亚时代的科学家用自信的理性主义在驳斥对《创世记》开篇的文本解读。”

入描述时要通过观念的过滤。希罗多德的过滤流程要求他这样思考：对任何事件的真实叙述都不能有未了结之处。证明性的说法必须完美吻合。地图必须对称。[①] 历史里没有不合常规的东西，而是有模式的，比如狂妄（hybris）招致报应（nemesis）。对我们而言，真正的历史性叙述承认记载无限的复杂性；的确，费林认为希罗多德肯定知道这一点，因此知道他的材料引用是虚构的。[②] 希罗多德会说我们的叙述都不是历史，因为它们保留了所有的瑕疵；像任何那时候的哲学家会告诉我们的那样，τὸ ἐόν——希罗多德用来形容真相的一个词——不是这样的。

如果希罗多德粉饰了自己的信息来制造典型模式，那是因为对他来说，这就是真相和现实的结构。未来的史学家会辨认出那些影响了我们解释历史事件的思维方式，并用一种缺乏宽容的相似方式谴责我们撒谎，或至少写的东西不比历史小说更好。我们没有办法知道这些思维方式可能是什么，如果他们能给我们指出来，我们也很可能完全理解不了这种反对意见。希罗多德也同样理解不了费林。[③] 比如说，完全可以承认希罗多德将世界一端到另一端所有族群囊括进他对波斯大军的描述，让人联想起《伊利亚特》中的世界性集结。这不是撒谎，甚至不是虚构；对希罗多德来说，这是合理推测。而且它背后还有真正的研究，正如大卫·刘易斯（David Lewis）展示的那样。[④] 在根本上，现代史家每次使用诸如"必然""肯定"

---

① 即使希罗多德批判其他人强行让地图对称（第4卷第36章），众所周知，他自己还是这么干了（第2卷第33—34章）。

② Fehling, 84, 188. 在他的理论中，任何文学母题的出现以及任何数据上的模式化（费林将它们列出来了）必然也被归于同样的结论；这种逻辑在极端情况下，可能不仅会谴责古代史家，还会谴责现代的，包括吉本（E. Gibbon）、蒙森（T. Mommsen），可能也包括费林自己。正如后文所言，我也会找到希罗多德与诗人在方法上的相似之处；但我对希罗多德意图的估计与费林完全相反。

③ 与之相反的是 Fehling, 97："这些篇章值得注意之处是它们揭示出希罗多德对可信和不可信的判断标准与20世纪的没有多少不同。"

④ D. M. Lewis, "Persians in Herodotus", in *The Greek historians. Literature and history, Festschrift A. E. Raubitschek*, Saratoga, 1985, 101–117. 与之相反的是 Fehling, 213 ff.: 希罗多德叙述中真正的历史信息只占很小一部分；他不比游吟诗人了解特洛伊战争更了解过去的事。在 243 ff., 费林提出的观点认为希罗多德只是坐在雅典写完了整部著作，甚至没有去任何地方游历。

这样的表述时，其心理活动与之并无不同。希罗多德的难处在于，他达到必须诉诸猜测的极限要比现代史家提前很多，因为后者有更高级的研究工具。这对于古代和现代的科学家以及其他研究者也是一样。费林对希罗多德的评价同样适用于古代医生、物理学家等；但去讲伪医学和伪科学并没有什么帮助，讲伪历史学也一样。[①]

费林对希罗多德模式评价的弱点在他对希罗多德序言的分析中尤其清晰，我们现在转向这个话题。在根据传说讲述完波斯人眼里谁该为挑衅负责之后，希罗多德接着说他不会讨论波斯人的说法对不对，而是会讲“据我所知”（τὸν δὲ οἶδα αὐτός）谁最先对希腊人行不义。我认同一些人的说法，认为希罗多德在此不是将所有的传说当成传说拒绝，因为这样的主张与他在书中其余部分的表现并不一致；他只是拒绝这些传说，因为它们无法被证实或证伪。[②] 它们没有可证伪性（ἔλεγχος）。就像前文涉及尼罗河的片段中那样，希罗多德将可靠的知识作为进一步讨论的基础。类似的情况也出现在第3卷第122章，他说波吕克拉底（Polykrates）是“在我们所知的当中”第一个海上霸主，即（希罗多德以解释的方式又说）“在被叫做人类的世代中”的第一个。两个修饰语是一样的，将米诺斯（Minos）这种传说中的海上霸主排除在外。如果有新的信息让传说可以接受检验，那希罗多德就会接纳它们进入讨论。在别处他非常愿意采纳他因某种原因觉得可取的传说。这些原因在我们看来也许并不总是充分，有时候甚至经调查后看起来与希罗多德在序言中信奉的原则相悖（另一个未能普遍化的例子）。无论如何，这就是他的说法，他是认真的。他无法得知这些故事的真相；因此（为了将“环

---

① Fehling, 179 ff. 似乎对他来说，希罗多德要么必须是一个完美的实证主义历史学家（一个从未出现过的东西），要么根本不是历史学家。历史学家仍然是科学家与艺术家的结合。参考 E. Will, 121（第110页注②。——译者）。

② 见 J. A. S. Evans, *Herodotus, explorer of the past*, Princeton, 1991, 105 f，他也将关于俄刻阿诺斯的篇章与序言联系起来；Erbse, 183（第110页注②。——译者）；还可参考 Donald Lateiner, *The historical method of Herodotus*, Toronto, 1989, 41; N. Nickau, “Mythos und Logos bei Herodot”, in *Memoria rerum veterum, Festschrift C. J. Classen*, Stuttgart, 1990, 83–100; Hunter, 104 ff.（第95页注⑤。——译者）。

状结构”［ring-composition］隐含的逻辑变直白，就像“串联词句”［λέξις εἰρομένη］对我们的要求一样），[①]它们不足以回答开篇提出的问题，即为什么希腊人和波斯人相互交战。所以希罗多德将其探究（ἱστορίη）的范围限制在较近的时代，这样其结果就更容易掌握。与赫卡泰俄斯不同，后者的人类谱系开始于16代之前的一个神，与赫兰尼科斯也不一样，他的地方史开始于建城英雄，希罗多德没有谎称自己可以创作一部从最遥远的时代到现在的连续不辍的记载。[②]他从自己的时代之前约两个世纪开始；修昔底德的标准更加严格，好像就从前天开始一样。[③]修昔底德的作品里有不少东西是希罗多德无法企及的；但也有很多东西只有希罗多德更进了一步。

如果没有被认真对待，那么序言就是没有意义的。费林的理论无法认真对待它。费林不得不说意义重大的表述 τὸν δὲ οἶδα αὐτός 只是一个过渡的符号，[④]然而其战略地位赋予了它明显的修辞力量，后面立即接续着历史上最伟大主题之一的宣布。他不得不谴责“呈现于此的探究”（ἱστορίης ἀπόδεξις）是误导性的，因为“探究”和材料引用是捆绑在一起的；这些词句必须被理解为“从文学的角度出发”，并且“用于调查希罗多德真正的实践时没有指导价值”。[⑤]我们再一次发问，听众到底怎么得知这些？是什么原因让他们认为这段序言与其他每一部希腊文学作品（从纯文学的角度而言）的序言都不一样，不是作者实践的指南？他们拥有什么线索，能说明这些词句与其在普通希腊语中的含义不一样？他们没有。因此费林必须说他们完全被骗了，觉得希罗多德不是在讲故事，而是在告诉他们事实；因为根据费林的说法，赫卡泰俄斯以后的每个“探究者”（修昔

---

① 关于“串联词句”思维过程的研究，见 R. L. Fowler, *The nature of early Greek lyric*, Toronto, 1987, ch. 2。

② 希罗多德第2卷第143章第1节 = Hekataios, *FGrH* 1 T4。

③ 参考 Evans, “review of Fehling”, 60（第110页注②。——译者）; D. Asheri, *Erodoto: Le storie i*^{2}, Fondazione Lorenzo Valla, 1989, xxxviii and P. Vannicelli 的著作（第100页注①。——译者），此书提出希罗多德的作品专注于希波战争之前的三代人。

④ Fehling, 58.

⑤ Ibid., 247.

底德除外）都在干同样的事情。我们必须相信希腊人头脑中对现实和历史探究的可能性之间的混淆确实占比大得惊人。我们再一次好奇修昔底德的新想法从哪里得来。

众所周知，序言里将不少关于希腊神话的知识归于波斯人和腓尼基人；不仅如此，他还将理性化的希腊神话知识归于他们。这总是难倒为希罗多德的诚实辩护的人，因为它看起来像是为费林的理论量身定制的。然而，若用正确的方式来看待它，这个片段将教会我们希罗多德的操作流程。首先，要想象波斯人能了解这些故事并不是一件难事。他们到底了不了解又是另一个问题；大卫·刘易斯论证过，希腊人和波斯人之间的联系要比我们根据推理倾向于相信的那样广泛得多，但请让我们不要在此继续这个话题。① 更切中要害的是赫卡泰俄斯已经声称腓尼基人知道希腊神话，所以（在前文引用过的残篇中）② 他告诉我们达纳厄这个名字的腓尼基语形式。这是不是出自编造无关紧要，尽管我怀疑是；这是他的描述，而且被他的听众所接受，假如我们从后世作家的表现来判断的话。波斯人的祖先是佩尔瑟斯（Perses），珀尔修斯（Perseus）的儿子，这是希罗多德和赫兰尼科斯都报道过的看法，而且很可能是各自独立报道的；③ 他的岳父刻法乌斯（Kepheus），也就是波斯帝国的一个族群刻法涅斯人（Kephenes）的名祖，在早期传统中也很出名。④ 此类诈称波斯人祖上是希腊人的做法乃是常规操作，对于希腊人来说相信波斯人接受了这种说法也是自然的。也有可能希腊人不顾波斯人的否认坚持这种看法。幸运的是我们有希罗多德的重要篇章来帮助我们。在第 7 卷第 149 章，希罗多德解释了为什么阿尔戈斯人在战争

---

① 详见前文注 134（现第 112 页注 ④。——译者）；*id.* In A. R. Burn, *Persia and the Greeks*², London, 1984, 597 ff.; *id.*, *Sparta and Persia*, Leiden, 1977, 12 ff.; 还可参考 J. Diggle, *Euripidea*, Oxford, 1994, 447. 关于腓尼基人，除了在阿尔明那（Al Mina）众所周知的联系之外，还需注意希腊人与他们在皮特库赛（Pithekoussai）自公元前 8 世纪中叶起便混居；见 D. Ridgway, *The First Western Greeks*, Cambridge, 1992, 111–118。

② 见前文注 94（现第 99 页注 ④。——译者）。

③ 希罗多德第 7 卷第 61 章，Hellanikos, *FGrH* 4 F60。

④ 刻法乌斯的父亲安德罗美达（Andromeda）已经出现在 Hes., *fr.* 135 Merkelbach-West; 希罗多德第 7 卷第 61 章，Hellanikos, *FGrH* 4 F59。

中保持中立。他先讲了一个阿尔戈斯的故事，“在希腊四处被讲述”（λεγόμενος ἀνά τὴν Ἑλλάδα）。这个故事讲的是薛西斯派使节到阿尔戈斯，提醒他们与波斯人有共同的祖先珀尔修斯，以此为理由敦促他们不要参战。来自全体希腊人的引文被费林排除在他的总体理论之外，被视为对广泛接受的传说的反映；[①] 因此我们可以确定，在希腊人广泛接受的观念中，波斯人相信这些故事。[②]

如果说希罗多德没有像他假装的那样从材料中获得序言里的信息，那么这种观点也被其第 8 卷中的篇章和赫卡泰俄斯的残篇证伪。因此，说他编造了这一切成为不必要的猜想，除非有值得考虑的特殊原因。被他归于波斯人的、理性化后的希腊神话也许可以算一个这样的原因。但它实际上并非什么严重的问题；无论希罗多德认为波斯人相信的希腊神话是理性化后的版本还是别的什么版本都无关紧要，只要希罗多德自己认为它是神话的真实版本即可。我们已经假设这些故事有真实的材料支撑；设想这些材料是理性化之后的神话版本也是自然而然的。如果我们将希罗多德呈现的神话故事中与其直接目的——例如战争的起因——密切相关的元素移除，我们就能得到很好理解的故事：伊俄不是母牛，而是普通的人类公主，最后去到埃及，因为外族水手将她载了过去。欧罗巴也差不多。它们看起来像赫卡泰俄斯式的理性化。但即便这里的材料来自希腊，像许多埃及故事那样，只要希罗多德认定它可靠并指向波斯人对希腊神话的知晓，他就不会讲“某某说波斯人说”，而是会直接讲“波斯人说”。这在希罗多德的思维中就是诚实；的确，在那时候对材料引用如此审慎的确证非常少见。因此在其第 2 卷第 156 章，希罗多德说克姆比斯岛（Chembis）“据埃及人说是浮在水上的”，尽管该说法的出处很可能是赫卡泰俄斯的作品（*FGrH* 1 F305）。另外，在希罗多德第 2 卷弟 73 章，关于凤凰的信息据称来自埃及（“赫利奥波利斯人说”），实际上材料来源

---

① Fehling, 118 f.

② 参考 Erbse, 187 f.（第 110 页注 ②。——译者）。在其第 7 卷第 62 章，希罗多德说米底人（Medes）得名于美狄亚（Medeia）——根据米底人自己的说法。

也是赫卡泰俄斯（*FGrH* 1 F324a）。[①] 相似的情形也存在于阿里斯特阿斯（Aristeas）和希罗多德对斯基泰人的描述中。

因此，理性化故事的材料源自希腊就不是问题了。但是谁最先将它们放在一起，视为一个族群对另一族群一系列的冒犯，然后将这一系列事件视为大战的起因呢？这个部分是经过精心构建的整体；旧有的猜测认为它来自米利都的狄奥尼修斯的作品《波斯史》，这个猜测并不愚蠢。但让我们假设希罗多德应该为此负责。假设他从未真正听任何波斯人说过这些事件就是战争的起因，那我们还能拯救他的信誉吗？不得不承认，确实变得更难；不过也许可以为他辩护：希罗多德真心相信波斯人会这么说，因此认为他们就是这么说的。[②] 修昔底德笔下的演说就是这样运作的。即使希罗多德的叙述依据了某个波斯人的随口评论而编造出整场战争的起因是很久以前的积怨，如果没有比这么细节的东西更进一步的证据，那么他的操作流程就依然是合乎情理的。在任何意义上他的叙述都不是"虚构"，而是将他掌握的信息颇有才智地组织在一起。这些信息中包括占主导地位的希腊世界观，以及援引神话例证的普遍倾向。因此波斯人也一样。腓尼基人的回应也可能是推测，但我们不必这样想。任何腓尼基人自然都可能会被潜在的劫掠罪名惹恼，然后回复说伊俄是自愿前来的，因为她是个顽皮的女孩。[③] 无论怎么样，从这一切——希腊传统、与外族人的对话、希罗多德自己的推理，甚至出于呈现精彩表演的迫切需要，他在最后

---

① 还可参考 Hek., *FGrH* F322 和希罗多德第 2 卷第 77 章第 4 节。

② 因此我部分同意 Fehling，152 的观点：希罗多德的作品是"一幅经过深思熟虑的图画，任何探询都必须屈服于它"，尽管"任何探询"根据费林的理论暗示，整个探究的过程都只是装样子。但我认为他首先探究，然后思考，接着探究更多，然后又思考了更多；他并不想欺骗，认为自己讲的是真相。

③ 无疑这个回应是当场即兴创作的（尽管 Fehling，54 f. 觉得这个想法很可笑），而且严格来讲它无法说明腓尼基人对希腊神话的了解。关于此类即兴创作，参考 J. A. S. Evans 对费林的评论（第 110 页注 ③。——译者）。费林对"暗示性提问"理论十分轻蔑，但他对这一复杂流程的描述无论如何都是有偏见的，几乎指向戏仿（parody），例如在 Fehling, p. 5、54。在长达十余年的探究的各个阶段，希罗多德会先给他的对话者展示在其他地方已经获取的知识；在对话的过程中他会从这些人身上获得新信息，因此造成双方观点的修正。关于形成最终文本、长达数十年的过程的复杂性，见 Canfora and Corcella（第 103 页注 ①。——译者）。

时刻想到的联系和暗示——形成的混合物，希罗多德可以完全诚实地将其作为波斯故事的叙述。这种叙述可以免除嫌疑了。将这一切当成为希罗多德的编造打掩护的稻草人就是完全错误地解读了他和材料之间的关系；将“据我所知”这个伟大的表述当成保留娱乐性虚构故事的方式，是完全没有看见他对史学的贡献。[①]

就我们现有的证据来看，希罗多德对材料的反复讨论是他声纹中的独特元素；我们现在可以说，这是他作为历史学家的自我认知中不可或缺的部分。根据我们前面提出的原则，[②] 我们可以将这些方法论创新归功于他，而不必太担心有问题。他将其他研究方向的最新方法应用于历史问题，同时自己也对其发展做出贡献。他没有编造自己的材料；他发现了材料的问题。

* * *

在本文结尾，我还想提出有两个篇章也许对理解希罗多德的著名语句“呈现于此的探究”有帮助，同时再次巩固本文描绘的大致图景。首先是忒奥格尼斯（Theognis）的作品，第 769-772 行：

χρὴ Μουσῶν θεράποντα καὶ ἄγγελον, εἴ τι περισσόν
　　εἰδείη, σοφίης μὴ φθονερὸν τελέθειν,
ἀλλὰ τὰ μὲν μῶσθαι, τὰ δὲ δεικνύεν, ἄλλα δὲ ποιεῖν.
　　τί σφιν χρήσηται μοῦνος ἐπιστάμενος;

缪斯们的随从和使者，因为他所知超群出众，
　　不应该对他的智慧有所吝惜，
他求索其中的一些，展示一些，创制另一些。
　　倘若只有他自己知道，对她们又有何用处？ *

① Erbse, “Fiktion und Wahrheit”, 137 ff.（第 110 页注 ③。——译者），对这一点的评价十分中肯，认为这句话展现了真正的史学思考，是希罗多德此类思考的许多例子之一。他还进一步提出了一些理由，认为波斯人将为特洛伊战争复仇当成了某种官方宣传。

② 见第二部分开头。

* 中译文参考张巍：《希腊古风诗教考论》，北京大学出版社 2017 年版，第 388 页。——译者

在已故学者莱昂纳德·伍德伯里（Leonard Woodbury）的《文集》（*Collected Writings*）中，有一篇关于忒奥格尼斯诗歌的研究。[①] 该篇目是文集中唯一在作者身故后出版的，也许并不出名。这首诗说的是缪斯的仆人和信使不该对别人吝惜自己的智慧（σοφίη），那样的话这智慧就对谁都没有用处了；所以他应该追求知识，呈现或演绎之，然后将他探究的结果创作（ποιεῖν）成一部著作。伍德伯里指出该行为中的三个方面顺序似乎有误——应该先求索，然后创作，最后展示——但这出卖了我们对书面文化的忠诚；在口头文化中，创作的过程部分或全部与表演的行为同步。在脚注中，伍德伯里还暗示这首诗将"技艺"（τέχνη）理性主义地简化为三个部分，因此应该怀疑其中有智术师的影响，并将其年代定于公元前5世纪。[②] 如果他活着修改出那篇文章的最终稿，一定会引用一段在我看来能解决问题的文字，也就是我要说的第二个篇章：

> ἐγὼ οὖν, ὦ Πρωταγόρα, εἰς ταῦτα ἀποβλέπων οὐχ ἡγοῦμαι διδακτὸν εἶναι ἀρετήν· ἐπειδὴ δέ σου ἀκούω ταῦτα λέγοντος, κάμπτομαι καὶ οἶμαί τί σε λέγειν διὰ τὸ ἡγεῖσθαί σε πολλῶν μὲν ἔμπειρον γεγονέναι, πολλὰ δὲ μεμαθηκέναι, τὰ δὲ αὐτὸν ἐξηυρηκέναι. εἰ οὖν ἔχεις ἐναργέστερον ἡμῖν ἐπιδεῖξαι ὡς διδακτόν ἐστιν ἡ ἀρετή, μὴ φθονήσῃς ἀλλ' ἐπίδειξον. (Plato, *Prot.*, 320b.)
>
> 基于这些事实，普罗泰戈拉，我认为美德是不可教的。但是听了你必须说的这些话，我发生了动摇，我在想，你正在谈论的这种事情一定是有的。我把你当作一个经验丰富、学识渊博、深思熟虑的人。所以，要是你能清楚地向我们说明美德如

① Leonard E. Woodbury, "Poetry and publication: Theognis 769-772", *Collected writings*, edd. C. G. Brown, R. L. Fowler, E. Robbins, P. Wallace Matheson, Atlanta, 1991, 483-490.

② Ibid., 488 n. 16.

何可教，请你千万别把你的解释隐藏起来。*

该篇章意义十分重大。柏拉图的这篇对话录描绘了智术师的形象。普罗泰格拉马上要发表展示性演说，来介绍他关于文化发展的宏大理论。在这个关口，苏格拉底说："我在想，你正在谈论的这种事情一定是有的。我把你当作一个经验丰富、学识渊博、深思熟虑的人。所以，要是你能清楚地向我们说明美德如何可教，请你千万别把你的解释隐藏起来。" 正如我们所见，这句话的意思和用词都与前面忒奥格尼斯的篇章很像。智者（σοφός）追求信息和经验，这就是"追寻"（μῶσθαι）。在此基础上他还进行"个人探索"（αὐτὸν ἐξηυρηκέναι）。因为"探索"在这里与学习和经验相区别，它可能指向（就像希罗多德惯常的做法）在学习和经验的基础上做出判断。这是"追寻"，但也是创作（ποιεῖν）。智者接下来展示（ἐπιδεῖξαι）他探究的结果。只有不自然的反社会情绪——吝啬（φθόνος），才会让一个人隐瞒知识；如果他拥有知识（εἴ τι περισσόν εἰδείη/εἰ οὖν ἔχεις ἐναργέστερον），那就应该分享。

这两个篇章显然是相互关联的；我认为它们与希罗多德也直接相关。它们描述的其实就是"呈现于此的探究"。像希罗多德的开篇，这两段也是序言：忒奥格尼斯的诗显然是其他某个东西的序，柏拉图的段落显然也是苏格拉底在给普罗泰戈拉提供一则序言，而且看起来柏拉图直接借用了普罗泰戈拉自己作品里的话。这种联系允许我们再次看到希罗多德深处他自己时代的语境中。广袤的新领域向人类的探究开放是这个时代的重大特征之一，在这个过程中希罗多德扮演了自己的角色。他追寻知识，然后作为一个善良的希腊人公开分享之；我们应该心存感激，希罗多德的诸神是吝啬的（φθονεροί），他本人却不是这样。如果有时候他的探究里包括的ποιεῖν——创作或个人探索、填补空缺、表演中最后时刻的调整——

* 中译文参考《柏拉图全集》（增订版）4，王晓朝译，人民出版社 2017 年版，第 16 页。——译者

多于他经历的或学到的东西，也没什么好奇怪的。同样的道理，普罗泰戈拉对演化了解多少？不多；但说他胡编乱造就是用词肤浅。这对希罗多德也一样适用。我们不该要求他符合现代史学的标准。我们应该允许他享有那些欣赏他的希腊人会给他的称号：智者。

作者简介：罗伯特·富勒（Robert L. Fowler，1954—），布里斯托大学古典学与古代史学系教授，主要研究领域为早期希腊文学、历史学和抒情诗。

译者简介：肖苏阳，复旦大学历史学系博士研究生。

校者简介：何炜，复旦大学历史学系博士研究生。

专题论文

人性与社会变化：苏格兰启蒙运动中的历史制度主义*

克里斯托弗·J. 贝里 著　张雨枫 译

摘要： 人类是社会动物，这意味着人类的历史同时也是社会的历史——社会礼仪、法律、财产、规范等的历史；简而言之，即社会制度的历史。前者的普遍性延续至后者。由此，苏格兰人提出了一部社会史。用杜格尔德·斯图尔特（Dugald Stewart）的术语来说，这是一部“自然史”，它以人性、环境原则为两大支柱。这两个原则之所以不同，是因为对于斯图尔特和他的苏格兰同胞来说，前者意味着恒常如一，后者意味着变动不居。“原则”须有基本的固定性或恒常性，因为倘若无此前提，便不可能写出一部人类史；人性必须具备一致性，或者明显充分的不变性。但是，如果“环境”在时空中没有变化，就不会出现社会总体历史的主题。虽然在这些环境中存在固定因素（如经度、纬度），但具有决定性意义的却是人类对环境变革性的、日益自主的反应。本文的核心论点是，这些反应采取了一种“制度”形式，而值得补充的是，这些不同“形式”会随时间推移逐渐显现。这些反应被认定为应对机制。斯图尔特的两条原则结合在一起，这意味着苏格兰人书写了一部制度史，但这项

---

* 文章来源：Tamas Demeter, ed., *The Sociological Heritage of the Scottish Enlightenment*, Edinburgh University Press, 2024, Ch, 2, pp. 21–45，有所缩略。——译者

（2023 年 6 月，正值亚当·斯密诞辰三百周年纪念之际，克里斯托弗·贝里教授应邀参加复旦大学历史系和复旦大学研究生院联合举办的“西方近代思想史”暑期讲习班。在此期间，贝里教授做了关于苏格兰启蒙运动、亚当·斯密等专题讲座。回国之后，贝里教授对其中的“人性与社会变化：苏格兰启蒙运动中的历史制度主义”进行了修改，特惠予本刊发表。——编者）

事业的基础是对人性恒常如一的原则性承诺。第一部分选取了宗教和治理，以此更详细地说明苏格兰人作为历史制度主义者的论点。第二部分探讨了制度变迁与恒定人性之间的关系。

关键词： 治理　宗教　人性　社会变化　历史　科学

缩略语：

邓巴（Dunbar）

EHM　*Essays on the History of Mankind in Rude and Cultivated Ages*（《论野蛮与文明时代的人类史》）

弗格森（Ferguson）

ECS　*An Essay on the History of Civil Society*（《文明社会史论》）

休谟（Hume）

EHU　*An Enquiry concerning Human Understanding*（《人类理解研究》）

EMPL　*Essays: Moral, Political and Literary*（《论文集：道德、政治与文学》）

HE　*The History of England*（《英格兰史》）

NHR　*The Natural History of Religion*（《宗教自然史》）

凯姆斯（Kames）

HLT　*Historical Law Tracts*（《历史法律论丛》）

SHM　*Sketches of the History of Man*（《人类史纲要》）

米勒（Millar）

HV　*An Historical View of the English Government*（《英格兰政府历史观》）

OR *The Origin of the Distinction of Ranks*（《等级区分的起源》）

罗伯逊（Robertson）

HAm *History of America*（《美洲史》）

斯密（Smith）

EPS *Essays on Philosophical Subjects*（《哲学论文集》）

LJA *Lectures on Jurisprudence 1762/1763*（《法学讲义，1762/1763》）

LJB *Lectures on Jurisprudence 1766*（《法学讲义，1766》）

TMS *The Theory of Moral Sentiments*（《道德情操论》）

WN *An Inquiry into the Nature and Causes of the Wealth of Nations*（《国民财富的性质和原因的研究》）

斯图尔特（Steward）

LWS *Account of the Life and Writings of Adam Smith*（《亚当·斯密生平和著作》）

在此前的一系列出版物[①]中，我认为苏格兰启蒙运动的核心人物发展出了一种社会理论，并对社会做了兼具共时性维度和历时性维度的分析。在本文中，我将进一步探讨这些论点。讨论的重点是，我关注的这些苏格兰人应被定性为历史制度主义者[②]。在阐述我的论点时，我考察了历史与人性之间的隐含关系。

首先，我要引用杜格尔德·斯图尔特在《亚当·斯密的生平

① 尤其是 C. Berry, *Social Theory of the Scottish Enlightenment*, Edinburgh: Edinburgh University Press, 1997（〔英〕克里斯托弗·J. 贝瑞：《苏格兰启蒙运动的社会理论》，马庆译，浙江大学出版社 2012 年版）；C. Berry, *The Idea of Commercial Society in the Scottish Enlightenment*, Edinburgh: Edinburgh University Press, 2013（〔英〕克里斯托弗·贝里：《苏格兰启蒙运动中的商业社会观念》，张正萍译，浙江大学出版社 2018 年版）；C. Berry, *Essays on Hume, Smith and the Scottish Enlightenment*, Edinburgh: Edinburgh University Press, 2018。

② “历史制度主义者”的称号是我自创的，但苏格兰人的确把“制度”看作“社会”的一个组成部分。

和著作》中的一句话。受斯密的《关于语言初次形成的思索》启发，斯图尔特认为，辨别从“未开化之自然中的简单劳作”到“复杂”状态的变迁通过何种“渐进步骤”实现，是“人类史”中的一个“有趣问题”（换句话说，“重要”或“重大”的问题）。[①] 苏格兰人的著作中广泛使用了“人类史”一词。约翰 · 米勒表达了我的主题，他写道，他正在撰写“人类史……既通过指出社会状态中更明显、更常见的进步，也通过展现这些进步对一个民族的礼仪、法律和政府的影响”[②]。

人类是社会动物，这意味着人类的历史同时也是社会的历史——社会的礼仪史、法律和政府史或“制度”史。人类史的普遍性会延续至社会史，而理解苏格兰人关于这两种“历史”之间联系的概念至关重要。杜格尔德 · 斯图尔特的那段话再次提供了一个有益线索。他继续概述道，当直接证据杳无踪迹时，自然的、推测的或理论的历史学家（这些是同义词）仍可以考虑人类“依据其人性原则和外部环境状况，可能会以什么方式发展”（*LWS* 293）。

因此，人性和环境是支撑自然史的两大支柱。它们截然不同，因为对斯图尔特和他的苏格兰同胞来说，前者意味着恒常如一，后者意味着变动不居。人性“原则”（第一支柱）须有基本的固定性或恒常性，因为倘若无此前提，便不可能写出一部人类史；人性中须得具备一种一致性，或者明显充分的不变性（我们将在第二部分回到这一点）。如果“环境”（第二支柱）在时空中没有变化，就不会出现社会总体历史的主题。虽然在这些环境中存在固定因素（如经度、纬度），但具有决定性意义的却是人类对环境变革性的、日益自主的反应。我认为，这些反应呈现出一种“制度”形式，而最重要的是，这些不同“形式”会随时间推移逐渐显现。斯图尔特的两条

---

① D. Stewart, *Account of the Life and Writings of Adam Smith*（后文写作 *LWS*）, in Adam Smith, *Essays on Philosophical Subjects*, Indianapolis; Liberty Press, 1982, p. 292（后文写作 *EPS*）。

② J. Millar, *The Origin of the Distinction of Ranks* 3rd edit. (1779), in W. Lehmann, ed., *John Millar of Glasgow*, Cambridge: Cambridge University Press, 1960, p. 180（后文写作 *OR*）.

原则结合在一起，这意味着苏格兰人书写了一部制度的历史，但这项事业的基础是对人性恒常如一的原则性承诺。

有哪些相关制度并无争议。除了米勒的“礼仪、法律和政府”外，它们还包括其他标准要素，譬如财产、宗教、亲属关系、伦理规范和社会规范等。在第一部分，我选择讨论宗教和治理，以此更详细地说明苏格兰人如何能合理地被描述为历史制度主义的倡导者。然后，我将在第二部分探讨制度变迁与恒定人性之间的关系。

第一部分

［a］治理

大卫·休谟注意到，美洲各部族生活在一起，“没有任何确立的政府”，唯有在战争时期，他们才“服从”“他们的首领”。[①] 在这本书中，休谟并未透露首领权威的基础，但在一篇后来（去世后发表）的文章中，他提到那些拥有“勇气、力量、正直或谨慎”等卓越个人品质的人赢得了“尊重和信任”。[②] 苏格兰人的共识是，从证词（testimony）和比较（comparison）同时恰当地支持的现有证据来看，第一种从属模式以个人品质为基础。米勒指出，在狩猎和捕鱼的“原始时期”，除了那些源于“精神或身体的个人品质”（*OR* 247，参见 204）的品质之外，人与人之间没有任何区别。吉尔伯特·斯图亚特巧妙地将这些品质称为“身体的力量与精神的活力”。[③] 亚当·斯密论述这些品质时也提到了猎人，并将年龄作为另一具体因素。[④] 与

---

① D. Hume, *A Treatise of Human Nature*, (1739/40), revised edition, L. Selby-Bigge & P. Nidditch, eds., Oxford: Clarendon Press, 1978, p. 415.

② D. Hume, “Of the Origin of Government”, (1777), in *Essays: Moral, Political and Literary*, E. Miller, ed., Indianapolis; Liberty Press, 1985, p. 39（后文写作 *EMPL*）.

③ G. Stuart, *A View of Society in Europe in its Progress from Rudeness to Refinement* 2nd. Edition (1792), Bristol: Thoemmes Reprint, 1995, p. 37.

④ A. Smith, *An Inquiry into the Nature and Causes of the Wealth of Nations*, (1776), Indianapolis; Liberty Press, 1981, V. i.b. 6/711 III. 1.3/377; I. iv. 7/40（后文写作 *WN*）. 亦参见 A. Smith, *Lectures on Jurisprudence*, (1762/3), R. Meek, D. Raphael and P. Stein, eds., Indianapolis; Liberty Press, 1982, V 129/321（后文写作 *LJA*）。

斯密的补充相同，威廉 · 罗伯将“年龄”与“勇气”联系起来，[①]凯姆斯勋爵也提及“年龄”和“经验”。[②]

对斯密而言，这些个人品质“自然而然带来服从……先于任何民政机构”（*WN* V. i.b. 4/710）。先行性假定了暂时性。当然，政府（斯密的“民政机构”）与服从之间存在紧密联系，因为“服从”被视为“政府”含义的一部分，即统治者对被统治者的等级关系。[③]由于“谁来统治？”这个问题具有不稳定性，该问题的答案最初在狩猎采集阶段是短暂而不稳定的。然而，这些答案还是播下了一些种子，它们将发展成为治理（governance）的制度结构。回顾斯图尔特关于自然史的“第二原则”，正如休谟所指出的那样，野蛮 / 原始 / 狩猎采集生活的一个显著环境是战争。

米勒假设，一个擅长发动战争的人将会引人注目，随着其他人“惯于追随他的旗帜”，他将声望日隆（*OR* 247，参见 254）。“习俗”（custom）——这个苏格兰人社会理论中的关键要素，可以合理解释为制度化的过程（见下文）。休谟使用了这个词，他认为，在最早的社会中，“长期持续”的战争状态导致人们认为服从首领理所当然。结果，他们开始在和平时期接受首领的决定，以此解决争端。正是以这种“随意且不完美”的方式，这个政府作为一种出人意料的结果开始出现了（*EMPL* 40, 39）；这是一种反应，而不是深思熟虑的积极行动（如合同）。用亚当 · 弗格森的名言来说，制度或他所说的“建制”（establishments）是“行动”而非“设计”的产物（*ECS* 122）。[④]

其他人也追踪到了同一轨迹。米勒紧随休谟，指出原始社会的头领最初是军队的指挥官，后来首领将注意力转向解决内部争端

---

① W. Robertson, *The History of America*, (1777), in Works in one volume. D. Stewart, ed., London: William Ball, 1840, pp. 827–828（后文写作 *HAm*）.

② Kames (H. Home, Lord), *Sketches on the History of Man*, 2 Vols, Dublin, 1774, I, p. 414（后文写作 *SHM*）.

③ 见 J. Millar, *An Historical View of the English Government*, (1797/1803), M. Salber Phillips & D. Smith, eds., in one volume, Indianapolis: Liberty Press, 2006, p. 799（后文写作 *HV*）.

④ 众所周知，苏格兰人敏锐地意识到了“意外后果”（unintended consequences），见 C. 史密斯精妙的研究，C. Smith, *Adam Smith's Political Philosophy*, London: Routledge, 2006。

（*OR* 254/5，参见 *HV* 123）。凯姆斯（*SHM* I, 414）[①] 和弗格森（*ECS* 63，参见 ECS 100）都说明了这个“随意而不完美”的过程。他们观察到，政府是逐渐出现的，并且唯有在“官员和臣民犯错”后，或直到人民受苦于“恶政”之后，方才受到规则约束。外部事务优先于内部事务的一个重要原因是，人们最初期望私下解决内部争端——他们接受复仇原则。斯图亚特注意到，“大众”把复仇权转让给了他们已经习惯的首领。[②] 罗伯逊也在他的几篇著述中强调了这一点。[③] 增强习俗的力量象征着制度化进程的初步展开，米勒将其归因于“政府的进步”（*HV* 107）。

“进步”的概念意味着与时俱进。社会性适用于所有人，但很明显，在斯图尔特的意义上，它的制度表达“视环境而变（circumstantial）”，因此（越来越）多样化。然而，通过寻求对这些表达的因果解释，它们可以被揭示为非随机的。既然成功的自然科学（牛顿学）的标准是将多样性简化为简单性，那么成功的社会科学的标志就是将制度的多样性简化到某种可理解的模式。有两种途径可供选择：空间和时间。前者是一种自然因果关系（以“气候”为例，它受地理位置影响），后者是道德因果关系的核心假设。

这些苏格兰人追随休谟（他的文章“论民族性”[1748 年]），断定道德原因比自然原因具有更大的解释力。根据其在风俗或习惯中的根本含义，这种道德因果关系模式不仅更好地描述了制度形成的多样性，而且还刻画了这种多样性随时间推移而发生的变化。回顾一下我之前的评论，这种模式确定，“制度”暂时反映了人类对自然环境条件多样化的反应。我们可以说，制度就是应对机制。人类在应对（用斯图尔特的话来说）外部环境时，会及时地创造适宜

---

① 另见 Kames, *Historical Law Tracts*, (1779), 2nd Edition, Edinburgh, 1779, pp. 39, 306（后文写作 *HLT*）。

② *View of Society* p. 37。参见 Stuart, *Historical Dissertation Concerning the Antiquity of the English Constitution*, Edinburgh, 1768, p. 90。

③ 见 *HAm* p. 828。参见 *Robertson View of Progress in Europe*, (1769), in Works, p. 322; *The History of Scotland*, (1759), in Works, p. 97。

自己生存的环境；他们的“环境”本身变得越来越人性化或“道德化”。记录这种逐渐生效的应对过程，就是在描述“改善”。它是历史的原料，也是苏格兰人作为历史制度主义者的关键。

这并不是要否认自然原因的作用（比如，见米勒［*OR* 175］，凯姆斯［*SHM* I, 58］，弗格森［*ECS* 108］）。但在支持我的论点的一个关键段落中，罗伯逊在评论它们的相对影响力时阐明了它们的局限。他说，气候对“原始民族”比对“更先进民族”影响更大，因为“文明人”能够通过他们的“创造力和发明……弥补缺陷，防范任何气候带来的不便”（*HAm* 850）。随着人类发展，他们逐渐能够支配自然（“弥补缺陷”），因为他们并不严格地由环境决定（“硬决定论”）。相反，他们具有“独创性”，也就是学习经验、“发明”进步的能力。通过习惯或习俗（制度化过程或“软决定论”[①]），那些增强“应对”能力的发明得以保留，因此改善复改善——“文明”的过程——成为可能，尽管它既不是确定的，也不能避免倒退。詹姆斯·邓巴明确追随罗伯逊，他是所有这些苏格兰人中对“气候”[②]分析最仔细的人。他认为“这一系列事件一旦开始，便更可能受到道德原因而非自然原因的控制”[③]。这是因为，后者的影响随“人类改善的总体状态”而变化（*EHM* 297），所以它们“在艺术和科学最繁荣的阶段，相关性也就最小”（*EHM* 317）。人类控制环境的能力愈益增强，这种控制程度是发展的一个指标。但是，实施控制的方式在人类的制度中得以体现和巩固，因此，正如邓巴所说，任何改善的程度都“在很大程度上与公民艺术（civil arts）的进步相关”（*EHM* 360）。

邓巴用“民间艺术”一词暗示了改善与治理之间的联系，他认为治理是可以历史地评估的制度之一，因此充当了改进的隐性指标。进步是一个渐进过程，但在此过程中可以确定不同的时期或阶段。

---

① 见 Berry, *Social Theory*, pp. 82–85。

② 参见 C. Berry, *Essays*, Ch. 4 (1974); C. Glacken, *Traces on the Rhodian Shore*, Berkeley: University of California Press, 1967, pp. 596–601。

③ J. Dunbar, *Essays on the History of Mankind in Rude and Cultivated Ages*, 2nd edition, London:1781, p. 239（后文写作 *EHM*）.

在苏格兰启蒙思想家那里，这种阶段性方法具有独特的制度形式。尽管他们的梗概通常一致，但决定性的描述是由斯密和米勒在格拉斯哥大学讲座中提供的。在法理学课堂上，斯密和米勒向学生们阐述了财产的演变方式，以及对法律和政府法规的需求是如何由此演变的。[①] 在斯密 1762—1763 年的讲座中，他明确提到了“人类经历的四种不同状态”——渔猎、游牧、农业和商业（*LJA* 14–16）（在 1766 年的版本中，它们被称为狩猎、放牧、农耕和商业[②]）。在米勒关于政府的讲座中，它们被明确称为“获取财产的阶段”（这些讲座没有出版，藏于格拉斯哥大学图书馆）。

在最初的渔猎阶段，财产和占有无甚区别（凯姆斯强调了这一点，斯密可能也这么认为），[③] 其短暂性意味着它所需的管制极少，基于个人朴质和年龄的治理便已足够。这时有一种与“普遍贫困”相关的大致平等（*WN* V. i.b. 7/712）。然而，第二阶段出现了显著变化，财产现在采取不平等的畜群“所有权”形式。但这种不平等标志着一种更加持久的分化，并随之引入了“某种程度的……公民政府”（*WN* V. i.b. 7/715）。在斯密看来，引入它是牧主（富人）的自私之举。他们要求“政府”维护“事物的秩序，这些事物本身就能保证他们独占优势地位”。斯密最初在他的讲座中提出了这一论点，并在其中坦率地说，游牧时代的财产使政府“绝对必要”，因为若非这样，穷人就会攻击富人（*LJA* iv. 26/208）。鞑靼可汗的统治是“专制的”（*WN* V. i. b. 7/713）。所以，第二阶段的规则和“法律”从本质上说反复无常——它取决于可汗的一时兴起，因此缺乏普遍性或包容性。

第三阶段的治理也是如此。土地财产权的确立并没有改变从属关系的基础。正如游牧时代的首领是拥有最多牲畜（因此拥有最多

---

① 尽管有很多评论，但明确提及四阶段论的相对较少。关于四阶段论有限范围的应用，见〔英〕克里斯托弗·贝里:《苏格兰启蒙运动中的商业社会观念》，张正萍译，第二章。

② A. Smith, *Lectures on Jurisprudence 1766*, R. Meek, D. Raphael and P. Stein, eds., Indianapolis; Liberty Press, 1982, 150/460（后文写作 *LJB*）.

③ 见 Kames, *Essays upon Several Subjects Concerning British Antiquities*, Edinburgh, 1747, p. 127n。参见 Kames, *Elucidations Respecting the Common and Statute Law of Scotland*, Edinburgh, 1777, p. 228; Smith, *LJA* i, 41/18, *LJB* 150/460。

随从）的人，农业社会的首领也是拥有最多土地（因而拥有最多随从的人）（参见 *WN* III. iv. 6/414）。同一个重要的依附关系适用于这两个时代。维系这种关系的不仅是“残酷”的物质依附事实，还有一套关于该统治的巩固的、互补的合法化信念，这些信念在制度上体现为礼仪或“思维习惯”。[①] 米勒在游牧背景下，为这一连串推理提供了一个尤其清晰的例子：“因此，继承父亲遗产的儿子能够保持其父的地位……这种地位因习惯的力量而日渐提高，并且随着代代相传变得更加重要。”（*OR* 270）

因此，习惯可以被理解为形成制度的应对机制。也就是说，作为对环境的重复有效反应，习惯建立了一种制度环境或秩序；随着秩序的建立，其有效性也会提高。正如我在其他地方（*Essays*, Ch. 5）所论证的那样，以这种方式建立的机构具有相应的“黏性”；用斯密的话来说，“习俗的统一延续”是强大的。[②] 这种黏性的一个重要后果是，苏格兰人作为历史制度主义的倡导者，认为社会变革必然是渐进的，而且通常是无心插柳柳成荫（*WN* III, iv. 10/418）。

关于这一社会变革过程，最广为人知的也许是斯密对基于习惯性依附的封建治理模式之崩溃的描述。商业社会的一个重要且明确的特征，是不存在这种依附关系。随着交换的普及——包括关键性的土地交易（参见凯姆斯，*HLT* 140[③]）——财产“处于不断轮换之中”，这“妨碍了它赋予财产所有者习惯性尊重和关心，它们过去产生自贫民和富人之间的长期持续交往”。[④] 换句话说，治理的体制框

---

① Ferguson, *Principles of Moral and Political Science*, (1792), 2 Vols, Hildesheim: G. Olms, 1995, I, p. 215. 休谟已在他的论断中表达了这一观点，即所有政府，哪怕“最专制的”政府，都建立在“意见”的基础上，通过意见，少数人得以治理多数人，*EMPL* 32。

② A. Smith, *The Theory of Moral Sentiments*, (1759/1790), A. MacFie and D. Raphael, eds., Indianapolis: Liberty Press ,1982, V. 2.15/210（后文写作 *TMS*）.

③ 亦参见另一位苏格兰人，John Dalrymple, *Essay toward a General History of Feudal Property in Great Britain*, London, 1757, p. 94。

④ 参见 Millar, *OR*, p. 291。财产的这种波动，在所有商业国家都司空见惯，而且任何禁令都无法阻止。它必然会削弱身居高位者的权威，而新近致富的人没有机会建立那种常年当大庄园主的人所维持的依赖关系。因此，在很大程度上，世袭的影响被破坏了，财富能带来多少权势，也常常局限于财富所有者本人在自己这一生能获得多少财富。

架发生了变化。

这种转变的核心是推翻封建制度。在封建制度中，正如斯密所言，“大地产者”既是“和平中的法官”，又是“战争中的领袖”（*WN* III. iv. 7/415）。这些职能最终分离为不同的机构，这预示着第四阶段也就是商业阶段。这是社会发展和随之而来的商业倍增的产物，是“偶然”发生的。斯密认为这构成了“现代的巨大优势……也是我们现在享有更充分的安全的基础”。① 在职能分离之前，封建领主在没有任何有效外部控制的情况下行使他们的权力或权威。因此，他们可以按照自己认为合适的方式对经过其领地的旅行者征税，而留在其领地内的任何商人都处于“奴役”状态（*WN* III. iii. 3/397–398）。但这样做的必然结果是，这些领主无法控制其边界以外的地区。这种权力本地化或权力分割的后果之一是，地方之间的决策不可能保持一致，“辖区”内的一致性也没有任何“外部”保证。詹姆斯·斯图尔特雄辩地阐述了这一点，他对比了“法律”可能“因对某些人或某些阶级的偏好或偏见”而改变的情况和人们“受一般法律管辖”的情况，在后一种情况中，一般法律是“稳固的，它仅会以定期、统一的方式变易”。②

这种规律性被制度化为法治，据休谟的描述，政府行政“必须按照所有成员事先知晓的一般法律行事”，如果做到了这一点，政府就是自由的（*EMPL* 41）。在苏格兰启蒙运动中，像这样将自由与取消当权者反复无常的意志联系起来的做法很常见。③ 不过当然，这并不是苏格兰人的特权。④ 从个人统治到非个人化的法治的转变不仅体

---

① A. Smith , *Lectures on Rhetoric and Belles Lettres*, J. Bryce, ed., Indianapolis: Liberty Press, 1983, p. 176. 参见 *WN* III. iv. 4/412。

② J. Steuart, *Principles of Political Economy*, (1767), in Works, 6 Vols, London: Cadell & Davies, 1805, I, p. 314.

③ 比如，参见 R. Wallace, *Characteristics of the Present Political State of Great Britain*, (1758), New York: Kelly Reprint, 1961, p. 215; Kames, *Essays upon Several Subjects in Law*, Edinburgh, 1732, p. 20, Kames, *Principles of Equity*, Corrected 2nd Ed., Edinburgh, 1760, p. 268; Ferguson, *Principles*, II, p. 477; Smith, *TMS* VI. 11.1.13/223。

④ 比如，参见 John Locke, *Two Treatises of Government*, [1689], P. Laslett ed., New York: Mentor Books, 1965, § 142, p. 409。这也不是英国人的特权，布瓦吉耶贝之后的法国作家们也在法国语境中提出了相同观点。

现了制度的历时性维度，而且说明了它们的共时性维度。因此，第四阶段法律的抽象性和客观性反映了商业（“市场”）的抽象性和客观性，因为两者都仰赖信念和期望。当规则不再反复无常而是可预测的时候，只要遵守规则，个人就可以合理地期望他们能自由地追求各自的利益（这便是斯密对“自然自由”的定义［*WN* IV vii. c. 44/606］）。在商业社会中，每个人都“在某种程度上是商人”（*WN* I. iv. 1/3），也就是说，他们卷入一系列复杂的非个人化的相互依存关系，这与早期阶段私人之间的相互依赖形成鲜明对比。

这也与早期社会结构的简单淳朴与整齐划一形成了明确对比。米勒评论：

> 无论这些（原始野蛮的）人如何以奇特的制度和古怪的习俗而与众不同，他们在自身性格和举止的总体轮廓上却发现了一种奇妙的统一，这种统一性在彼此相距最远的不同国家也同样显著（*HV* 382）。

环境或条件相似是导致礼仪相似的一般原因，正如米勒的引文所证明的那样，这种礼仪包含了制度。因此，原始人的举止“出奇一致”是相似环境和相似反应的产物。[①] 但正如斯图尔特所描述的那样，在人类自然史的背景下，存在着从简单到复杂的转变（*LWS* 292）；例如，从某些人的直接治理到通过一般或抽象法治间接治理的制度转变。

为了强化这一图景，我选择宗教自然史作为将苏格兰人视作历史制度主义者的第二个更加简短的例子。斯图尔特本人认为，休谟的文章《宗教自然史》是一部体现了“理论”历史的著作（*LWS* 293）。

---

① 在《论发展》（*View of Progress*, 1769）中，罗伯逊指出，拉菲托（Lafitau）和沙勒瓦（Charlevoix）对“北美各野蛮部落和民族”的描述印证了塔西佗对“野蛮的欧洲人”的记述。罗伯逊指出的共同点是制度性的——以渔猎为生，“长官”的有限权力，最小化的“刑事司法”（Works, p. 371）。同样地，弗格森也比较了沙勒瓦和塔西佗关于赠送礼物的描述（*ECS*, p. 87）。

[b] 宗教

治理的发展经历了从人治、专制而反复无常的最高统治者掌权的制度，转变为体现法律可预测权威、非个人化特征的制度的过程，这与社会性的共时性和历时性维度（这两个维度互为补充）相吻合，而社会性的发展历程也与治理类似，它也体现了宗教信仰和实践。当谈到“野蛮人”时，所有苏格兰人对“环境”（斯图尔特的第二原则）的描述措辞相近，但却对人性（第一原则）的解释性作用有些分歧。有些人，比如凯姆斯（*SHM* II, 383），但不止他一人，认为宗教信仰是人性的首要原则。另一些人则认为宗教信仰是次要原则，但它仍然植根于人性普遍原则之中（休谟最明确地表达了这一点，他认为宗教信仰的根源在于希望和恐惧的激情，斯密和邓巴也含蓄地表达了这一点）。其他人则不置可否（弗格森）。抛开这些差异不谈，我将在第二部分中指出，对于制度主义者而言，这些分歧并非关键，因为他们都相信人性是一种恒常如一的原则，并对历史轨迹看法一致。概言之，它是从多神信仰和实践向一神信仰和实践的制度发展。

虽然休谟[①]和凯姆斯（*SHM* II, 389）对宗教起源看法不同，但他们都认为宗教信仰的最初形式是多神教。根据休谟的说法，人类认为“伤害或取悦”他们的一切事物皆有恶意或善意，因此按照多神教的方式将树木、山脉和河流都人格化了（*NHR* 40）。对邓巴而言，“在无知和淳朴的时代，人类如此轻信和易于崇拜”，以致被引向“对无形力量的承认和敬慕”（*EHM* 205）。这些“力量”视具体环境而异，因此，正如弗格森所观察到的那样，海洋国家构想出作为“海洋的君主”的神祇，而对于陆地国家来说，神则是“四季的主宰”（*Principles* I, p. 169）。无论何种情况，居民都通过创建宗教制度来应对环境中的难料之事和诸般忧患，例如举行奉献牺牲安抚

① D. Hume, *Natural History of Religion*, (1757), in *A Dissertation on the Passions and The Natural History of Religion*, T. Beauchamp, ed., Oxford: Oxford University Press, 2007, p. 37（后文写作 *NHR*）.

神灵的仪式，从而获得安全的海上通道。弗格森的这句话还描绘了治理的共同意象，这本身就表明了制度的共时性。[①]野蛮人通过治理制度应对始终存在的战争危险，以提高效率、增进秩序，就像他们通过宗教制度寻求秩序和安慰，从而应对自然或环境的不确定性和灾难一样。

我总体论点的核心是，休谟（和邓巴）谨慎地指出，“假如不用经验和反思加以纠正”，人类把事物人格化的倾向便会奏效（*NHR* 40）。这也是为什么休谟把多神教更准确地定义为原始人类“未经教化的”宗教（*NHR* 37）。休谟一再申明，野蛮人是无知的，而且不止他一人持此观点。野蛮人无知的标志和根源在于他们不知真正的因果关系为何物，这一主张在休谟（*NHR* 41）和凯姆斯（*SHM* II, 389）的著作中非常清楚，罗伯逊也认为，野蛮人无法理解事情的原因，因此他们幻想“人类起源中有着某种神秘奇妙之物”（*HAm* 843）。

这种无知源于他们的环境，而这种归因现在使宗教推论和实践得以融入更广泛的制度发展大纲，即从“无知到知识”，或者从“原始到文明礼仪”（米勒，*OR* 176）。对于休谟来说，“原始人”是贫乏的生物，受到“无数欲求和激情”的压迫（*NHR* 35）。试图用有限的资源来满足迫切的需求，就意味着缺乏闲暇，而这种不足则意味着没有时间从这些紧迫而充满压力的需求中抽身出来，进行反思和寻求教导。对于米勒来说，“科学和文学”是“闲暇的自然成果”（*HV* 507, *OR* 176）。人类需要“自由”时间，来着手追溯“无知的大众”仍未知晓的因果关系（参见斯密，*EPS* 50）。鉴于无知是人类历史早期的标志，那么发展“科学”、揭示起作用的因果过程，就像道德原因日益占据主导地位一样，是进步或“文明”的表征。这些发现为制度发展提供了线索。

罗伯逊指出，那些为生存而劳动的人没有闲暇或能力做精密的推理（*HAm* 840）（由于第二部分将探讨的原因，这种缺陷不仅限

---

① 米勒直接指出了这种共时性：“在原始国家，对军事领袖的崇拜常常产生首领乃天降的信仰，并使他像至高无上者一样受到顶礼膜拜。”（*OR* 256）

于美洲人）。反思的机会至关重要。斯密《天文学史》（他的一篇遗作）的一个特点，就是建立了创造这种机会与社会发展之间的联系。斯密以一种熟悉的方式推测，“野蛮人”生活在一个没有哲学的时代，那时朝不保夕，生命短暂。他们日夜关注眼前的生存问题，既无时间，也无意愿去探究事情的原因。面对经验中令人震惊的异常现象，他们的反应是诉诸某些“无形的设计力量”（*EPS* 49）。按照休谟（最终是卢克莱修）的观点来看（休谟对《天文学史》影响很大），这种诉诸未知的行为基于他们自己的情感，如恐惧或爱，对斯密来说，这也是多神论的根源（他在《道德情操论》III. 5.4/164 中也提出了同样的观点）。

然而，斯密继续说，随着维持秩序和安全的制度逐步建立，那些有足够闲暇（“自由财富”）的人便有机会更密切地关注周遭的世界，从事哲学或科学工作（这两个词可以互换），并开始追踪因果关系的过程（*EPS* 50）。正如他在一篇短文“古代物理学”中直截了当地表述的那样：“无知导致迷信，科学产生首个有神论。”（*EPS* 114）这一过程的基础是制度发展。用斯图尔特的话说，这种发展就是从简单到复杂或分化；比如富人和穷人之间的社会区分。凯姆斯更为详尽的阶段理论描绘了“人类如何提高自然知识”，从而“熟练地由果导因”，直至抵达他所宣称的“真正宗教”，从而在科学和宗教之间建立了同样的联系（*SHM* II, 02, 04）。

概言之，宗教信仰从（具体的和具体的）多神论走向（普遍的和抽象的）一神论。这些信仰植根于宗教实践或宗教崇拜的社会制度中（休谟明确将修道院称为“宗教制度”[①]）。人们逐渐从偶像崇拜、占卜和祭祀转向对设计的智力欣赏，与此同时，最初以魅力十足的“魔术师和巫师”为代表的制度（罗伯逊，*HAM* 843）也转变为日益成熟的由规则支配的制度。从萨满到神职阶层和神职人员，这种日益制度化反映了社会分化的总体过程；宗教制度的多种形

---

① D. Hume, *The History of England*, 3 Vols, London: George Routledge, 1894, II, p. 159（后文写作 *HE*）.

式——国教教会、国际教会、一系列教派——都有自己的内部规则和职能。

作为本部分的结尾和第二部分的引言，我想进一步阐述斯密的观点，那就是科学知识随社会分化而发展。这种分化在制度上的一种表现形式是受教育程度的相对机会。在历史与人性间关系的语境下，我们可以最好地理解这一点的意义。

第二部分

在治理和宗教的例子中，苏格兰人制订了一条制度发展路线，也就是社会中人类的历史。人类已经改变了自己的处境，正如斯密所狂想的那样，“变原始森林为舒适肥沃的平原”，建立起“城市和国家”，并发明和改进了“使人类生活高贵而光荣的所有科学和艺术”（*TMS* IV. 1.10/183）。但根据斯图尔特的描述，转变的是“环境”而非“人性”。虽然环境也是历史性的，也变得越来越“道德”，而且是人类行为的产物，但它们并不会“彻底”成为本质性要素；正如休谟所说，人性的“普遍原则”保持“不变”（*EHU* 150，参见 153）。

有许多因素支持苏格兰人对历史制度主义含义的这种“非语境”（non-contextuat）[①] 解释。首先是方法论或哲学的原因。如果每个时代、每个社会都彻底独一无二，那么总体的历史和社会科学便不可能存在。如果（比如说）阿尔冈昆人的行为和制度特殊得与阿帕切人毫无关系，更不必说高卢人或格拉斯哥人，那么历史和社会科学的确将会是不可理解的。如果跨时空的不同社会制度在理念上不透明，那么苏格兰人对社会科学和因果分析的承诺，以及他们采用的

---

① 我首先在 C. Berry, *Hume, Hegel and Human Nature*, The Hague: Martinus Nijhoff。1982 这本书中创制了“non-contextual”这个词，然后在 C. Berry, *Human Nature*, London: Macmillan, 1986 中普遍运用了它，又在 C. Berry, *Essays*, Ch. 12, (2007) 中重新将它用于特定的休谟语境，这篇文章评论了对休谟《人类理解研究》（*EHU* 150）的多种解释（尤其是那些与我的解释大相径庭的）。

解释性简约的牛顿方法论式大纲，都将毫无结果。诚然，不同社会间存在差异，但正因苏格兰人接受这一事实，他们才有理由为这些差异寻求解释。① 多样性必然以某种基本共性为前提，因为若无共性，就不可能判断他人的信仰或概念框架是否与自己有所不同。

就更少方法论，更多实质意义的出发点而言，制度作为应对机制，与人性常量相适应。就拿休谟举例的住房来说，② 人类需要住所，无论是洞穴还是宫殿。这种需求根植于避免或改善寒冷、炎热、干旱、洪水等的普遍要求，而此要求本身就是人类对一致厌恶痛苦的结果。洞穴和宫殿的差异代表了人类制度的时间多样性，前文的治理和宗教就是例证。斯密在《道德情操论》的结尾恰如其分地指出，"正义的自然情感"在"文明国家"达到了较高的"准确和精确"程度，这是人民仍然"原始"和野蛮的地方所没有的。在这里，我们再次对比了原始的无规则性和文明的"正义的规范体系"，并提出假设："正义"并不是某地的特殊现象，而是人类社会四海之内无所不在的共存方面（因此是一种"自然情感"）。③

这里有一个潜在的价值判断。如我们在讨论宗教时所见，无知与迷信息息相关。休谟甚至提出这样的论断："从迷信的严重程度，我们可以推断出这个时代的无知。"④ 休谟也在别的文章中宣称，区分文明和野蛮的"主要特征"是勤劳、仁爱以及知识的"牢不可破的锁链"（*EMPL* 271）。随着社会变革，人们变得更加勤劳、仁爱、博学；通过发展商业、治理、法律、学习、"文化"等制度，人们逐渐

---

① 对于斯图尔特（*LWS* 293）来说，自然史反对"懒惰的哲学，它依赖奇迹……它自己无力解释的那类奇迹"。参见 Millar, *OR* 175, Hume, *EMPL* 111。

② 参见 Hume, *An Enquiry Concerning the Principles of Morals*, (1751), T. Beauchamp, ed., Oxford: Oxford University Press, 1998, p. 97。

③ 《道德情操论》，第 451 页（*TMS* VII. iv. 36/341）。斯密还宣称，倘若没有正义，社会将会"土崩瓦解"（《道德情操论》，第 107 页［*TMS* II. ii. 3.4/86］）。休谟（*THN* 497）和凯姆斯（*Essays on the Principles of Morality and Natural Religion*, Edinburgh, 1751, p. 61）比斯密更早提出这样的观点，斯密称赞了凯姆斯将有严格约束的正义和其他社会美德区分开来的做法，见《道德情操论》，第 99 页（*TMS* II. ii. 1.5/80）。

④ Hume, *HE* III, 113. 休谟在此很清楚，无知和迷信的这种联系显然无甚新意。比如，他在文章"论自杀"中引用了西塞罗《论预言》（*De Divinatione*）里的相关讨论（*EMPL*, p. 579）。

改善了自己的处境，变得“较少受到自身需求的压迫”（米勒，*OR* 176）。

这确实是一种“改善”；知识胜过无知，正如勤奋胜过懒惰，仁爱胜过残忍一样（参见休谟，*EMPL* 328）。由此可见，苏格兰人对历史制度主义的承诺并非价值中立，有些生活方式优于其他生活方式。商业社会的制度，例如法治和广阔的市场，带来了比专制的“非洲国王”所享受的更好的食物、服装、住房以及更多的自由（*WN* I. 11/ 24）。因此，在苏格兰人看来，这种制度被证明是迄今为止最有效的应对机制。用斯密的名言（*WN* I. 2.1/25）来说，比起在“第一阶段”中以弓矢直接交换一些鹿肉，人类“互通有无、物物交换、互相交易”的倾向在“粗劣呢绒上衣”的生产过程中得到了更有效的体现（*WN* I. 1.10–11/22），也更有利于“普遍富裕”的整体社会利益，因为有成千上万的不具名劳动者参与了这件上衣的生产。

将制度理解为历史演变产生的应对机制有两个重要含义。首先，尽管商业社会比之前的社会更好，但它并不完美（所有苏格兰人都在不同程度上接受了这一点）。[①] 作为历史学家，他们对事件的偶然性和未必有益的意外后果特别敏感，他们既不认同黑格尔世界精神的潜在必然进程（没有“理性的狡计”[List der Vernunft] 在起作用），甚至也不认同孔多塞式对“人的完美性”[la perfectibilité de l'homme]、对不断巩固的理性进步的承诺。人性的反社会方面，如自私、贪婪、骄傲或错置优先顺序（正如休谟所说，喜欢邻近的多过遥远的——因此需要治理）并不总能被制度框架所遏制或成功引导。

第二个含义直接涉及斯图尔特对自然史的描述。面对休谟所说的人类状况的“非自然必然性”，人们因地制宜、精心设计了制度性

① 即使是最热心于商业优点的人也发现了它的缺陷，比如休谟（对信用的担忧[*EMPL* 349–365]），斯密（在《国民财富的性质和原因的研究》第五卷中对劳动分工的不良影响的担忧[V. i.f. 61/788]），米勒（评论了商业对妇女尊严的负面影响[*OR* 225]）。其他人，例如《文明社会史论》中的弗格森或《人类史纲要》中的凯姆斯，尽管理由不同，但他们对商业的批评更为尖锐。

反应，但这些反应并未对人性产生丝毫改变[①]（这显然与黑格尔的观点相反）。由此可见，野蛮的“性格”及其无知迷信并不仅仅属于某个（时间或空间）遥远的社会，它也是18世纪英国社会相当一部分人的特征（这些人通常被贴上俗众的标签）。当代的粗俗者与过去的野蛮人相似，都相对地缺乏教养；解释是相同的，而与何时、何地（时间或空间）无关。因此，凯姆斯评论说，即使在“启蒙时代”，“迷信”也没被根除，而是“存于粗俗者之中”（*SHM* II, 147）。虽与凯姆斯观点不同，但休谟以大致相似的口吻宣称，“在接受有神论教义的国家，粗俗者将其建立在非理性和迷信的原则之上”（*NHR* 53，这是我的重点）。这是“人类倾向于异事”和奇迹的后果，而重点是，尽管这种倾向可能“受到理智和知识的约束，但它永远不能从人性中烟消云散”（*EHU* 176）。与此类似，道德的基本原则也不是相对的，因为无论社会制度如何根深蒂固，这些原则都以“人性最强烈、最充沛的激情”为基础。虽然这些原则可能被“扭曲”，就像在杀婴的事例中一样，但它们“不可能完全被颠覆”（*TMS* V. ii. 1/100）。对于斯密来说，“一个有教养、有智慧的民族总是比无知、愚蠢的民族更得体有序”。因此，有必要提供政府补贴的教育，以弥补商业社会中下层人民的无知，从而谨慎地减少“热情和迷信的妄想”，这种妄想在“无知的国家”会引起“最暴力的混乱”（*WN* V. i. f. 61/788，也是我的重点）。最关键的变量是制度性的；是教育资源的获取和分配，以及社会资本的积累。

的确，教育和经验可以增益人“抽象”思考的能力。比方说，假如知道闪电是一种自然规律，就能将闪电的原因解释为放电，而不是“朱庇特看不见的手”无规则地运作，以此表达他的不满（斯密，*EPS* 50）。但这种差异是视情况而定的，它并不意味着野蛮人或商业社会中搬运工人的“心智能力”有任何内在限制。斯密通过“教育”和“习惯、风俗”从制度上解释了搬运工人和哲学家的不同

---

① 参见 Berry, *Essays*, Ch. 9, (1982); C. Berry, *The Idea of Luxury: A Conceptual and Historical Investigation*, Cambridge: Cambridge University Press, 1994, Ch. 8。

“特征”，这是劳动分工的结果，而不是任何原始差异或自然差异的表现（*WN* I. iii. 4/28–29，参见 *LJB* 220/493）。

搬运工人和哲学家的例子说明了社会内部的差异，而在时间上多神教先于一神教、个人统治先于非个人统治，则说明了社会之间的差异。但如前所述，对这些社会差异的解释与时空位置无关。米勒说明了这一点，他认为，在“世上未开化之地”寻找自由独立精神，就像在“英格兰马车夫”或“苏格兰高地的低等人”身上寻找自由独立精神一样，“只是徒劳”（*OR* 295）。

总之，由于苏格兰人用社会科学的方式解释社会或道德因果关系，苏格兰启蒙运动的一个关键洞见是，行为与价值观的差异在很大程度上是制度的产物。虽然这些制度因时空而异，但它们并非随机的；作为根植于人性恒定统一原则的、面对社会生活要求所做出的经常性应对机制或反应，它们可以得到科学的解答。对于苏格兰人来说，消除随机性观念的最佳方法是历史地记载这些应对机制。从“强人”统治到法治，治理制度的差异可以通过环境变化来解释，而这些制度或多或少是对这些环境充分的累积反应。宗教信仰和宗教实践的内容同样是对环境的回应。这些环境，以及随之而来的反应并非固定不变，因此原则上，在适当考虑其黏性的前提下，改善环境和反应措施是可行的。苏格兰人对社会中人类历史的关注，为进步的可能性以及察觉进步的渐进特征提供了基础。诚如本文所述，苏格兰人的科学信念是，这种“历史”（如文中重构的那样）应被正确理解为组成“社会”的各种制度之历史。①

作者简介：克里斯托弗 · 贝里（Christopher Berry），格拉斯哥大学政治理论荣休教授、荣誉研究员，苏格兰学术院院士。主要研

① 这是将在《苏格兰启蒙运动的社会学遗产》（*The Sociological Heritage of the Scottish Enlightenment*, ed. Tamas Demeter, Edinburgh University Press）上发布的文章的缩略版。我十分感谢编辑允许翻译此文。2023 年 6 月，我在复旦大学暑期学校讲授过一个稍有改动的版本——感谢李宏图教授和欧阳晓莉教授的支持。

究18世纪苏格兰启蒙运动，其代表作有：《牛津通识读本：亚当·斯密》（合著）、《苏格兰启蒙运动中的商业社会观念》《苏格兰启蒙运动的社会理论》《奢侈的概念》等。贝里教授的最新著作是论文集《论休谟、斯密与苏格兰启蒙运动》。他曾多次受邀在中国、日本、智利、巴西、欧美等地进行学术访问和讲座，是一位具有国际性影响力的学者。

译者简介：张雨枫，复旦大学世界史硕士，埃克塞特大学博士研究生。

意识形态时代的历史学 *

阿尔纳多·莫米利亚诺 著　阿慧 译

摘要：在历史实证价值遭受怀疑的新形势下，通过区分历史学家的主观倾向和历史研究存在偏见之间的差异，能够发现历史自成其意，并不依赖后世的价值赋予。从历史研究作为一门学科的发展史看，它原本的作用在于为过去提供解释，其受众是意识形态已经定型的成年人。历史学是一门古老的学问，却还是一门年轻的教育门类，若要寻求它能够教会后人什么，仍然需要通过可靠、准确的历史实证，首先确定它揭示了怎样的过去。

关键词：历史实证　历史学　历史研究　意识形态

一

我有意概览目前历史研究中的一种令人不安的形势。这一形势便是对历史实证价值的怀疑。有说法称，历史学家只是通过组织史料来宣传他们在具体的历史中形成认同的政治观、社会观和宗教观。甚至有一种普遍的看法是，这是必然的和有益的。由此，历史学家是，而且必然是意识形态的支持者：他们必然自觉地以宣扬各自的政治观、社会观和宗教观为己任；因为他们没有，且不可能有客观的真理标准。所以，如果历史学家坚持认为存在某种真理，便是在

---

* 文章来源：Arnaldo Momigliano, “History in an Age of Ideologies”, *The American Scholar*, Vol. 51, No. 4 (1982), pp. 495–507。本文改编自他于 1982 年 5 月在芝加哥大学发表的乔治·卢西讲座（Georges lurcy Lecture）讲稿。——译者

欺骗他人或自己。倘若已故的阿克顿勋爵（Lord Acton）听说了此事，并因此从墓中惊醒，那么对这位由于坚信历史真理存在而饱受抨击的老前辈而言，事态或许更糟了（但他也可能会乐见其成）：他应该已经有所耳闻了。

宣称历史学家有主观倾向，和历史学家一定有个人偏见，这两种说法之间存在极大的差别，尽早意识到这一现实是明智的。但这两种说法实际上隐含了相同的立场：历史学家在组织史料时，会或多或少地受到其个人目的的影响。于是，历史研究便被等同于一种意识形态宣传，而历史的书写者则被视作一类特殊的修辞学家，可以同所有其他的意识形态宣传者等量齐观。不得不说，修辞学在经历了长达一个世纪的拒斥过后，又重获尊重；这似乎是古典学的培养式微后导致的最可笑的后果之一。我们新近形成的意识形态中出现了一种前所未有的趋势，就是对修辞学的着迷。在这一趋势的影响下，越来越多的历史研究走向了分析既往史家的修辞和意识形态的道路，目的是要证明从希罗多德到莱昂纳多·克里格（Leonard Krieger）的所有历史书写者都是别有用心的。

正如我在讨论这一复杂形势时所提出的观点本身即具历史性一般，历史自成其意。即使仅对已知的历史研究要求进行概观，也能发现它为我们提供了判断历史趋势和辨析历史事实的基本标准。古往今来的历史书写者都会相互指责对方笔下的偏见。如果说眼下是马克思主义史家和资产阶级史家在进行这种交锋，那么在过去的几个世纪中，类似的交锋在基督教史家与新教史家之间、在辉格派党人与托利派党人之间、在旧秩序（ancien régime）的支持者与革命者之间，甚至是在相信上古罗马确有七位皇帝的人和不相信此事的人之间，都自发地存在。所以，海登·怀特教授所谓的历史研究是修辞学的一种形式、历史学的研究方法来自修辞术等主张，也并非前所未有之言。我已提到，一部分历史学家仍然记得，公元前 4 世纪的伊索克拉底学派（the school of Isocrates）已经形成了一种关于历史和修辞之间关系的问题意识：无论二者是何种关系，历史学的问题是要免于修辞学的侵吞，这一点是古今皆同的。即使是针对史家能否实现实证的怀疑也并非新论。历史怀疑论是 17 世纪的一种流行病。多年前我已注意到，由于发现了更好的处理方式，就像疾病被寻常地治愈了一样，17 世纪的这场风波也已平息。17 世纪末与 18 世纪初的古物学者以更可信的证据回击了那些质疑史家史料的怀疑论者。当编年史和历史探究（histories）不够可靠时，他们便转而利用钱币、铭文和纸草。当风波最终平息时，批评家们发现，并非所有的编年史和历史探究都是不可信的。任意一种史料都可以通过多种方法加以检验。如今我们听到的许多反历史的主张，以及针对历史实证的质疑，在以往都曾出现过，并被驳斥过。

然而，仅仅说明这些情况不过是老调重弹是不够的。首先，相比于过去，现在针对历史客观性的怀疑论更加普遍，也更加复杂。其次，近年来，在教育领域及社会领域，历史研究的重要性也远超以往。在我看来，这两点是相关的。当前历史的实证价值所面临的危机，与 19 世纪历史学地位的变化有关。我们必须重新反思历史学的适用范围。

所有关于历史的讨论都必须意识到历史学的局限性，由此，也必须意识到历史学的适用范围的局限性。如果我们想当然地认为，历史学能够回答现实生活的目标是什么，或是如何创造未来等问题——这都不是历史学能够回答的问题——便错误地定位了自己和历史学。造成这一问题的部分原因恐怕是，历史学是在这一两个世纪才成为了一门学校的教育科目，而即使是最保守的估计，它在 25 个世纪之前，就已经是一项研究和书写活动。相比于哲学、数学、语法学、修辞学或神学，作为一门教育科目的历史学还非常年轻。它既没有出现在希腊-罗马的学园中，也极少被视为中世纪的“三艺”（trivium）或“四艺”（quadrivium）科目。而西方国家的高校何时开始教授历史，的确是个尚无定论的问题。因此，我怀疑，由于缺乏经验，进行历史学教学（我必须重申，作为一项研究的历史学是极为古老的，但它作为一门教育科目还极不成熟）的学术教师们夸大了历史学的主张，由此便为那些不乐见历史真实面貌的人，提供了利用历史达成某些意识形态目的的可乘之机。即使是在遍布历史教授的 19 世纪，也很少有最好的历史学家是专职的历史教授。19 世纪最伟大的三位古代史学者分别是：高官尼布尔（Niebuhr）、银行家格罗特（Grote），以及法学教授蒙森（Mommsen）。就目前关于历史的性质和目的的讨论而言，我有意提请各位注意一个被忽略的基本事实：在历史学成为现代学校教育的一门科目前的两千年里，历史书写面向的对象是成年人。

囿于目力有限，我尚未找到一部关于历史教育通史的典范性著作。不过，我知道有一些此类的断代史著作；它们中最出色的当数弗里德里克·鲍尔生（Friedrich Paulsen）的《历史教育史》（*Geschichte des gelehrten Unterrichts*），它在 1884 年首次出版时还是非常实用的。人们会记住鲍尔生引自斯宾诺莎的名言："不喜不悲，不讦不骂，唯求理解。"（*neque ridere, neque fiere, nec detestari, sed intelligere*）令人遗憾的是，鲍尔生的考察只涉及德国的学校，而且只追溯到文艺复兴时期。

二

那么，如果不是学校的教育科目，历史学在古代希腊和罗马又是什么呢？不管它是什么，至少从公元前 6 世纪起，它就有别于单纯的事件记载。当然，任何社会都需要记载各种事件的记录员，而在公元前 1000 纪的一些东方社会之中，个别记录员使用的纪事方法也很复杂。但是，如果我们暂时不提希伯来人在《圣经》中的历史书写，不管是在东方世界，还是在早期的希腊世界，没有任何记载能够与公元前 6 世纪末及公元前 5 世纪首见于希腊的记叙相提并论。这是第一次有一群人在既无明确的外因趋势，也不担任公职（包括宗教性的和非宗教性的）的情况下，以批判的态度去考察过去发生的事件。他们或是明确地对既往的叙事提出批评，或是宣称在使用一种他们眼里的新方法来书写自己的见闻，并做好了回应其他方法的准备。据我们所知，这群人中的第一个是米利都的赫卡泰乌斯（Hecataeus of Miletus），他在公元前 6 世纪末修订了我们所谓的希腊人的神话叙事传统，为后世提供了一个更可信的版本。他在自己作品的序言中毫不讳言地指出，既往的“希腊人的记载虽多，但也是荒谬的”。在他之后自然是希罗多德和修昔底德，他们分别通过记叙希波战争和伯罗奔尼撒战争，成为了希腊历史书写的大师。希波战争发生在希罗多德的孩提时代，而伯罗奔尼撒战争则爆发于修昔底德成年时。赫卡泰乌斯致力于批判地记叙流传了数个世纪的叙事，希罗多德和修昔底德则试图有条理并可靠地书写当代或近代的事件。在这三个我们极为熟悉的人身上（尽管赫卡泰乌斯的作品只有残篇传世），可以发现一种新型的人：他们的研究只为追寻或近或远的过去中的真相。他们清楚，如果想要呈现事实，就必须进行批判性的工作；换言之，他们必须确定一种检验证据的方法。而由于他们形成了证据检验法，这些人的出现也就意味着批判性的历史学的诞生。没有理由认为赫卡泰乌斯和修昔底德借助自己的作品获取了物质收益。但希罗多德的情况不同，传说他从雅典人处得到了 10 个塔兰特（talents）的奖赏。这笔奖金的相关问题不是本文讨论的重点。我只想指出，如果这个数额是真实的，那么它相当于一名雅典劳工 166 年的工资。诺贝尔奖的奖金也无法与它相提并论。无论如何，希罗多德似乎用自己的历史书写赚到了钱。他之所以成为“历史之父”，也是由于他证明了人们可以在克丽奥（Clio）女神的帮助下赚钱。其他史家也因循此例，色诺芬得到了斯巴达人赠予的财产；通过为亚历山大著史，卡利斯提尼斯（Callisthenes）开拓了新事业，又尝到了苦果。汉尼拔也安排了一些希腊人在自己的大本营记叙他的征伐。然而，古希腊史家从未成为史官。他们在尽可能地捍卫自己的言论自由。既有乐于拥护罗马皇帝的史家，也有因触怒了罗马皇帝而被毁去作品，甚至失去性命的史家。已知的首位焚毁史著的皇帝是提比略（Tiberius）：他的受害者是克瑞穆提乌斯 · 科尔杜斯

（Cremutius Cordus）。我们所继承的历史研究的传统大体上仍以个人主义的进取精神和言论自由的理念为基础，这一传统由古希腊史家提出，随后为古罗马史家所效仿。

历史传统在后世的延续就取决于罗马人的效仿，值得注意的是，所谓的“大祭司编年史”（annales pontificum），也就是罗马官方宗教对公共事件的记载，极易形成国家史的书写。实际上，那些与宗教编年史保持距离的顽固派元老院议员，比如法比乌斯·皮克托（Fabius Pictor）和老加图（Cato the Censor），都体现出遵循希腊个人主义史学传统的倾向。这意味着史家可以自由地选择自己历史书写的主题、自由地决定投入历史研究的时间精力，以及，在综合考虑自己的潜在受众和赞助者意见的情况下，自由地判断自己的社会地位。我们知道，出于安全上的考虑，有些史家的作品在完成后是秘而不宣的，他们期望在自己去世后有所改观的现实条件下将其公诸于世。因此，古代史家历史书写的传统以个人责任感为基础。有许多史家选择书写琐碎而不可靠的主题是不足为奇的。历史研究和传闻逸事的书写之间没有明确的界限，两者都被称为“探究”（historia）；在以意大利语为代表的一些语言中，“故事”（storia）一词仍然可以同时表达这两种含义，而现代英语的“历史”（history）和“故事”（story）的含义之间的区别也极小。幸运的是，传世史著的作者大多是古代希腊—罗马最严谨的史家。不过，如果亚历山大的图书馆没有被付之一炬，我们一定会震惊于其中堆积的历史废料的数量。

由于史家不参与教育年轻人的常规工作，自己也没有接受过规范化的训练，所以他们只具备最低程度的专业性。史家向自己的成年受众提供源于经验的指导。他们预设人性是统一的，一些具体的情况会以相似的形式重现——这种预设是合理的——他们运用自己的所知服务于那些愿意购买其作品（这是常有的）、愿意参加其作品的朗读会的人。即便是道德败坏、信口雌黄的史家，也不得不宣称自己是诚实可靠的，并处心积虑地避免被轻易揭穿。因此，即使是对那些只在口头上标榜真实的人而言，求真务实也是史家一职的标签。在我目力所及的范围内，只有一个突出的例外，那就是亚里士多德学派（the school of Aristotle）关于政权的组织形式、传记的分类，以及思想观念的历史等内容的系统研究。这一学派在很大程度上相当于一个学术研究团队。他们的目标是建构以经验知识为基础的哲学体系。但亚里士多德的效仿者极少。而且他也没有宣称他的历史研究可以取代哲学沉思或普遍规律。古代希腊-罗马世界的史家及其后继者从未想过，他们可以取代宗教导师、哲学家、伦理学家，抑或是占星术士。史家所传授的内容没有内在的普遍性及必要性。尽管波利比乌斯几乎宣告了他的政体循环论有普适性；但这一理论只是他在书写历史时提供的哲学批注，据我所知，他没有将有关理论运用在自己的历史写作中。在古代，史家很少对人类的生活方式和人生理想提出建议。

犹太人和基督徒的情况则是例外。他们的《圣经》既是一种信仰表达，也是一种历史记录：二者是一体两面的。此外，不同于一般的史著，《圣经》在一定程度上既是校园中的教科书，也是犹太教会和基督教堂里的读本。然而，关于我们所谓的“神圣历史”（sacred history），犹太人和基督徒抱有的特殊态度所形成的影响，或许不如我们预期的那般显著。在古希腊-罗马时代，甚至是在中世纪，对《圣经》权威性的承认没有影响历史书写者书写历史时的态度。我必须强调是“历史书写者”，因为从公元2—3世纪起，犹太人中断历史书写的时间长达千余年。这本身就体现出一些问题，不过，它对基督徒的影响是微乎其微的。当尤西比乌斯在公元4世纪开创教会史，也就是根据基督徒的情况改编《圣经》的历史时，他当然有了追随者和效仿者。但在一百年后，教会史开始失去生命力，与传统的帝国史或地方史混为一谈。直到一千年后，西欧世界因宗教改革而分裂，教会史才作为“神圣历史”得到复兴。值得一提的是，《马德堡百年史》（*Magdeburg Centuries*）是近代欧洲最早由集体创作的史著之一：它的出现在一定程度上表明，在16世纪的宗教战争和国家专制主义的历史背景下，历史学将承担起新的重任。

当然，我们发现在宗教改革之前，历史书写的关注点大多集中在与独立国家、修道院等机构，以及教会组织有关的事件上，但源自古代希腊-罗马的历史传统的前提仍在生效。与以往一样，历史学几乎没有影响到未成年人的基础教育。它仍致力于帮助成年人去记忆、理解过去，抑或是提供消遣。在当时的世界上，或者至少在欧洲地区，语言和制度远比古代罗马时期复杂得多，由此，相应地，对历史写作者及其读者而言，辨析史料的真伪也变得更加困难，但史家仍然受制于一条戒律：他们有责任揭示真相。同时，还有一件事是不言而喻的：即使是最出色的十字军编年史或最精彩的圣徒传记，也无法取代神学、哲学和道德训诫。真正出现变化的是，个体史家与他工作时的社会结构之间的关系。古典时期的史家往往以独立书写者的身份出现，并宣称自己有权利评价自己的同辈人；而中世纪的史家则大多匿名或半匿名地归属于某一教派组织。所以，他们会在其所属的组织中学习如何继续前人的工作。如果有史家效仿古代的历史书写者，那么这可能是其导师教导的结果。可以认为，在公元 10 世纪末，兰斯的里歇尔（Richer of Rheims）的导师，也就是后来的教皇西尔维斯特二世（Sylvester II），教导他去效仿恺撒大帝的《高卢战记》（*De Bello Gallico*）。当一个多世纪后，书写第一次十字军远征的编年史家，沙特尔的弗切尔（Fulcher of Chartres）将法兰克人比作“以色列人或马加比家族的成员”（Israelites or Maccabees）时，我们甚至可以认为他是无师自通的。以历史人物为范是谦逊的表现。史家清楚，他们不是创造历史的主体。史家作品的终极意义可以在《圣经》（以及启示文学）之中，抑或在圣奥古斯丁的笔下呈现——但这些都有别于史家的历史书写。

三

在文艺复兴时期，出现了一个重大的变化：历史学开始进入中小学和高校，缓慢地发展为一门教育学科，历史学家也由此在教育系统中获得了一席之地。就一定程度上而言，描述这一变化的一部分困难在于，历史写作照旧在以修道院、主教行宫、市政厅和皇家宫廷为代表的各大机构中进行，而在这些地方，编年史家或一般史家的职责可能需要服从于其他的职能要求。一名修道士可以作为史家进行历史书写，但他不会在身份上被看作史家。后世所熟知的是作为编年史家的富尔彻（*Fulcher*），但他的同辈人大多将他当作神父和鲍德温一世（Baldwin I）的侍从来看待并尊敬。中世纪的本笃会（Benedictine）编年史家与 17—18 世纪的那些通过历史书写服务于专制统治的学究（the érudits）有一定的相关性。法国宫廷、热那亚或威尼斯王朝的官方及民间编年史家便为文艺复兴及之后的宫廷和民间史家提供了历史书写的方向。但是，在文艺复兴时期，所有的官方史家都能从各自服务的国家获得酬劳，同时实现了影响力及权威性的空前提升，这些情况都为历史学发展为一门教育学科奠定了基础。这一时期甚至可以视作一个过渡时期，由于此时的高校尚无专门的历史学教职，历史学家们便在其他传统学科岗位上工作，他们在工作时需要完成一项额外要求，抑或说需要履行一项特殊义务，那就是在本职工作外以适当的方式进行历史书写。保罗 · 乔维奥（Paolo Giovio）和卡洛 · 西格尼奥（Carlo Sigonio）分别在罗马和博洛尼亚获得了哲学和人文学的教职，以便让他们以历史学家的身份工作。在 17 世纪和 18 世纪，皇家招揽历史学家的方式更为隐秘，能够发现，像莱布尼茨和休谟这样前途无量的历史学家（这是后世对他们的印象），都被任命为图书管理员。同样地，穆拉托里（Muratori）也是一名图书管理员。17 世纪和 18 世纪的学院则提供了介于皇家资助与高校聘任之间的另一种过渡形式：为历史学家提供养老津贴，有时甚至在资深学者的指导下培养青年历史学家。从法兰西碑铭学术院（Académie des Inscriptions）1701 年的章程的内容来看，它无疑是 18 世纪早期对历史研究贡献最大的学术机构——在这里专门研究历史学的 40 名学院院士（académiciens）中还包括

10名学员（élèves）。

不过，真正的变革发生在高校正式将历史教学引入课堂之后。推进设置历史学科教职的进程是十分缓慢的。据我所知，它往往以两种潜移默化的方式进行。第一种是拓展历史教学必然涉及的内容，在当时就是加强对希腊-拉丁语史料的阐释，无论是否从历史学的角度解读这些文本。在古代和中世纪，人们指导男孩们去阅读一些史家的作品，把它们当作文学的范例；还指导他们援引史事作为修辞学的素材。一些历史学的内容——几乎是不自觉地——时常通过语法和修辞的教学进入学校。当时在课堂上导读《埃涅阿斯纪》（*Aeneid*），却不补充有关的历史背景信息的教师确实堪称勇士。随后，在文艺复兴时期的院校，这种隐晦的拓展被有意识地放大到在人文学科中为历史学赋予一定自主权的地步。尽管由德国耶稣会士提出的一个更高要求，也就是在新的教育体系中正式承认历史学的学科地位，终究没有得到耶稣会学校的《教学大纲》（*The Jesuitic ratio studiorum*）的接受，但《教学大纲》肯定了古代希腊-罗马史家的历史解释在人文学科教育中的重要性。新教信徒中，在耶稣会士之后树立了权威范式的是梅兰希顿（Melanchthon）。在他影响到的所有地方，比如维滕贝格、马尔堡和海德堡，都会从古代史家的历史解释中形成一定的历史学教育。在1560年前后的维滕贝格甚至有每周六上午九点的历史学授业。大约同时，梅兰希顿的学生大卫·凯特雷斯（David Chytraeus）进行了有关希罗多德和修昔底德的讲学。据我们所知，讲学比较了希罗多德的历史书写与《圣经》的文本，修昔底德则被用来讨论当代的情况。这只是几个例子。我们还可以补充一点：1622年牛津大学的历史学讲师（praelector of history）是第一个获得专门的古代史教职的历史学家。他的法定职责之一是评价弗罗鲁斯（Florus）和其他古代史家。

通过耙梳专门搜集或偶然获取而来的史料，可以追溯到历史教职的设置过程；在这一过程中，最有效的推介历史学的方式，似乎是将历史学与其他学科综合在一起，与它结合的对象包括：法学、辩论学，抑或是古希腊及拉丁语言学，等等。在此，我想以莱顿大学这一我最喜爱的高校为例。1579年，在莱顿大学建校四年后，尤斯图斯·利普修斯（Justus Lipsius）获聘为“历史学与法学教授”（professor historiae et iuris）。在他饱受非议地出走后，这一教职的继任者斯卡利杰（Scaliger）以罗马史和古物学教授的身份获聘；不过，我们知道斯卡利杰其实没有确切的学术任务。1622年，格哈德·约翰·福修斯（Gerhard Johannes Vossius）获聘为“历史学与辩论学教授”（professor historiarum et eloquentiae）。佩里佐尼乌斯（Perizonius）在1693年获聘的教职则是“辩论学、希腊语及历史学教授”（professor eloquentiae, Graecae linguae et historiarum），他被尼布尔视为自己唯一的前辈，据我们所知，他也教授近代史。而18世纪末的维滕巴赫（Wyttenbach）则理所当然地作为“普遍历史、罗马古物学与拉丁作家”的研究者获得了莱顿大学的同一个教职。还有两个相对简单的例子：在17世纪下半叶，被后世认为在学术史上首次区别了中世纪和近代两个时期的克里斯托弗·凯勒尔（Christopher Cellarius），其实在哈雷（Halle）以辩论学教授的身份进行古代史和近代史的授课；在1577年的法兰西学院（Collège de France），历史学首次现身于“历史学与伦理学”（histoire et morale）的综合教职。值得一提的是，这也是米什莱（Michelet）在1838年的法兰西学院获聘的教职。我并不为米什莱感到遗憾，但我为他的前辈、现代希腊碑铭学研究的奠基人勒特罗纳（Letronne）而遗憾，这个不太恰当的称谓被他勉强用到了1838年，在这之后才有与他的工作更匹配的教职。至于专门研究近代史的教职，只需知道牛津大学的近代史教职设置于1724年即可。从1627年起，剑桥大学就安排了历史学的通识授课。但首位主讲教授很快就被赶跑了，之后又迟迟没能找到继任者。埃丁伯格（Edinburgh）在这里讲授了几年的教会史后，于1719年被聘为文明史教授。1778年，耶鲁大学设置了美国首个历史学教职；据我所知，1839年，哈佛大学才设置了本校首个历史学教职。我尚未提到历史学教职在意大利高校中的设置情况，因为我不确定在18世纪以前的意大利，是否有高校设置了历史学教职。1743年，本笃会修士维托·马里奥·阿米科（Vito Mario Amico）成为了卡塔尼亚大学的文明史教授（之后，他又被提拔为皇家史官）。1784年，颇具创造性的文学评论家安儒利奥·伯托拉（Aurelio Bertola）被任命为帕维亚大学的普遍历史教授。直到18世纪上半叶，帕多瓦大学都没有设置历史学教职。我的母校都灵大学1405年建校，它在1847年任命了第一位现代史教授埃科勒·里科蒂（Èrcole Ricotti），它任命的第一位古代史教授则是我的导师和前辈盖塔诺·德·桑蒂斯（Gaetano de Sanctis）。无论高校历史研究的缓慢发展还有哪些细节，可以肯定的是，在18世纪下半叶，哥廷根的新高校乔治亚·奥古斯塔大学提出了历史学的首个有组织性、连贯性的学术研究模式。在调和了德式、英式政体与博雅学科的氛围下，部分学者所阐释的历史研究的概念和方法（他们称其为普遍历史）在19世纪得到了广泛的接受。尽管乔治亚·奥古斯塔大学以吸引了众多来自英国、俄国，以及神圣罗马帝国全域（那里也覆盖了来自法国和意大利的学生）的学生为荣，但政治史、公共法和行政管理学等培养未来统治者的专业，并不是这所高校仅有的特色专业。文化史、宗教及神话史、文学，以及最具代表性的经济史和统计学，在哥廷根形成了至少一部分现代学科的基础。加特雷（J. C. Gatterer）在哥廷根提出了辅助学科（纹章学、谱系学、外交学、历史地理学）的概念，并在他1767年创设的《历史通识文献》杂志的创刊论文“历史规划”中，举例说明了一般的历史研究的规划方式。在哥廷根，威廉·冯·洪堡（Wilhelm von Humboldt）的思想渐趋成熟，并最终促使他创设了柏林大学；而一般认为哥廷根教授希伦（A. H. L. Heeren）奠定了俾斯麦的历史学教育的基础，尽管他个人认为小国之间存在权力制衡。技术性的发展也在各地陆续出现：1824年，巴黎成立了法国文献学院（École des Chartes），它的选址距离圣日耳曼德佩区不远，约一百五十年前，马比永（Mabillon）在圣日耳曼德佩修道院写下了第一本现代外交学专著；1854年，特奥多尔·冯·锡克尔（Theodor von Sickel）在维也纳创设了模式化的历史研究所（Institut für Geschichtsforschung）。我认为，最先将学习和研究历史学的教育院系引入美国的高校的，是约翰斯·霍普金斯大学和芝加哥大学，从有关院系的基本特征上看，它们还是哥廷根模式的翻版。它们以培养学生的自主研究能力为目标，同时，它们还预设学生对任何国家的过去都可能产生无穷无尽的兴趣。它们旨在为文明的发展提供一种可靠的理解方式。就像本杰明·贡斯当（Benjamin Constant）提到的，哥廷根大学的教授的工作时间是朝五晚六。这也是我们仍然应该做到的，只不过，我们的工作周期更多是晚五朝六。这种模式还有一些其他预设：首要的一条就是，确认过受聘的教师具备必要的授课资格后，高校有义务保证他们在研究和教学上的自由。

我在一定程度上认可有关预设。事实上，应该以更加认真的眼光看待哥廷根模式的某些特点。现在，大多数高校仍然以教授文学史、科学史、法律史和宗教史等专题史为主，而不涉及通史的内容。然而，由于历史学家首次承担起了教育年轻人的历史责任，一些不只出现在理论层面的危险趋势已然出现。在过去，教书育人并非历史学家的主业。他们的工作是向成年人解释某些具体情况为何会出现，以及人类在有关情况下采取了怎样的行动。他们知道，他们的沟通对象是一些笃信宗教或具有哲学信仰的人，抑或至少是一些已经形成清晰稳定的价值观的人，这些人都能基于自己的认知确定个人信念和行动准则。无论历史学家在不经意间表达了什么，他们都不会宣称自己已经探索到了人类生活的奥秘，也不会宣称已经找到了能够取代神学、哲学或自然科学的答案。当他们同成年人对话时，就必须为其所述提供证据支持。他们清楚，倘若被人发现在说谎，他们便会失去一切信用。正如我不厌其烦地重复的，务实求真是他们必须遵从的戒律。

如果只因历史学家化身为了教师，便声称他们失去了自己的边界感和责任心，是十分荒谬的。事实上，19世纪和20世纪的历史研究发展出的一个最令人欣慰的特点便是，有许多新的发明可以用来检验事实、揭穿谎言和伪造。例如，出色的辞典就是极佳的测谎仪。然而，历史教学的确很容易提升立场先行的吸引力。在我看来，这也导致了解释事实与发现事实之间的不平衡。在我们的高校授课中，相比于发现新事实，更为频繁地去解释旧事实也许是不可避免的。不过，只有发现新的事实，才能维持历史学对证据的依赖；新证据的发现也将对既定的结论形成永恒的挑战。毫无疑问，真正的历史学家会因为发现了新的史料而欢欣鼓舞，即使这些史料与他们笃信的某些认识相悖。

然而，相比这些，还有一个更为重要的情况。只要能够增加和完善检验史料的方法，便可以改善面向证据的怀疑和忽视，然而，还有一个虽非历史学家所为，但却与他的教师身份息息相关的例外情况。一般的宗教、哲学和道德信念已经失去了权威性。于是，人们便转而向历史学家寻求关于人类未来发展的指导。此外，要求历史学家提出有关过去的宗教式的解读或道德上的评判也变成了一种普遍现象，但这些都远远超出了所有历史学家的能力范围。一旦历史学家被要求承担他们力所不能及的任务，他们便会落入前文提到的窘境中。而在随之而来的混乱中，人们很容易声称历史学家的使命不是提供有关过去的客观信息，而是提供面向未来的参考。这正是那些将历史学定义为一种修辞学的形式，否定历史学家探寻过去的能力，却还期望他们勾勒出未来蓝图的人所持的立场。我们不应对一个基础性的观点有任何疑虑。那就是历史学家的工作由史料证据，而非语言修辞决定。历史学家必须以普适性的标准来判断自己的证据。他不能认为真理的标准是相对的，适用于今天的真理到明天就不再适用了。

历史研究的基本预设是：人类有能力，并且有权利在证据的基础上去审视自己的过去。毕竟，为了在微观个体的层面去理解自身，这是所有人每天都在反复做的事情。此外，严谨的历史学家不会自欺欺人地认为，历史学可以代替宗教、哲学抑或普遍的道德信念，指导人类的必要活动。我们必须对历史预言家保持警惕。在建构和解释过去的具体情况如何发展这一问题上，历史研究已经做了充分的工作。在拣选需要被证实的情况时，立场先行是不可取的：我们必须依据自己的实际情况和研究需求做出判断。而我们所选择的研究和教学的主题，自然是个人的、主观的，并且极有可能取决于自己的宗教、哲学或道德信念。更重要的是，当有关研究或教学开始时，我们必须以既有的或有望找到的证据为前提。在具体研究中，历史学家不应该受到研究本身的价值导向的影响。否则，历史研究的成果将不得不受到我们在形成历史学的结论之前，就已经出现的行动立场，如宗教、哲学或道德信念等方面内容的审视。掌握有关过去的知识，是指导行动的必要条件，却不是指导行动的充分条件。如果我们不牢记历史是人类的过去，而不是人类未来的行动原则，我们便会发现自己缺乏对未来的了解。我想明确的根本观点是：即使是在已经化身为一门教育科目的时代，历史学也必须保持它的本来面目；也就是在写给成年人时，历史书写所揭示的过去。

作者简介：阿尔纳多·莫米利亚诺（1908—1987年），伦敦大学学院名誉教授、芝加哥大学亚历山大·怀特学者、比萨高等师范学校专任教授，代表作有《论古代与近代的历史学》《历史学研究》《现代史学的古典基础》等。

译者简介：阿慧，中国社会科学院历史理论研究所助理研究员、博士后。

普遍史还是普世史？*

汪　丽　红

摘要：长期以来，universal history在汉语世界里被称为普遍史或普世史，并无定说。由于西方universal history本身亦经历千年变化，在不同时期，其思想内核并不相同，该词没有形成固定对译，从而造成读者困惑。本文从该词在中文里的翻译和接受过程出发，梳理西方通史从古希腊-罗马的“οἰκουμένη”到中世纪“universal chronicles”，再到近代“universal history”的大体演进过程，分析其间历史思想内核的转变，以期有所助益。

关键词：人居世界　普天之下　普遍史　普世史

普遍史和普世史是中文学术界经常使用的词语，然而在实际使用过程中常常混用。例如台湾学者黄进兴认为“当今‘世界史’（world history）的前身，原称作‘普遍史’（universal history）。‘普遍史’原来染有浓郁的宗教色彩，乃西方史学亘古以来的特殊题材……哲学家在18世纪千方百计勠力从神学家那里把‘普遍史’抢救过来”②，并以兰克为起点考察了近代普遍史的转变。大历史的创始人之一大卫·克里斯蒂安则认为“普世史（universal history）是

* 本文系国家社科基金资助项目“12世纪文艺复兴与通史编纂中的‘世界主义’”（项目编号：19BSS010）、国家社会科学基金2022年度重大招标项目“西方历史理论发展史”（项目编号：22VLS016）的阶段性成果。

② 参见黄进兴：“从普遍史到世界史和全球史——以兰克史学为分析始点”，《北京大学学报》2017年第2期。

在启蒙运动期间和19世纪建立起来的”[①]，指出兰克受到黑格尔和马克思的影响，把历史研究的最终目的放在创立普世史上。两位所谓普遍史、普世史皆系同一英文词universal history，不过前者认为应当称作普遍史，后者的中文译者则将之翻译为普世史。有意思的是，同为台湾学者的方志强指出“‘普世史这种类型的研究为希腊化时代的产物’”[②]。三者并置，似乎多有矛盾和混乱。笔者以为，其中既有中文翻译问题，即中文世界与西方历史传统的碰撞，也有universal history在西方历史当中层叠累积造成的模糊性。

一、一个翻译引发的问题

19世纪西方文化急速冲击进入中国，相应地涌入了众多外来词汇，这一时期的各类词典集中反映了其时中西双方的初认识。1847年英国传教士、汉学家麦都思主持编写两卷本的英汉字典，将the universe一词翻译为宇宙；[③]1902年商务印书馆出版的《华英音韵字典集成》第一版[④]将Universe解释为宇宙、天地、乾坤、六合，并在History条目下，将a universal or general history翻译为“通志、通鉴、统志”。[⑤]也就是说最初精通中国文化的外国人和常年跟外国人打交道的华人直觉地主张把universal history理解为通史。

20世纪初，西方史学观念传入中国，对中国传统史学产生了颠覆性影响。1921年首倡“史学革命”的梁启超指出：“今日所需之史，当分为专门史与普遍史之两途。……普遍史并非由专门史丛集而成。作普遍史须别具一种通识，超出各专门事项之外，而贯穴乎

---

① 〔美〕大卫·克里斯蒂安主编：《简明大历史》，杨长云译，中信出版集团2019年版，第3页。

② 方志强：“古代西方的普世史传统”，《史学史研究》2011年第4期。

③ W. H. Medhurst, *English and Chinses Dictionary*, Shanghai: Mission Press, 1847, p. 335.

④ 汪家熔：“《商务书馆华英音韵字典集成》——国人编纂的第一部大型英汉双解词典”，《出版科学》2010年第4期。

⑤ 《华英音韵字典集成》，上海商务印书馆1902年第一版，第834页。

其间。夫然后甲部分与乙部分之关系见，而整个的文化，始得而理会也。”[①] 虽然无法确知梁启超这里所谓普遍史是否来自西文universal history，但受到了库朗日和瑟诺博司等人西学的影响无疑。[②] 大约五六年后，何炳松则将专门史区别于通史：“是故所谓通史实即共通之历史。……其特性在于描写具体之真相，叙述社会人群之行为与伟业。故通史之为物无异一切专史之连锁；通史中之事实无异专史中事实之配景。实际上此种共通事象之足以联络或驾驭人类之特殊活动者，皆属影响及于大众及足以变更一般状况之事实。”[③] 并指出西方通史传统出自波利比乌斯，所谓“故自波利比乌斯以来即有世界史——此当然指当时是西洋人已知之文明世界而言——之出现。此种历史之世界概念由西元后四世纪之教会著作家如圣耶罗默（现通常译为哲罗姆。——引者）、圣奥古斯丁辈传至日耳曼蛮族入侵后数百年间之编年史家；再自阿波卡利普西斯（Apocalypse，即《圣经启示录》。——引者）得到一种划分历史之标准，即君主之承继是也。此种概念自此贯彻中古时代之全期，直至波苏哀（现多译波舒哀。——引者）著述《世界史论》（Bossuet: *Discours sur l'histoire universelle*）为止”[④]。梁、何两位作为“中国新史学派的领袖”都力主将“普遍史”或“通史”作为改造旧史学的重要方式，对西方的这类史学题材均有一定认识，其中何炳松尤甚，直面了universal history一词及发展史。不过此时尚未将普世一词与之关联。

随着中国学者对西方史学持续深入的研究，越来越多的学者认识到universal history与中国通史的巨大差异。20世纪90年代何兆武先生翻译《历史理性批判文集》，注释康德所谓Allegemeine Weltgeschichte一词，指出该词相当于英文的universal history或法

---

① 梁启超：《中国历史研究法》，见《梁启超史学论著四种》，岳麓书社1985年版，第144页。

② 参见胡昌智、李孝迁：“《史学原论》及其在中国的接受——代前言”，载王东、李孝迁主编：《历史研究法二种合刊》，上海古籍出版社2018年版。

③ 何炳松：《通史新义》，广西师范大学出版社2005年版，第84页。

④ 同上书，第82页。

文的histoire universelle，认为按字面上通常可译作“通史”或“世界通史”。但作者，即康德使用此词并不是指通常意义的通史或世界通史，而是企图把全人类的历史当作一个整体来进行哲学的考察，故此处作“普遍的世界历史”以与具体的或特殊的历史相区别。[①]2002年，刘家和先生发表“论通史”一文，系统梳理了中国传统历史思想中“通史”一词与可能被译为通史诸英文词的异同，列举General history, Universal history, Global history, Ecumenical history, Total history，指出其中最容易译作“通史”的是Universal history，同时也可译作普遍史或普世史。[②]

将universal history译作通史容易与中国本有的通史概念混同，从而将忽略西方史学传统与中国史学思想之间的差异，然而对普遍史或普世史不加区分，同样会造成混乱。实际上，普世一词是跟着基督教进入中文的，自带浓厚的一神教色彩。[③]赵鸣提到兼通汉学的法国哲学家朱利安赞同将universal译为“普世”，“原因在于用‘普世’可以制造出一种距离感和陌生化的效果，提醒中国读者这是一个标准的西方词汇，具有强烈的宗教普爱观色彩，并非汉语原有”[④]。至于中文学术界什么时间将普世与universal history对应起来，由于笔者学力所限，未及追溯，推测与20世纪80年代以来哲学界开始从伦理学角度讨论普世主义、普世价值相关，史学界也日益觉察universal携带的宗教、伦理色彩，部分学者开始自觉或不自觉将universal history称为普世史。

普世一词进入中国百余年，已经成为学术界常用语，并且逐渐渗入日常用语。目前绝大部分汉语词典在“普”字之下涉及普遍、普遍性词条，偶有普天下词条，几乎没有普世一词，但还是有少量

---

① 参见〔德〕康德:《历史理性批判文集》，何兆武译，商务印书馆1996年版，第18页。

② 刘家和:“论通史”，《史学史研究》2002年第4期。

③ 如前面提到的1902年《华英音韵字典集成》将universal favour对译为善恩，universal love译为普爱、博爱等，第1714页。

④〔法〕朱利安:《论普世》，吴泓缈、赵鸣译，北京大学出版社2016年版，“代译序”，第6页。

词典设置了普世词条。如《实用现代汉语词典》分列词条，即普遍：形容词，广泛存在的；具有共同性质的；普世：1. 名词，普天下，举世。2. 世界上普遍认同的。[①] 商务印书馆出版的《全球华语大辞典》，普遍：广泛存在的；具有共同性的。普世：1. 全天下；举世；2. 为世界普遍认同的。[②] 可见普世已经被汉语世界接纳，并与普遍之间存在微妙的差别。普遍作为形容词，有广泛存在，不意味着全覆盖，具有共同性质之意，而普世作为名词意为普天下，举世。正如朱利安指出，"普世，……它是思之法则，强制专横，不容有违背。……它当然是一个先验性的必然，即先于一切经验事实的存在。至少在这一点上，它绝不妥协，并因此成为人们进入哲学的门槛"[③]。因此要弄清楚 universal history 在汉语中究竟作何理解，必须回溯西方 universal history 的具体内涵。

西方近代以前几乎没有史书自称 universal history，目前所知第一本如此命名的历史著作系 14 世纪初德意志地区一位巴尔豪森神父（Sigfrid von Ballhausen，卒于 1306/1307 年）所写的 *Historia universalis*。该书根据《圣经》故事和前人史书辑录而成，神父去世后，很快经人修订补充到 1306 年，但书名也变成了 *Compendium Historiarum*。真正第一个影响力较大且自称 universal 的史书正是前文何炳松提到波舒哀的 *Discours sur l'histoire universelle*，直到 19 世纪末该类型的历史"突然彻底消失"[④]。

作为相对晚近诞生的史学用语，universal history 对西方学术界而言，同样是一个非常麻烦的名词。[⑤]2010 年蒂姆·康奈尔（Tim Cornell）、安德鲁·菲尔（Andrew Fear）和彼得·利德尔（Peter

---

① 参见实用现代汉语词典编委会编：《实用现代汉语词典》，吉林出版集团有限责任公司 2009 年版，第 904 页。

② 参见李宇明主编：《全球华语大辞典》，商务印书馆 2016 年版，第 1180、1181 页。

③ 〔法〕朱利安：《论普世》，吴泓缈、赵鸣译，第 3 页。

④ 〔美〕大卫·克里斯蒂安主编：《简明大历史》，杨长云译，第 3 页。

⑤ 参见 Michele Campopiano, "Introduction: New Perspectives on Universal Chronicles in the High Middle Ages", in Michele Campopiano and Henry Bainton, eds., *Universal Chronicles in the High Middle Ages*, 2017, p. 2。

Liddel）在给某书所写的联合导言中说道："正如它的名字所暗示的，universal history 试图比其他更狭隘的历史更全面地研究过去。在古希腊–罗马以后，universal historian 的独特主张是编纂一部历史记述，凭一部作品提供对过去最广泛的看法。然而，这一主张的实现是有问题的。这项工作应该关注地理范围的广度，还是时间深度，还是两者兼而有之？历史会结束吗？如果它真的结束了，那么这个结束是乌托邦式的（进步的顶峰）还是反乌托邦式的？作者能真正摆脱自己的文化背景对世界各地的历史发展进行冷静的描述吗？"[①] 撇开其间的学理不谈，在实际运用时，该词所指范围十分宽泛，既指称从古希腊、罗马具有普遍性质的历史著作，也指称中世纪基督教从创世或第一个人亚当的诞生到当代的著作，还指近代以来以波舒哀为代表的从人类之初进展到近代的历史纲要，甚至还指称以黑格尔为代表的世界历史哲学。虽然都称为 universal history，但随着时代演进，支撑在其背后的历史认识发生了翻天覆地的变化，因此非常有必要梳理其演变过程，才能理清该词的内涵，把握中文对译。

二、"人居世界"的普遍史

根据蒂姆·康奈尔、安德鲁·菲尔和彼得·利德尔三人的说法，新近一位系统研究古代这一主题的作者阿德索·努涅斯（Alonso-Núñez）给出了最纯粹的古希腊罗马所谓的 universal history 的定义，他认为"只有那些从最早的时代开始研究人类历史，以及他们所知道的世界各地的人"才称得上 universal historian。[②] 然而具备 universal 性质的希罗多德的《历史》没有从开天辟地说起，向炳松认为系通史源头的波利比乌斯讲述的历史时长不过七十余年，这与

① Peter Liddel and Andrew Fear, *Historiae Mundi: Studies in Universal History,* London: Bloomsbury Academic, 2010, Intro, p. 1.

② 参见 Peter Liddel and Andrew Fear, *Historiae Mundi: Studies in Universal History,* London: Bloomsbury Academic, 2010, p. 2。

中国史学之父司马迁从《五帝本纪》开篇直至《今上本纪》很不一样。实际上在历史学诞生的那个时刻，古希腊作为一个整体的文明出现的时间尚短，相较于同处地中海周边的古埃及、两河流域积累的祭司记忆和王表记录，它并没有成体系的历史记录。正因为是后发文明，当它睁眼看世界，首先关注到的自然是对其影响甚巨的更古老文明的兴衰起伏，在他者的镜像里觉察到了自我。[①] 因此，学界一致认为，古希腊-罗马历史学的“通”更多表现在空间范围上，容括尽可能多的民族、国家及其历史，而非时间长度。

希罗多德在《历史》第三卷给我们描述了一个“人居世界”（οἰκουμένη）的概貌：“印度人居住在最东方，最接近太阳升起的地方。由印度再往东，整个就是一片荒无人烟的沙漠了。”“阿拉伯地处有人居住的世界的最南方。”在南方偏于日没方向的地方，在那个方向有人类居住的最远的一块地方就是埃塞俄比亚。最西面即欧洲以西，“至于欧罗巴的最西面的地方，我不能说得十分确定”，“欧罗巴的北部地区有比任何其他地方要多得多的黄金；……无论如何，有一点是可以相信的，即在世界上最边远的地方，既然这些地方是环绕并且隔绝于其他所有地方的……”希罗多德所要讲述的正是这个人居世界里大国小邦兴衰的历史。[②]

从空间角度看，“人居世界”构成古希腊-罗马通史著作的核心概念。美国政治观念史家埃里克·沃格林认为该词是人对于立足于从水中脱颖而出的大地的经验，以及对于人的这片居住地与作为奥秘的众神相接之边界的经验。根据历史学者的词源溯源，“人居世界”源自希腊语动词“οἰκέω”（意为“居住”），首次使用可能是在公元前 8 世纪至前 6 世纪大殖民时代希腊人与更大范围的人群遭遇之时，通过在地中海范围内长距离旅行和探索，古希腊人对地中海

---

① 参见 François Hartog, *The Mirror of Herodotus*. Berkeley and Los Angeles, California: University of California Press, 1988。

② 〔古希腊〕希罗多德：《历史》，徐松岩译注，上海人民出版社 2018 年版，本段引文分别见第 352—353、356、359、360 页。

以及周边世界有了明确认知，其知识精英对已知世界及其形状进行勾勒，推动了“οἰκουμένη”概念的使用。[①] 无论源起如何，对于古希腊人的世界观而言，该词的重要性显而易见。

如果说希罗多德对人居世界的“历史统一性”表达尚不清晰，那么“由于亚历山大大帝的征服，οἰκουμένη 或至少是其中很大的一部分（以及包括希腊人曾对之特别感兴趣的所有非希腊民族的一部分）就变成了一个单一的政治单位……它变成了一个历史概念”[②]。随着亚历山大及之后的罗马在地中海区域持续扩张，希腊人的“人居世界”在史学家笔下开始产生新的内涵。如被罗马俘虏的希腊人波利比乌斯说：“因为我不像以前的历史学家，处理一个民族的历史，如希腊或波斯，而是要描述发生在所有人居世界的事件……”[③] 他不惜笔墨，仔细描述了人居世界的全貌，认为天下分为三块大陆，第一叫亚洲，第二是非洲，第三是欧洲，边界是顿河、尼罗河和海格力斯柱等，然后说：“我说这么多是为了让我讲述的事情在那些忽视地点的大脑中不至于无处安放，至少得有点主要地理分区的概念，能够在思考中联系起来，可以核对我的陈述，推算位于天宫哪一角落之下的地点。正如目光，我们习惯将脸朝向任何一个指向我们的物体，因此我们脑海里应该将目光投向引起我们注意的故事发生的每一个地方。”[④] 而“命运指引人居世界几乎所有事务朝向一个方向”[⑤]。波利比乌斯观察到人居世界经过罗马的征服与统治开始相互关联，走向一统。另一位史家西西里的狄奥多罗斯（Diodorus Siculus）则说：“同样，历史学家在记录有人居住的世界的共同事务时，就好像它们是一个国家的事务一样，他们的著作对过去的事件进行统一的清算，并建立了一个共同知

---

① 参见艾仁贵：“从‘陆地三分说’看欧洲中心主义下的洲际想象”，《历史研究》2022年第4期。

② 〔英〕柯林伍德：《历史的观念》（增补版），扬·冯·德·杜森编，何兆武、张文杰、陈新译，北京大学出版社2010年版，第33页。译者在这里将 οἰκουμένη 译为普世。

③ Polybius, *The Histories*, W. R. Paton, trans., Cambridge, MA: Harvard University Press, 1922, Vol. 1, pp. 332–333.

④ Ibid., Vol. 2, pp. 87–91.

⑤ Ibid., Vol. 1, pp. 10–11.

识交流中心。”[①]“但历史的力量，它延伸到整个有人居住的世界，随着时间的推移，它给所有其他事物带来了毁灭，它是一个守护者，确保它永远传递给后代。”[②]这两位史家从不同角度观察并记录人居世界的历史，深刻体悟人居世界历史维度的变化，即合为一体的趋势，对希罗多德公元前5世纪的“人居世界”进行了历史化改造。

总体而言，古希腊-罗马的universal history，史家视野所及即所谓“人居世界”的历史，处理的主体对象仍然是人类的经验世界。这种人居世界的历史并不包含那些无人居住的世界：例如当时史家们以为是荒漠的印度以东地区，他们所不知道的美洲地区等，当然也不包含大卫·克里斯蒂安等大历史学家所谓人类诞生之前的地球；也不包含非人世界，例如天使、圣徒灵体居住的天堂等。希腊语的“οἰκουμένη”后演化为拉丁语的“oecumenicus”，表达罗马统治下的世界或全球，最终演变成现代英文单词“ecumene”，这是古希腊-罗马人立足大地经验所得，构成了古希腊-罗马通史著作的核心特征，故此，本文以为表达实然的“普遍”一词更适合概括古希腊-罗马这类讲述“人居世界”历史的著作。

三、“普天之下”的普世史

公元3世纪罗马帝国开始崩溃，基督教的介入从理论上改变了古希腊-罗马“人居世界”历史的性质，从ecumenicity走向了universality。埃里克·沃格林对两者的差异做了精彩解释，他认为前者指代表秩序之神性来源的共同体的趋势，倾向使自身与天下重合，强调作为一个具有实体的共同体的概念。后者指“对于作为秩序来源、超越于世界之上的神的经验，由他带来的秩序对所有人具有普遍约束力”[③]。学者陈赟运用中国传统思想进一步解释沃格林的区

① Dionysius of Halicarnassus, *The Roman Antiquities*, Earnest Cary, trans., Cambridge, MA: Harvard University Press, 1937, p. 7.

② Ibid., p. 11.

③〔美〕埃里克·沃格林：《秩序与历史》第4卷，叶颖译，译林出版社2018年版，第208页。

分，“universality即天无私覆、天道不仁意义上的普遍性，它对于所有的存在者而言都构成规范，并不存在适宜性与否的问题，它来自天道的体验，以天则、天理、自然法等方式出现，甚至对人与其他存在者都具有约束力”，而“ecumenicity则是大地性的，由于连接同一个地方的不同人，或连接不同的地方而使自己超越了特殊性，而具有了另一种普遍性”。[①] 本文以为基督教史家，从罗马晚期的基督徒奥罗修斯、中世纪早期的塞维利亚都主教伊西多尔到中世纪盛期的弗赖辛主教奥托，乃至宗教改革时期的梅兰希顿，他们的编年史引入上帝，俯视全人类的历史，正对应universality的天经之义，古希腊-罗马“人居世界”的普遍史也演化为中世纪“普天之下”的普世史，具体表现在三个方面。

其一，上帝与历史的关系。基督教的出现令上帝脱嵌于社会，成为包裹笼罩一切事物和事件之上的唯一存在，而历史变成上帝注视乃至操纵下的人类过往。奥古斯丁的《上帝之城》论证并奠定了中世纪上帝与历史的基本关系：“按照在普遍之下一切民族中拥有神圣权威的圣经的信仰，从上帝最先创造出来的那个人中产生了整个人类。……史书告诉我们谁是第一个发明家，他们发明了什么，谁第一个开始建立文科的学科和其他技艺，谁最先居住在大地的这个区域或那个部分，住在这个岛屿或那个岛屿。当这个问题摆在这些人面前时……除非源于一个先前已经存在的人，否则人就根本不可能存在。”[②] “世界各地的人们都会分裂……而有些人就被置于其他人的统治之下，这种情况的发生并非没有上帝的旨意，上帝的权能在战争中决定了哪些人要被征服，哪些人会来征服他们。但是以属地的利或者愿望为目标的社会被分成大量的王国，对这些世俗之城我们一般称之为‘这个世界之城’。”[③] 由此人类历史始于创世纪，终于末日审判，其间国家、民族、人物、事件及其兴衰都体现了上帝的意志，其终极目标

① 陈赟：“天经 · 地义 · 人情：具体普遍性的结构”，《中山大学学报》2023年第3期。

② 〔古罗马〕奥古斯丁：《上帝之城》（修订版），王晓朝译，人民出版社2018年版，第12卷第10、11章，第444—445页。

③ 同上书，第714页。

是通过上帝拯救实现人类的永恒幸福。[①] 奥古斯丁以上帝为镜像，确立了作为一个整体的人类历史理念，从而改变了历史编写的方式。

其二，历史时间的普世化。古希腊-罗马的普遍史家所写历史的源头建立在自然和生活经验基础之上，如西西里的狄奥多罗斯说："太初伊始，宇宙（universe）正在形成，因元素浑然，天地尚未区分；然后，天体彼此分离，宇宙所有部分呈现我们如今所见的有序状态；……"[②] 然后人类出现，"据说，最早的人天生过着毫无拘束的野兽般的生活，……后来，由于他们受到野兽的袭击，他们出于自身利害的考虑而开始相互帮助，当他们因为恐惧而聚集在一起时，他们就逐渐意识到他们的共同点。"[③] 然后再讲述亚述等具体历史。而奉奥古斯丁之命以历史为基督教辩护的奥罗修斯（Paulus Orosius，375—418年？）则写道："无论希腊人还是拉丁人，几乎所有对写作感兴趣的人，用文字将国王和人民的成就永久地记录下来，都是从亚述人国王贝鲁斯的儿子尼努斯开始写的，因为他们希望人们盲目地相信，世界的起源和创造人类没有开端；……我决定从人的罪恶开始追溯人类的不幸，只举几个简单的例子。现在从第一个人亚当开始到所谓'伟大'的国王尼努斯，其时亚伯拉罕出生，共3184年，这些要么被历史学家遗漏，要么不为人所知。"[④] 这个时间尺度显然"先于一切经验事实的存在。……在经过任何经验验证认定前，该事就这样发生，绝无例外"[⑤]。一如奥古斯丁，强烈的普世性让奥罗修斯无视古希腊-罗马史家对世界或人类起源的探索，而是综合《圣经》和古代历史记录，讲述了从创世记到罗马建城第1168年共计5618年人类总体的灾难史。此后伊西多尔和比德等基督教史家不断修订

---

① 参见赵立行：《西方史学通史》（第3卷），复旦大学出版社2011年版，第26—33页。

② Diodorus of Sicily, *The Library of History*, C. H. Oldfather, trans., Cambridge, MA: Harvard University Press, 1949, p. 25.

③ 此段翻译参考〔美〕恩斯特·布赖萨赫：《西方史学史：古代、中世纪和近代》（第三版），黄艳红、徐翀、吴延民译，北京大学出版社2019年版，第79页。

④ Paulus Orosius, *The Seven Books of History Against the Pagans*, Roy. J. Deferrari, trans., Washington, D. C.: The Catholic University of America Press, 1981, pp. 5-6.

⑤ 〔法〕朱利安：《论普世》，关泓缈、赵鸣译，第3页。

精校这个基督教一元世界年表。虽然具体事实和细节依然充满矛盾，但该世界年表从创世开端，以末日结束，并根据《圣经》划分为六个时代，将亚述、埃及、波斯、希腊、罗马等地历史硬性归拢其中，成为“普世化”的历史时间坐标系，影响深远。

其三，人类一体的观念。基督教认为人类起源于亚当，因而地球上各个不同的民族或国家都是亚当的子孙后代繁衍生息而来，理论上地上所有人类皆为一体，universe 一词开始出现。Universe 源自拉丁语 universum,[①] 意思是“所有事物、每个人、全世界”[②]，古罗马作家如西塞罗、普林尼、塔西佗、李维均使用该词，大都取其“全体、一体”之意，比如 universum populum Romanum、universum populum 等显然建立在罗马公民社会基础上，强调罗马公民内部的一致性和对外的整体性。罗马持续扩张并建立起庞大的帝国统治，为 universe 延伸含义创造了条件，西塞罗《论神性》中出现了 universum mundum 或 mundus universus 连用，[③] 而拉丁本《新约》如《路加福音》《马可福音》《马太福音》以及次经《马加比书》也出现两词连用。[④]（Mundus 词源不详，意为装饰、世界，宇宙，常作希腊文 κόσμος，即 cosmos 的拉丁对译词，后被教会衍生出俗世之意。）无论自然神学，还是基督教神学，此时都发展出相较“人居世界”更超然的全宇宙、全世界且一体的理念，[⑤] 它强调不分地域不分民族的整全世界，正可译为“普天之下”。

---

① 希腊人更愿意用 cosmos 来表达宇宙，参见吴国盛：“希腊天文学的起源”，《中国科技史杂志》2020 年第 3 期。

② http://www. universe | Search Online Etymology Dictionary (etymonline. com), 访问时间：2024.8.16.

③ 参见 M. Tullius Cicero, *De Natura Deorum*, Joseph B. Mayor and J. H. Swainson, ed., New York: Cambridge University Press, 2010, 2.32; 3.18; 3.23; 3.65; 4.25。

④ 参见 St. Jerome, Holy Bible: Latin Vulgate Translation, MI: Christian Classics Ethereal Library, *Luke*, 9.25; *Mark*, 14.9, 16.15; *Matthew*, 16.26, p. 2112; II Maccabees, 3.12;8.18。

⑤ 中世纪中晚期，universe 在教父们演绎下更趋向今天的宇宙概念，如 Honorius of Autun, *Imago Mundi*; William of Auvergne, *De universo* 等，相关介绍见〔法〕雅克·勒高夫：《中世纪文明》，徐家玲译，上海格致出版社 2011 年版，第 155—156 页。其中包含了天使、魔鬼等其他受造物，而弗赖辛主教奥托的《双城史》第 8 卷进一步讲述了末世之后这类受造物在天上或地狱的处境。

这就使基督教作家能够在一定程度上超越狭隘的民族立场，以更超然的视角进行历史写作。奥罗修斯生于西班牙行省，因战乱背井离乡，可他说：“我喜欢任一国仿佛是自己的国家，因为我真正的家所在的故土，我真心所爱，完全不在地上。”[①]他的《反异教史七卷》“系统性地拒绝了传统史家所关心、讨论和书写的共和国和帝国价值”[②]，以普世视角深入历史探寻所谓人类整体命运。12 世纪德意志地区弗赖辛主教奥托沿着奥古斯丁和奥罗修斯开创的传统，撰写《双城史》，同样试图以超然视角对待各民族及其历史记载的矛盾，调和教会与帝国的冲突，当然上述作者的普世主义立场在实际历史编写过程中往往很难坚守，并且会发生变异。[③]

综上三个方面，基督教及其在历史学领域的早期实践，推进了作为实然的普遍史转向作为应然的普世史。虽然除了当代记录外，史料内容变化不大，但是其组织历史资料的方法发生了转变，因此中世纪这类型历史也有自己的定义：“所谓 universal history 或 world chronicle 就是一份始于创世纪，或其他一个初始时间，以线性叙述涵盖后续世界历史的文本，经常将当前的君主和团体置于其神意计划的末尾。……在 神教的欧亚大陆西部（比如犹太-基督教和伊斯兰教），这种文学形式一直比较流行。唯一创世上帝，有代理人合法地统治地上世界，还对这个世界持续干涉，直到末世来临，这种观点有助于对过去进行总体记述。”[④]

四、普遍史的回归与没落

1492 年哥伦布发现美洲，1519 年麦哲伦在西班牙支持下进行

---

① Paulus Orosius, *The Seven Books of History Against the Pagans*, Roy. J. Deferrari, trans., Washington, D. C: The Catholic University of America Press, 1981, p. 177.

② J. G. A. Pocock, *Barbarism and Religion*, III, Cambridge University Press, 2003, p. 81.

③ 参见拙文：“《双城史》和弗赖辛主教奥托的历史哲学”，《史学理论研究》2020 年第 4 期。

④ 安德鲁·马沙姆：“基督教世界和伊斯兰世界的通史：约 700—约 1400 年”，载〔英〕萨拉·福特、〔美〕蔡斯·F. 罗宾逊主编：《牛津历史著作史》（第二卷），赵立行等译，上海三联书店 2021 年版，第 573 页。

环球航行，地理大发现和持续的殖民活动，西欧人发现“普天之下”绝非仅有欧亚非三洲，亚洲也不只有印度，从 16 世纪开始，“普世”观念遭遇严峻挑战。

（一）普世史与普遍史分殊。1566 年法国让 · 博丹撰写《易于认识历史的方法》，表明“普世”观念在空间和时间两个维度都发生动摇，他首先批评梅兰希顿等人在历史中建构的“普世帝国”，说：“罗马人的统治范围几乎还不到世界的百分之一，西班牙国王的帝国比他们的大——不管从人口还是地域上讲——再加上他们在美洲的统治疆域的话，有三个欧洲那么大。……日耳曼人凭什么可以对抗土耳其苏丹？……对于所有熟知世界版图的人来讲，这看法似乎很可笑。”[①] 对于普世时间，博丹要谨慎得多，在繁琐引证并论述世界起源后，他比较了埃及人、加勒底人、腓尼基人与犹太人的时间记录，指出各民族历法差异较大，无法建立一套确定的时间体系；至于时间终结，“属人的智慧不足以更细微地探究这些事情，或者是，理性无法推导这些事，神圣的预言也不会认可……”[②] 于是他将历史分成三类：属神的、属自然的以及属人的，将神法命令下绝对的普世观念与属人的普遍观念区分开来。“对属人活动的探究要么以普遍的方式（communis），要么以个别的方式（propria）……普遍历史以两种方式叙述诸多人或城邦的作为：或是叙述几个民族的作为，如波斯、希腊、埃及；或是叙述所有民族流传下来的作为，或至少是最著名的那些民族。……或者，作者可以追溯每个城邦记忆可及范围内的起源，甚至追溯至创世之时，追溯各个城邦的创建、发展、业已建立的各种类型、衰败和灭亡的过程。”[③] 博丹对历史的分类，把属人的历史从上帝绝对化的“普世”束缚中挣脱出来，还原为普遍。

当然也有学者坚持天主教立场，努力捏合圣史与俗史。前文所述波舒哀的 *Discours sur l'histoire universelle*，奥莱斯特 · 拉努姆认

① 〔法〕博丹：《易于认识历史的方法》，朱琦译，华东师范大学 2020 年版，第 343—348 页。

② 同上书，第 393 页。

③ 同上书，第 12 页。

为书名当中的discourse帮助作者打破传统普世史的束缚，可以讲述一些非传统内容，[①]因此波舒哀突破传统的六个时代，简化众所周知的圣史，拓展俗史，划为十二个时代，然后分述圣史和截至查理曼的帝国历史。他将普遍史比喻为世界全图："对于每个国家和每个民族的历史，普遍历史就像一张相对地域图的世界全图。通过地域图，您可以找到一个王国或一个行省内很小的地方，但通过世界全图，你却能弄清某个地方在世界的位置。……必得通过一个概略图，来对整个历史秩序瞥上一眼。"[②]

波舒哀的比喻预示着universal history还原为人居世界的历史，或者说世界史的诞生，其中影响力甚广的著作是伏尔泰的《论风俗》。伏尔泰彻底抛开创世说，他论述道："我们的地球经历过的变化可能跟各个国家经历过的巨变一样多，……更加有趣的是繁衍生息于地球已知四大洲的人种之间的明显差异。几乎所有的民族，尤其是亚洲的民族，都有几千年的历史……"[③]并从中国开始分别讲述各民族的精神与风俗。稍晚，重农学派的杜尔哥则直面挑战基督教的普世主义："由是知世界并非永恒；但与此同时我们也必须说世界古老得很。到底由多古老？我们不知道……因此任何史述都无法回溯至书写发明之前，除非利用某种神话性的编年表。……该书（指《圣经》）丝毫不会阻拦我们去寻找我们所寻求的东西，即人类如何在大地上扩展开来，以及政治社会如何组织起来。"[④]不过相较伏尔泰，杜尔哥明确地将人居世界的普遍史描述为一个进步过程，"普遍历史包含着：对人类前后相继的进步的思考，阐明产生进步的具体原因；人类早期的开端；民族的形成和融合；政府的起源和变革；语言、自然哲学、道德、风尚、科学和技艺的进步；促使帝国、民族、宗

① 参见 Orest Ranum, "Introduction", XVIII, in Jacques-Bénigne Bossuet, *Discourse on Universal History*, Elborg Forster, trans., Chicago and London, The University of Chicago Press, 1976。

② 转引刘小枫编：《从普遍历史到历史主义》，谭立铸、王师译，华夏出版社2017年版，第18—19页。

③ 〔法〕伏尔泰：《风俗论》上册，《伏尔泰文集》第4卷，梁守锵译，商务印书馆2019年版，第16、19、22页。

④ 转引刘小枫编：《从普遍历史到历史主义》，谭立铸、王师译，第40—41页。

教前后更替的革命；就像暴风雨后海水依旧，经历动荡后的人类仍旧想着自己的完善进步”[①]。他推动进步史观成为一个国际性话题。[②]

由此可见，15 世纪末到 18 世纪中叶前后，中世纪沿袭下来的普世史在新发现空间及其文化的冲击下，开始了去魅进程，逐渐还原为属人的普遍史。需要指出的是，上述作家所撰写的普遍史重在重新勾勒人类历史框架，最具代表性的具体编纂实例则是 1736—1765 年伦敦出版的 65 卷本《普遍史》(*Universal History*)。[③]

（二）理性介入与普遍史的没落。1784 年 60 岁的康德撰写《世界公民观点之下的普遍历史观念》，“把普遍的世界历史（allegemeine weltgeschite）按照一场以人类物种的完美的公民结合状态为其宗旨的大自然计划来加以处理的这一哲学尝试，必须看作是可能的，并且甚至还是这一大自然的目标所需要的。……确实是一桩奇怪的而且表面上看来是荒谬的企图；看来仿佛这样的一种目标只不过能得出一部传奇罢了。……但是这一观念却仍可以为我们提供一条指导线索，把一堆否则便只是毫无计划的人类行动的汇合体至少在整体上勾画出一个体系”[④]。如果说康德尚存疑虑，席勒则大声欢呼目的论的介入：“普遍历史学者从这些事件的总和中挑选出的事件，对当今世界形态、对现在生活着的这一点，有着无可辩驳、有迹可循的本质影响。……普遍历史学者则是从最新世界局势回溯至事态的源头……直至遗迹这一开端，然后……一路畅通无阻步履轻松地从遗迹这一开端再下行到当前的时代。这就是我们所拥有的普遍历史，也是将要向你们讲授的普遍历史。”[⑤] 而这背后需要借助哲学的力量，他说：“哲学精神将一个合乎

---

① 转引刘小枫编：《从普遍历史到历史主义》，谭立铸、王师译，第 39 页。

② 参见〔美〕林恩·亨特：《史学的时间之维》，熊月剑译，北京师范大学出版社 2020 年版，第 51 页。

③ 参见〔德〕S. 康拉德：《全球史导论》，陈浩译，商务印书馆 2018 年版，第 30 页。

④ 〔德〕康德：《历史理性批判文集》，何兆武译，第 18—19 页。

⑤ 在这篇演讲词中，席勒将 universalgeschichte 和 Weltgeschichte 两词混用，不过后者使用频率更高。参见 *Was heißt und zu welchem Ende studiert man universalgeschichte?*—Fredrich Schiller Archiv (friedrich-schiller-archiv. de), 2024/1//15。中文译本将两词统译为普遍。关于该书的中文研究，可参见张一博：《萨尔〈普遍史〉与欧洲近代史学思想变迁》，中国社会科学出版社 2024 年版。

理性的目的引入世界的运转，向普遍历史引入一个目的论原则。”“哲学理智伸出援手，用人造的搭扣将这些碎片串联起来，将聚合体擢升为成体系、合乎理性且前后关联的整体。”① 众所周知，黑格尔用抽象的理性将普遍史推向顶峰，以“理性”为名，再次面临堕入普世主义的危险，② 乃至否定中国等民族的历史合法性。

对此，利奥波德·冯·兰克直截了当地反唇相讥：“众所周知，不成熟的哲学与论历史之间通常存在着某种冲突”③，黑格尔对精神世界丰富性的恐惧和对唯一路线的偏执欲望④，因兰克学派对具体事务的研究得到纠正，按兰克自己的话说：“世界历史概念在观念上有了重大变革，正如它所表现的那样，已经凡俗化了——这一结果主要归功于‘世界历史’这一标题下各个不同国家卷帙浩繁的档案材料的出版发行……”⑤ 尽管与黑格尔一样认为东方民族永恒静止不变，但也是他倡导的研究方法导致 universal history 在 19 世纪末的消失。正如 20 世纪 20 年代何炳松先生所指出：“此后西洋人之通史概念又逢一种劲敌而经过一种危机，此即世界史之概念是也。……世界史范围既日形广大，故至十九世纪后半期遂为西洋先学者所摒弃。此辈以为世界史所根据之观念在于假定人类演化有全体一致之观，其实并不如此，故此种‘历史’实违反科学之真谛。”⑥

综上，universal history 是从西方文化语境里发展出来的一种探索人类命运的特别认知框架，它的内涵随着西欧时空观念的发展以

① 转引刘小枫编：《从普遍历史到历史主义》，谭立铸、王师译，第 172—173、174、175 页。

② 黑格尔将历史划分为原始的史学、反思的历史学和哲学的历史学，他所推崇的是“一种具体的普遍东西，是各个民族的一种精神原则和这种原则历史，……这种普遍东西是引领各种事件的灵魂，是墨丘利，是个体、行动和事件的精神向导”。〔德〕黑格尔：《世界史哲学讲演录 1822—1823》，刘立群等译，商务印书馆 2016 年版，第 20 页。

③ 〔德〕兰克：“历史与哲学”，载〔德〕列奥波德·兰克著、〔美〕罗格·文斯编：《世界历史的秘密》，易兰译，复旦大学出版社 2012 年版，第 148 页。

④ 参见〔美〕埃里克·沃格林：《秩序与历史》第 4 卷，叶颖译，第 50 页。

⑤ 〔德〕兰克：“论世界历史”，载〔德〕列奥波德·兰克著、〔美〕罗格·文斯编：《世界历史的秘密》，易兰译，第 334 页。

⑥ 何炳松：《通史新义》，第 84 页。

及对历史本身的认知更新而不断调整。虽然在19世纪末因民族国家历史的繁盛遭到消减，但只要人类保有理解自身总体命运的冲动，它就不会完全消失。2010年大卫·克里斯蒂安重新定义该词，说："我将universal history定义为试图在尽可能的尺度上理解过去，直到宇宙学的尺度，并以公正的方式理解过去的偶然性和特殊性，以及有助于理解细节的大模式。"①他主张复兴universal history。鉴于此，我们何妨让该词回归其最初中译，即"通史"，但只是西方史学意义上的通史，然后再根据具体时段分而论之呢？

作者简介：汪丽红，上海财经大学人文学院副教授。

---

① David Christian, "The Return of Universal History", in *History and Theory*, Vol. 49, No. 4 (December, 2010), p. 7.

“历史理性”研究的多重维度*

——从刘家和先生学术思想的核心概念谈起

朱 露 川

摘要：本文回顾著名历史学家刘家和先生关于“历史理性”的研究历程，指出“历史理性”是刘家和先生学术思想体系的关键概念，并从论说中国史学之起源、主导中国古人理性思维觉醒、回应黑格尔挑战、阐发中西理性思维结构异同四个维度概括了刘家和先生“历史理性”研究的特点和成就。

关键词：历史理性　以史为鉴　古典史学

著名历史学家刘家和先生的学术研究，广涉世界史、中国史研究的诸多领域，其中关于中西古史、史学与理论之比较，中西理性思维结构之同异，世界背景下的中国历史研究，历史研究的基本路径与方法等，多为治史学者提供思想、思维和方法上的启示。在刘家和先生的学术思想体系中，“历史理性”是一个核心概念，他围绕“历史理性”展开的系列论述，深刻贯彻了在挑战与回应中推进学术创新的治学宗旨。[①]具体说来，刘家和先生有关“历史理性”的研究，涵盖中国史学之起源，历史理性在中国古代理性觉醒中的主导作用，

---

* 本文为北京市社科基金“‘叙事’理论生成与中国传统史学话语体系研究”（项目编号：24LSC012）阶段性成果。

① 刘家和、蒋重跃：“在挑战与回应中前进——刘家和先生谈学术工作的基础”，《北京师范大学学报》（社会科学版）2015年第2期。2022年9月8日晚，北京师范大学百二十年校庆青春歌会的巨幕上展示了刘家和先生题写的寄语：“我们要创新，靠什么创新？靠我们怎么能够回应一次挑战，就是一次创新。”时笔者正临晚会现场，深感这段寄语极好地概括了刘家和先生几十年治学生涯的宗旨。可以说，刘家和先生围绕“历史理性”展开的系列研究，正是这种创新精神的体现。

立足中国史学发展特点回应国际学界观点，深入阐发中西理性思维结构之异同四个主要维度。

一、由自觉的历史意识的发展程度，说明中国古典史学何以形成，是刘家和先生论“历史理性”问题的第一重维度。关于中国史学的起源，学界历来众说纷纭，起源于史官说、起源于乐官说、起源于巫史说、起源于文字与历法说，等等，各有其立论的合理性，也各有其被驳斥的短板。近年，笔者承担北京师范大学本科生必修课《中国史学史》的教学工作，尤其关注这一问题，而刘先生的论述恰可引导学生们理解思维结构与中国史学之产生的关联性。应该说，有了“以史为鉴”，才有可能产生真正的“史学”，才有可能有“史学的连续性”（对历史的连续记录），以及由此带来的“文明的连续性”。

1987年，在“对于中国古典史学形成过程的思考”一文中，刘家和先生指出，甲骨卜辞已经证明中国古典史学滥觞于商代，但其如何演变为《史记》所展现出的“完备而周到”的形态，尚未得到充分的解释。为了解决这一问题，刘先生从殷周变革之际的历史现实和周初统治者对历史经验进行总结，指出“以史为鉴”观念为史学的产生提供了条件，它来源于“人的现实需要”，又借助“人的理智、人对历史的冷静的反省”和“如实的陈述”而实现，这在《尚书·周书》各篇有鲜明的反映。此后《春秋》“以一般绳特殊”的“以史为法”和《史记》在“具体的历史条件”中“以史立言”，则从不同的方面推动了“以史为鉴”的成立。由此，这篇文章通过中国古人历史意识发展的三个阶段，回答了中国史学如何走过它的“稚嫩”状态而在自觉的历史意识的驱动下，建立起求善与求真、古今之变、天人之际等基本原则。[①]尽管在这篇文章中，刘先生尚未正式谈到“历史理性”这一概念，但其所论“人们对于历史的自觉意识”“（周人）对历史进行反省的自觉”“（孔子）在叙述历史上具体

① 刘家和：“对于中国古典史学形成过程的思考”，《史学理论》1987年第2期。

行事的时候贯彻自己关于礼义的思想”“历史的真，只有从变化中把握”，等等，实际已经涉及中国古人历史理性之觉醒的探讨了。

在2019年出版的《史苑学步》一书中，发表于20世纪80年代的“对于中国古典史学形成过程的思考”一文与刘先生在本世纪发表的系列文章，共同收入“历史理性与逻辑理性”部分，说明这篇文章是其探讨“历史理性”问题系列论著的起点。

二、探索“历史理性在中国古代的发生”，明确历史理性在中国古代理性思维结构中的支配地位，是刘家和先生论“历史理性”问题的第二重维度。受到雅思贝尔斯“轴心时代”命题的启发，刘家和先生曾提出“古代的人类精神觉醒”这一话题。通过寻找古代印度、希腊和中国在各自的历史条件中相通的三项基本条件（铁器、血缘关系、小邦林立），刘先生指出三个文明体系“异地同时”发生了文化飞跃。[①] 此后，在2003年发表的“论原创文化与文化的创新”一文中，刘先生提出“在每个‘原创文化’中都有多重的理性觉醒与超越意识的呈现”，只是依据具体的历史条件，其占支配地位的理性因素和发生路径各有不同。同年，刘先生发表了“论历史理性在古代中国的发生”一文，正式提出“历史理性”研究的宗旨、对象和方法。

“论历史理性在古代中国的发生”一文从“理性”的中外定义出发，首先明确“历史理性研究”，就是“探究历史过程的所以然或道理”和“探究历史研究过程的所以然或道理”。[②] 文章对中国古代“历史理性”的生成及其初期发展作了三个阶段的划分，并以《尚书》《春秋》《史记》为代表概括每一阶段的特点：（1）殷周之际与周初。在对“天命”的怀疑和对“天命如何发生转移”的探索中，历史理性和道德理性一并觉醒，实现了“最初的统一”。（2）西周晚期至秦。在周王室衰微、诸侯并起的刺激下，“与天命人心说相对立的统治理论”占据主流，历史理性和道德理性逐渐背离并与自然理性

① 刘家和：“论古代的人类精神觉醒”，《北京师范大学学报》1989年第5期。
② 刘家和：“论历史理性在古代中国的发生”，《史学理论研究》2003年第2期。

相比附。(3)汉代。在周秦、秦汉两次更替的现实中，经由对历史的深刻反省，西周天命人心说的传统被重新阐释，“人”成为理性认识的起点和终点，自然理性被内化于“人性”之中，历史理性与道德理性实现了新的统一。此后，“论何休《公羊解诂》的历史哲学”(与李景明先生和蒋重跃先生合作)、“先秦儒家历史理性的觉醒”(与蒋重跃先生合作)等文章，均旨在对“历史理性”在中国古代文化系统中的形成、发展及其作用，做出进一步阐发。由此，“历史理性”在中国“原创文化”中的主导地位得以清晰呈现。

三、论证“以史为鉴”何以可能，驳斥以黑格尔为代表的西方中心主义，是刘家和先生“历史理性”研究的第三重维度。“历史理性”是中国原创文化的核心要素，其具体的表现是“以史为鉴”观念的形成以及对中国人思维方式所产生的深远影响。但在国际学界，中华民族善于“以史为鉴”的思维传统一再受到质疑，其中以黑格尔《历史哲学》对中国历史文化的曲解最为典型。刘家和先生从20世纪50年代初读《历史哲学》中译本到80年代与英译本对读，逐渐发现，黑格尔对于中国历史文化的“曲解”，“是一种严重的西方中心论的挑战”，“不能不予以回应”。[①] 自此，回应黑格尔挑战，成为刘家和先生阅读和撰述的主题之一。

刘先生驳斥黑格尔曲解中国历史文化，主要围绕两个核心话题展开：

其一，根据“历史意识的觉醒”，论证中国国家发展长流中作为一种“常态”的“统一性理想”，驳斥黑格尔对中国历史做出“非历史的历史”(unhistorical History)的错误定位。在这个方面，刘先生撰写了“从‘三代’反思看历史意识的觉醒”(《史学史研究》2007年第1期)和“关于历史发展的连续性与统一性问题”(《北京师范大学学报》(社会科学版)2009年第1期)两篇宏文，其后一篇也是刘先生主编《中西古代历史、史学与理论比较研究》一书的“绪论”

① 刘家和：《史苑学步：史学与理论探研》，北京大学出版社2019年版，“序”，第13页。

（该书为刘先生主持的教育部人文社会科学重点研究基地重大项目最终成果）。

其二，通过译本与原文的对读，说明黑格尔论历史经验与教训的自我矛盾，从逻辑的科属结构论证“以史为鉴”得以实现的条件。刘家和先生指出，为了驳斥黑格尔，就要从学习黑格尔理论的逻辑系统入手，“不深入其中，是很难与他对话的”。[①]2010年，他发表“关于“以史为鉴”的对话”一文，该文分为两部分，前一个部分即通过文本对读和西方哲学史说明黑格尔关于历史经验之教训功能的认知所存在的内在矛盾；后一个部分则借助黑格尔提出的“反映（反思）”（reflexion）概念，寻找到人在“以镜为鉴”和“以史为鉴”两个活动中存在的“投射与反映”的共同性，进而从“总在变化之中”的主体带来的不断变化的“意向性”和“中介”，说明变动如流水的“历史”可以“作为历史人物的中介，并从中反映出动态的历史趋向”。[②]

如果说“对于中国古典史学形成过程的思考”一文说明了“以史为鉴”在中国古人思想世界的客观存在，那么，近二十年后的“关于‘以史为鉴’的对话”一文则论证了“以史为鉴”何以可能这一深触中国传统文化的“元问题”，实现了从“史”的论析到理论认识的提升。后一个方面，对于守护和传承中华民族精神，尤其具有突出的现实价值。

四、由“理性的结构”推进中西古史、史学与理论的比较研究，是刘家和先生论“历史理性”相关问题的第四重维度。2018年，在为《史苑学步》撰写自序时，刘先生总结自己关于“历史理性”的系列探讨，是由于关注到西方人的知识体系与中国传统文化之不同，产生困惑、兴趣，进而尝试回答形成这种差异的背后原因究竟为何。这一思想发展的历程，从最初就包含着中西比较的因素和为中国传

① 刘家和:《史苑学步：史学与理论探研》，“序”，第11页。
② 刘家和:“关于‘以史为鉴’的对话”，《北京师范大学学报》（社会科学版）2010年第1期。

统文化（经史之学）正名的人文关怀。21世纪初，刘家和先生开始负责教育部人文社会科学重点研究基地重大项目“中国古代历史、史学及理论的比较研究”的研究工作，此项工作以2013年出版的《中西古代历史、史学与理论比较研究》一书为其最终成果。在十余年间，刘先生将“历史理性”研究与中西比较研究相结合，发表了系列重要文章。

在“论原创文化与文化的创新”一文中，刘家和先生讲道：“在中国的‘原创文化’里，历史理性占据了支配的地位……至于古代希腊，愚意以为是逻辑理性在各学派中占据了支配的地位。”这已经明确提出了中国和古希腊理性结构的差异，只是尚未充分展开。刘先生说，对于这些问题“要作具体的论证，容待以后继续努力”。[①]一如刘先生在出版一部“史学理论”主题的论集上所持之谨慎态度，对于“历史理性与逻辑理性”的“具体的论证”，历经近二十年的思考、探索与打磨，才终于在人们的期待中与学界正式见面。

《史苑学步》出版后，王大庆先生指出，刘先生从对中国史学的研究出发，历经对历史比较研究方法的深入思考和对史学体用关系的理论探讨，最终上升到“历史理性与逻辑理性”这一历史哲学问题。[②]此后，刘先生又发表了“3—6世纪中西历史及文明发展比较研究”（与刘林海先生合作，载《北京师范大学学报》（社会科学版）2019年第5期）、“理性的结构：比较中西思维的根本异同”（《北京师范大学学报》（社会科学版）2020年第3期）、“‘编年史’在中西史学传统中含义的异同”（《史学月刊》2022年第3期）三篇文章。其中，“理性的结构”一文自2010年在上海师范大学参会发言时首次提出，到2020年正式刊发，实现了对“历史理性与逻辑理性”这一问题展开的“具体的论证”。该文的核心观点是：（1）“理性的爆发”是“轴心时代”几个文明的共同特点，但各文明表现出来的“理性

① 刘家和：“论原创文化与文化的创新”，《浙江学刊》，2003年第6期。

② 王大庆：“谈刘家和先生对中西理性结构问题的思考——读《史苑学步：史学与理论探研》札记”，《古代文明》2020年第1期。

的结构"存在差异;(2)从"轴心时代"开始,中西文明的根本不同是"理性结构的不同",具体表现为"西方重视逻辑理性,中国重视历史理性";(3)造成中西方思维方式不同的主要原因"应该从人类思想起源(即思维的'二分法')方面寻找",西方的二分法"永远是除外法";中国则从阴阳"两分"走向了"三分","阴中有阳,阳中有阴",明显区别于发展成逻辑学的矛盾律和排中律;(4)语言的特点在很大程度上影响了中西二分法的不同。该文的发表,确立了刘家和先生"历史理性"研究通向历史哲学探索的新高度。

以上,由"历史理性"的系列探讨出发解决中国史学的成立和中国原创文化的元问题,进而反驳黑格尔曲解中国历史和中国人善于"以史为鉴"的思维方式的错误论断,再进而比较中西方文化体系中理性思维结构的根本差异,是刘先生研究"历史理性"相关问题的四个主要维度。这一系列的探讨,自刘家和先生大学时代初识中西历史与哲学知识,至今已伴随他的教学事业和学术研究走过了七十余年的漫漫长路,反映了刘先生学术体系不断丰富、理论色彩不断加深的过程。人们将刘家和先生论"历史理性"问题所运用的方法、所提出的观点,纷纷应用于诸多研究领域,推进了有关中西历史叙述比较、早期宗教文化与历史观念、西方历史哲学在中国的接受、中西史学的结构性差异、思维模式的英汉差异等的探索。学界也有从"人性"与"理性"、中西共通的历史理性传统等方面提出不同见解,但这种商榷与探讨本身,即反映了刘家和先生"历史理性"研究在当代学术史上已产生的影响力。

* * *

刘家和先生的学术思想,体大思精,每每于纸背透露出的强烈的责任感和人文关怀、在回应与挑战中前进的创新精神、看问题抓本质的深邃视野,非积年研习难能悟其精髓。笔者自大学本科从易宁教授《外国史学史》课堂上接触刘家和先生的学术思想,研究生入学伊始在导师瞿林东先生要求下研究《中国古代历史、史学与理论比较研究》,博士后工作阶段得到蒋重跃教授多次答疑解惑,工作以来继续在教学与研究中自觉学习刘先生学术思想，十余年间多有受益，然亦觉时时温习求新知之必要。本文仅就“历史理性”作为刘家和先生学术研究中一个关键概念所关涉的多重维度分享一点认识，或有理解得粗浅、表述得不准确之处，请各位前辈师友批评指正。

时逢刘家和先生从教七十周年，谨以此文献上美好祝愿。

作者简介：朱露川，历史学博士，北京师范大学仲英青年学者、北京师范大学历史学院/史学理论与史学史研究中心副教授。

青年论坛

19、20世纪之交英德史家的兰克史学论述*

——以史学史著作为考察中心

杨 璇

摘要：在19、20世纪之交，兰克史学逐渐被纳入到史学史的视野之中。英德两国史学家开始在史学史著作中叙述兰克史学。德国史学家注意到了兰克史学中的方法论和认识论维度，而英国史学家则更为强调前者。两国史学家对兰克史学的不同理解有两点原因。一是英德两国史学科学化的不同进程和节奏，二是两国史学家对“科学”概念的不同理解。对原因的分析关涉着史学理论中的一个更为普遍的议题，即史学的性质问题。两国史学家在回答这一问题时，兰克史学是他们借用的思想资源。德国史学家达成了历史学是一种不同于自然科学的科学的共识，但英国史学家围绕历史学能否成为一门科学产生了争论。

关键词：兰克史学　傅埃特　古奇

伊格尔斯（Georg G. Iggers）指出，“兰克作为一个伟大的史学家，比起他作为一个是被人接受还是被人拒绝的标准的化身来说，影响要小些”[②]。兰克史学的接受史是史学史研究的议题之一，对这一问题的探寻，主要有以下两点意义。一是辨别通过阅读史学史著作来了解兰

---

* 本文为国家社会科学基金青年项目“19世纪德国史学转型的思想史研究”（批准号：24CSS053）阶段性成果。

② 〔德〕格奥尔格 · G. 伊格尔斯：《二十世纪的历史学》，何兆武译，商务印书馆2020年版，附录，第232页。英文版可参见Georg G. Iggers, “The Image of Ranke in American and German Historical Thought”, *History and Theory*, Vol. 2, No. 1(1962), pp. 17–40。

克史学这一方式的局限性。二是借此分析出兰克之后的史学家对历史研究方法、历史学的学科性质等史学基本问题的看法。伊格尔斯梳理了 20 世纪上半叶美、德两国史学家对兰克史学的论述，但英国史学家的观点同样值得关注。此外，他使用的文献以德国史学家的文章为主，缺少了对德国史学史著作的考察。史学史是 19 世纪末 20 世纪初在西方诞生的一个史学分支学科。作为当时的一门新兴学科，其代表成果是德国史学家爱德华·傅埃特（Eduard Fueter，1876—1928 年）的《近代史学史》和英国史学家古奇（George Peabody Gooch，1873—1968 年）的《十九世纪历史学与历史学家》。它们在民国时已传入国内，且高校的历史系把它们当作教材或参考书目。[①] 因此，本文从学术史的角度，以 19、20 世纪之交英、德史学史著作为考察中心，分析其中的兰克史学论述，并说明两国史学家就兰克史学产生的不同认识的原因。

一、德国史学史中的兰克史学

韦格勒（Franz X. von Wegele，1823—1897 年）的《自人文主义以来的德意志史学史》和傅埃特的《近代史学史》是出版于 19、20 世纪之交的两部德语史学史著作。[②] 韦格勒从人文主义和宗教改革说起，傅埃特从彼得拉克谈起，后文按出版时间的先后顺序，先谈韦格勒的著作，再论述傅埃特的观点。

韦格勒的作品出版于 1885 年，兰克还在世时，他就把兰克及其

---

① 近代中国史学界对这两部著作的接受与借鉴，可参见李孝迁："探源与传衍：近代中国史家的兰克论述"，《学术研究》2021 年第 8 期；李孝迁、胡昌智：《史学旅行——兰克遗产与中国近代史学》，上海人民出版社 2021 年版。在此书导论中，李孝迁指出兰克史学主要经由方法学和史学史两条路径传入中国，两种传播路径都包括两个主要环节，一是国外史学家在著作中论述兰克史学，二是近代中国史学家对这些著作所呈现的兰克史学的理解。换言之，近代中国史学家不是通过阅读兰克作品直接地理解其史学思想，而是通过阅读方法学和史学史著作间接地认识兰克史学思想。两位作者在书中详细论述了方法学传播路径的两个环节。在胡昌智教授的启发下，本文尝试说明史学史传播路径的第一个环节，分析具有代表性的英德史学史著作。

② 本文使用的"德国"一词，强调德语文化，所指地区包括德国、瑞士等德语国家。国内对傅埃特所论述的兰克史学的研究，可参见李孝迁、胡昌智：《史学旅行——兰克遗产与中国近代史学》，第 206—209 页。

史学写进了史学史之中。与兰克相关的内容在全书的末尾，标题是“兰克和他亲密的学生们”，韦格勒论述了兰克及其学生魏茨（Georg Waitz，1813—1886年）、吉泽布雷希特（Wilhelm von Giesebrecht，1814—1889年）和西贝尔（Heinrich von Sybel，1817—1895年）。韦格勒对兰克的分析，有三个方面值得我们注意。一是他对《近代史家批判》的评价和对兰克史料批判法的论述，二是他对《塞尔维亚革命史》的赞扬，三是他对《教皇史》在表现力上的强调。

韦格勒认为，兰克凭借《近代史家批判》进入批判领域，看起来他成了一个完美的、划时代意义的大师。[①] 韦格勒指出，尼布尔（Barthold Niebuhr，1776—1831年）把史料批判的原则应用到古代史研究中，兰克把它直接应用到近代史研究中，同时经由他和他学生的研究再扩大到中世纪史。[②] 韦格勒认为，兰克的创新在于将目击者和参与者的记录放在了重要的位置，将同时代人的史学作品置于二流或三流位置。[③] 简言之，以《近代史家批判》为例，韦格勒说明了兰克史学的特点是兰克把史料批判技艺用于先前未被使用的档案材料之中，再由此写出生动形象的历史著作。

《塞尔维亚革命史》是一部易被我们忽视的兰克早期作品。在说明其意义时，韦格勒引用了尼布尔的评论，尼布尔在给友人的信中说：

> 我希望你在读兰克的《塞尔维亚革命史》时感到快乐，我很称赞此书，……我认为，这本小书是一本历史书，同时也是我们文学中最优秀的作品。兰克已经摆脱了早期困扰他的文风。我也要向英国和法国推荐这本书。[④]

---

① Franz X. von Wegele, *Geschichte der deutschen Historiographie seit dem Auftreten des Humanismus*, München und Leipzig, 1885, S. 1044.

② Ibid., S. 1052.

③ Ibid., S. 1045.

④ Franz X. von Wegele, *Geschichte der deutschen Historiographie seit dem Auftreten des Humanismus*, Anmerkung 1, S. 1047. 此外，古奇在谈到《塞尔维亚革命史》时，也参考了尼布尔的这封信，两人选择了相同的材料，而古奇的做法是否效仿韦格勒，我们不得而知。古奇的论述可参见 G. P. Gooch, *History and Historians in the Nineteenth Century*, London: Longmans, 1935, pp. 81-82.

对于这部著作，兰克在1885年回忆道：

> 武克·斯捷潘诺维奇这位在塞尔维亚最有学识的人，也生活在这里（指维也纳。——引者），我和他成了朋友，他把他收集的塞尔维亚历史资料分享给了我。这些资料在精神和心灵深处吸引了我，因为它们是与重大事件的普遍历史重要性和政治重要性相关的生动信息。1828年夏天，我从中整理出了《塞尔维亚革命史》。①

这段话表明了兰克当年写作此书的动机与意欲传达的观念，并解释了他注意到塞尔维亚革命史的原因。兰克的这些观点值得被深入分析，但意犹未尽的是韦格勒只是赞赏了这部著作，并未再进一步论述。②

韦格勒认为《教皇史》是兰克最出色和真诚的历史写作成就，③这种成就主要体现在表现力上。他谈到，兰克后来偶尔表示，他的作品"同时是艺术和科学"，人们如何理解这句话，《教皇史》已经给出了清楚的例子，他后来的作品都没能超越它。④韦格勒指明

---

① Leopold von Ranke, *SW 53/54 Zur eigenen Lebensgeschichte*, Alfred Dove Hg., Leipzig, 1890, S. 64.

② 兰克的写作动机可以反映出他对革命的态度和他的政治立场。韦格勒在书中没有解答此问题，故笔者将简要说明之。对于兰克的写作动机和书中传达的观点，有研究认为，兰克在书中表达了支持塞尔维亚人民反对土耳其统治的观点，这是兰克把自己标榜为自由主义者的举动。国外新近研究表明，兰克在《塞尔维亚革命史》中延续了他在《罗曼与日耳曼族群史》中表达的历史观点，即基督教世界的历史发展。兰克始终是在基督教的框架下看待欧洲历史的发展进程和历史事件的意义。兰克在书中确实表达了像自由主义思想的观点，他认为，弱小和被压迫的人们应该享有独立，"每一个受压迫的族群都有它的历史"（Auch ein unterdrücktes Volk hat senie Geschichte）。笔者认为，兰克这一论述的基础是他对个体性和"均势"的强调。总之，倘若我们意欲通过《塞尔维亚革命史》来挖掘兰克的政治立场的话，我们不能只因为兰克在书中支持"革命"这一带有自由主义色彩的概念就直接判定他的政治立场，确定兰克在政治上的倾向还需要更多的证据支持。相关论述可参见易兰：《兰克史学研究》，复旦大学出版社2006年版，第263页；Andreas D. Boldt, *The Life and Work of the German Historian Leopold von Ranke (1795–1886): An Assessment of His Achievement*, New York: The Edwin Mellen Press, 2014, p. 139.

③ Franz X. von Wegele, *Geschichte der deutschen Historiographie seit dem Auftreten des Humanismus*, S. 1048.

④ Ibid., S. 1049.

了《教皇史》的艺术性背后涉及的历史学性质问题，他看到了《教皇史》表现出的史料批判和历史表现两个面向。所以，韦格勒指出，在《教皇史》中，兰克最大程度地满足了批判研究的要求，同时证明了他的表现艺术，至今，人们还习惯于在优美的文学领域中探讨《教皇史》。[①]

与韦格勒相比，傅埃特对兰克的考察较为全面，他把兰克的史学思想概括为八个要点。第一点是“兰克的理念学说”。傅埃特指出：

> 兰克不是像黑格尔那样去寻求把握历史，而是理解历史。他没有补充一种历史哲学系统，而是把他的理念学说坚实地建立在欧洲国家间的政治关系上，正典的价值判断也更多地从这里展开。兰克历史理念的理论基础是洪堡的理论建构。[②]

傅埃特区分了兰克的理念学说与黑格尔的历史哲学之间的差别，而且指出了兰克对洪堡理论的继承。兰克的理念学说的特点是，他以史实为基础来理解历史进程，这有别于哲学家从逻辑上规划历史进程。

第二点是“兰克作为民族史学理论的反对者”。傅埃特认为，兰克有一种把理念学说与民族间的权力关系的意义结合起来的能力，[③]他强调兰克的理念学说具有经验基础，而不是一种超验力量。[④]兰克探寻的不是“民族的”意义，而是“民族间的”意义，这不是说兰克忽视个体民族的特性，而是意味着他要在“民族间”理解它。

傅埃特的判断是准确的，他进一步指出在《罗曼与日耳曼族群

---

① Franz X. von Wegele, *Geschichte der deutschen Historiographie seit dem Auftreten des Humanismus*, S. 1049.

② Eduard Fueter, *Geschichte der neueren Historiographie*, München und Berlin, 1911, S. 474.

③ Ibid., S. 475.

④ 这一点也是兰克对洪堡的继承，洪堡认为理念本身源于历史事实。详述可参见洪保德（即大陆所译洪堡。——引者）：“论史家的任务”，胡昌智译，《西洋史集刊》第二期，第213页。

史》中，兰克表达了相关观点。

首先，兰克没有否定民族特性的意义，但是他把此意义排列在了作为一个整体的欧洲之下。民族特性的意义不是从单一的民族中，而是从整个罗曼与日耳曼族群的结合体中以及历史的发展中获得。[①]

其次，个体国家的历史不再遵循它自己的准则，它的基础是不同国家的权力、利益之间的碰撞。[②] 因此，兰克反对民族史学理论的原因不在于这一理论所强调的民族特性，而在于其中包含的狭隘性，即为了强调个体民族特性而忽视对民族间关系的观察。

第三点是“历史的艺术性观点”。傅埃特旨在说明兰克具有一种艺术气质。这种气质一方面表现在兰克对权力的非党派性的观察中，另一方面体现在兰克反对历史在显著的美学上的不偏不倚。[③]

第四点是“兰克作为历史心理学家”。傅埃特受梅尼克（Friedrich Meinecke，1862—1954 年）和贝娄（Georg von Below，1858—1927 年）之邀写作此书，当时正值新兰克学派反对兰普雷希特（Karl Lamprecht，1856—1916 年）之际。[④] 兰普雷希特在历史研究中引入心理学的研究方法，并批评兰克是神秘主义者。傅埃特在此使用“历史心理学家”一词，让人联想到这是他对兰普雷希特观点的回应。兰克被视为历史心理学家的关键在于他对人物个性的刻画。首先，傅埃特认为，兰克对个性的重视是一项开创性的工作，在他之前没有史学家如此关心历史的心理学。其次，兰克在对诸多个体的研究中，能够直觉地穿透陌生的人类成员，并感知其思考。在兰克看来，只有进入到个体的内心之中，才能掌握他们的个性。最后，傅埃特指出《教皇史》是兰克心理的历史写作的杰作。[⑤]

---

① Eduard Fueter, *Geschichte der neueren Historiographie*, S. 475.

② Ibid., S. 476.

③ Ibid., S. 477. 对此问题的研究，可参见 Jörn Rüsen, “Rhetoric and Aesthetics of History: Leopold von Ranke”, *History and Theory*, Vol. 29, No. 2(May, 1990), pp. 190-204。

④ 傅埃特写作此书的缘起，可参见李孝迁、胡昌智：《史学旅行——兰克遗产与中国近代史学》，第 206—207 页。

⑤ Eduard Fueter, *Geschichte der neueren Historiographie*, S. 477-478.

在傅埃特看来，心理学分析的需求促使兰克成为了“语文学的——批判的方法大师”，这便是他归纳的第五个要点。[①]兰克认识到了人物的目的意图，对目的意图的评判引起了近代史家价值观的改变，先前人们认为最有意义的历史学家同时也是最重要的史料记录者。傅埃特还谈到，兰克批判法的主要内容是，他试图在心理学上重建历史写作者本身的，以及他们记述瞬间的意图，兰克不是研究有意识的歪曲，而是研究无意识的记忆变化，这种变化源于一种对先前的行为的重新建构，以不自觉地使其符合后来的结果。[②]

第六点是“兰克式的史料利用的缺点和片面性”。一是兰克几乎不加批判地使用使节报告，他忽视了这些使节也像史家一样，轻易地就站在了某一种立场上。[③]二是在处理史料时，兰克主要从统治者的立场评判历史事件，忽视了经济的、社会的和宗教的生活变化。[④]

第七点是“作为写作者的兰克”。这强调了兰克作品的风格和他的表达方式。傅埃特指出，兰克会用修辞来润色自己的作品，而且会修改自己的新版作品；兰克避免了空洞的口号，写出了引人深思的文字。[⑤]所以，傅埃特感叹道：“在第一部作品中兰克描述了太多丰富的细节。”[⑥]第八点是“兰克反对当前的趋势及其后果”。兰克站在自由主义和浪漫主义的对立面，试图让自己远离当前的趋势和出版导向的史学趋势。他只以史料为基础，用叙事的方式而非单纯逻辑推断的方式观察历史。这也是兰克与后来具有煽动性的其他德国史学家最明显的区别。

综上所述，两部德语史学史著作呈现了较为丰富的兰克史学的内容与层次，德国史学家阐述了兰克的史料批判法、历史写作风格以及历史认识论等内容。

---

① Eduard Fueter, *Geschichte der neueren Historiographie*, S. 478.
② Ibid., S. 479.
③ Ibid., S. 480.
④ Ibid., S. 481.
⑤ Ibid., S. 482.
⑥ Ibid., S. 483.

二、古奇对兰克史学的经典阐述

古奇的著作在1913年出版时，[①]正值第三届国际历史科学大会在伦敦召开的前几周。古奇参加了这次大会，以此为契机，他的著作引起了欧洲史学家的广泛关注。屈威廉（George Macaulay Trevelyan，1876—1962年）称这是一部高尚的作品，尽管他对英国史学家的部分内容有些意见，但他同意古奇对麦考莱的评论。[②]克拉潘（Sir John H. Clapham，1873—1946年）认为，塑造史学家个性的章节对他来说非常有用，尤其是一些德国历史学家。[③]梅尼克认为，古奇的著作可与傅埃特的著作相匹敌，同时，他感谢古奇热情地研究了尼布尔和兰克。[④]参会的德国古代史专家爱德华·迈耶（Eduard Meyer，1855—1930年）认为，古奇对历史文献做了不偏不倚的评价。[⑤]所以，古奇对德国史学的论述受到了英德两国史学家的认可。虽然本文没有描绘出一幅详尽的知识传播图，但参考主流史学家的评价，再结合历史研究者的实际经验，我们有理由相信古奇对兰克史学的论述作为一种经典阐释，从20世纪初便开始在世界范围内流传。正如古奇的研究者艾克（Frank Eyck，1921—2004年）所言，在读了这本书后，很少有史学家会不受其影响。[⑥]

---

① 古奇的作品于1913年起由朗曼出版社多次出版，1959年灯塔出版社出版了新版。1913年的朗曼版与1952年的朗曼新版的区别在于序言和导论。在1952年的朗曼新版中，古奇在序言中谈到，第一版在1940年“二战”空袭中被毁，在英国已经绝版；古奇在导论中，加入了近四十年来的史学新成就。在1959年的灯塔版序言中，古奇引用了一句兰克的话“历史书写是一个关涉良知的问题”（the writing of history is a matter of conscience）。兰克名言的前后文，可参见 G. P. Gooch, *History and Historians in the Nineteenth Century*, 1959, Preface to the Beacon Press Edition。

② Frank Eyck, *G. P. Gooch: A Study in History and Politics*, London: The Macmillan Press LTD, 1983, p. 219.

③ Ibid., p. 220.

④ Ibid., p. 222. 梅尼克的书评，可参见 Fr. Meinecke, “History and Historians in the Nineteenth Century by G. P. Gooch”, *Historische Zeitschrift*, Bd. 112, H. 1(1914), S. 150-154。

⑤ Frank Eyck, *G. P. Gooch: A Study in History and Politics*, p. 219.

⑥ Ibid., p. 225.

古奇在序言中表示，他的写作目的是总结和评价近百年的（即19 世纪。——引者）历史研究和历史著作的各种成就，描述本行业的大师，追溯科学方法（scientific method）的发展。他认为自己的研究具有原创性，在任何文字中，还没有这种研究的尝试。[①]他称傅埃特的《近代史学史》是一部令人钦佩的著作，但也声明自己的著作在研究内容和方法上均与之不同。[②]古奇熟悉德国史学界的研究现状，傅埃特的著作先于他的著作出版，而且他读过傅埃特的著作，也知道傅埃特对兰克史学的论述。正文与兰克相关的内容有两章，分别是以“兰克”为标题的第六章和以“兰克的批评者和门生”为标题的第七章。古奇认为兰克的贡献有以下三点。一是他把对过去的研究从当下的热情中分离出来，并且“如实直书”；二是他确立了一种历史建构严格地建立在同时代的材料之上的必然性；三是他创立了一种关于证据的科学。[③]在本质上，这三点都是方法论上的贡献，它们指向史料批判的研究方法和非党派性（Unparteilichkeit）的叙事态度。古奇并非忽视兰克的历史认识论，只是他对此不太赞同。兰克在《历史上的各个时代》中表达的历史认识论观点，被古奇视为批判兰克缺点的证据，他赞同兰普雷希特指责兰克是神秘主义者，认为兰克的观点在本质上是神秘的。[④]

古奇以兰克作品为叙述主线，他把兰克一生中的重要经历穿插在对其作品的论述中。他对兰克的作品做了风格迥异的评价。例如，他说《罗曼与日耳曼族群史》“在客观地对待欧洲史方面是一种明显的进步，……但是，就其价值来说，有点名过其实了”[⑤]。他把《近代史家

① G. P. Gooch, *History and Historians in the Nineteenth Century*, London: Longmans, 1935, Preface to the First Edition, p. v. 目前国内可见的英文版是 1935 年出版的朗曼版和 1959 年出版的灯塔版，引文主要参考 1935 年的朗曼版，此版序言与 1913 年首次出版的序言是相同的。

② G. P. Gooch, *History and Historians in the Nineteenth Century*, Preface to the First Edition, p. v.

③ Ibid., pp. 101–102.

④ Ibid., p. 100.

⑤ Ibid., p. 78.

批判》出版的年份 1824 年视为史学批判时代的开端。[①] 他认为《塞尔维亚革命史》“对知识领域来说是一种真正的贡献”[②]。他称《教皇史》“不但是历史研究的伟大成就，而且是一部完美的艺术作品”[③]。他认为《法国史》“最持久的价值是把法国（史学）从回忆录作者的束缚中解放出来”[④]。他指出《英国史》的“重要性和严肃性从未被他的其他作品超越”[⑤]。这些评论表现出古奇对兰克方法论的偏爱。他对《近代史家批判》的评价是一种赞美，古奇把尼布尔放在了其著作的第一章，但却把划时代的意义赋予了兰克。他对《法国史》的论述让人以为他是在评价《近代史家批判》中兰克对法国史家的批判。作为一名英国历史学家，古奇对兰克这个外国人写的英国历史很满意，他对《英国史》做出了一种绝对的评价，而这种绝对性指向的是写作态度。

古奇称《教皇史》是一部艺术作品，认为兰克细致地描述了教皇的个性。倘若古奇再从叙事风格上分析《教皇史》的话，兰克作品中的艺术性或许会显得更为突出。但古奇把《教皇史》的成功归于兰克的研究方法，这又把他的论述带回到了统一的主题上。古奇说《教皇史》的出名是因为它的客观叙述，也因为兰克批判地处理了他收集到的新材料。[⑥] 古奇认为《教皇史》因其研究方法而成功，再次证明了他对兰克方法论的偏爱。尽管在《教皇史》的前言中，兰克对其使用的史料做了说明，但在写作此书时，他已是一名成熟的历史学家，他对具体历史问题的兴趣比对史学理论的兴趣要浓厚。《教皇史》是一部研究具体历史问题的著作，不是一部方法论著作，兰克想要说明教会的——世界权力的恢复，它的复活与内在发展，它的进步与衰落。[⑦] 德裔历史学者博特（Andreas D. Boldt）强调，《教

---

① G. P. Gooch, *History and Historians in the Nineteenth Century*, p. 79.

② Ibid., p. 82.

③ Ibid., p. 87.

④ Ibid., p. 92.

⑤ Ibid., p. 94.

⑥ Ibid., p. 86.

⑦ Leopold von Ranke, *SW 37 Die römischen Päpste in den letzten vier Jahrhunderten*, Alfred Dove Hg., Leipzig, 1874, Vorrede, S. v.

皇史》的重要性在于其写作风格。兰克的写作文本流畅，像是把读者带入其中的小说，让读者无法停止阅读。[①] 博特指出，兰克把历史视为一种叙事，他力求结构上的完整和语言上的优美。古奇对《教皇史》的论述体现出他理解兰克史学的思路，即便是注意到这部作品的艺术性，古奇还是回到了对史料批判法的称道上。

在超过一百年的时间中，《十九世纪历史学与历史学家》是历史专业学生重要的参考书。从评价此书本身来看，古奇紧扣其写作任务，甚至说他对这一任务完成得太好了，以致侧重强调兰克在科学方法上的贡献。从理解兰克史学来看，古奇分析了兰克的主要作品，也注意到了时人对兰克的评价。随着此书广泛持久的传播，他对兰克方法论的强调，极易引导人们忽视兰克史学中思想性和观念性的内容。兰克作品本身是异质的，在其早期作品中，他表达了史料批判法的内涵，并且呈现出批判成果；在其成熟时期的作品中，他着力解释具体的历史问题，而且，兰克还在柏林大学的讲台上表达他对历史科学的构想。但古奇同质化了兰克的作品，它们都指向了方法论。

与古奇相比，傅埃特的研究更加全面，他兼顾到了兰克史学的多重面向，古奇在对兰克作品翔实的论证之下，其实方法论才是其主题。在19、20世纪之交，英德两国史学史著作对兰克史学的理解是如此不同，我们不禁要在差异产生的学术情境中探寻原因。

三、两国史家不同兰克论述之原因

兰克史学与“历史科学”（Geschichtswissenschaft）这一概念密切相关。总体来说，德国史学家认为，兰克史学有史料批判法和历史认识论两个维度；而英国史学家大都认为，兰克史学的科学性突出表现在其研究方法上。对于德国史学家和德国之外的史学家对兰

① Andreas D. Boldt, *The Life and Work of the German Historian Leopold von Ranke (1795–1886): An Assessment of His Achievement*, p. 136.

克史学的不同理解，伊格尔斯在探讨美国史学界的兰克形象时，指出其原因是美国史学家不能理解兰克历史思想的哲学意义，把兰克对文献的分析批判与他的观念论分裂开来。[①] 他的论断对本文分析英国史学家的兰克史学论述之原因具有参考价值。换言之，英美两国所理解的兰克史学及其原因在一定程度上是相似的。伊格尔斯没有说明美国史学家为何割裂了方法和观念，因此，后文将着力探寻英国史学家如此理解兰克史学的缘由。

这一现象产生的原因主要有两点。一是在英德两国史学科学化的不同进程和节奏中，两国史学家对史学科学化的认识是不同的。二是两国史学家对“科学”概念的不同理解。德国史学的科学化在 19 世纪 50 年代基本完成，表现为形成了一套“历史科学”话语，这一话语体系为历史研究确立了方法论和研究规范，还建构了哲学基础。换言之，德国史学的科学化包含了在方法论和观念两个方面设计出一种历史研究的范式。“历史科学”在方法论上的特点是史料批判法；在观念上包含着一种意识形态成分，它诉诸上帝，或者诸如理性这样的其他中介，来解释历史现象，将唯一性和发展性赋予人类世界。[②] 在 19、20 世纪之交，虽然新兰克学派抵挡住了兰普雷希特的批评，让兰克的史学遗产继续发挥作用，但是，早在 19 世纪 80 年代，德国学者就意识到了德国历史科学不稳定的处境，因为兰克的继承者们舍弃了兰克融入史学中的哲学和神学元素。[③] 也就是说，兰克史学的危机以及德国史学科学化的变化在 19 世纪 80 年代已初见端倪，到了 20 世纪，兰克史学中仅有史料批判法还能被奉为圭臬。在 20 世纪初，新兰克学派回应方法论问题而回避理论问题，而另一些德国史学家无力彻底地革新兰克范式。德国史学理论陷入了进退维谷，最后理论上的重建落在了新康德主义者和社会学家身上。

---

① 参见〔德〕格奥尔格 · G. 伊格尔斯:《二十世纪的历史学》，何兆武译，附录，第 232 页。

② 〔英〕恩斯特 · 布赖萨赫:《西方史学史》，黄艳红、徐翀、吴延民译，第 349 页。

③ 同上书，第 354 页。

当德国史学界反思史学科学化的成果时，英国史学的科学化还未彻底完成。英国史学科学化比德国的进展要缓慢，很大程度上是因为英国传统史学的影响仍然十分强大。在 19 世纪很长的一段时期里，英国人认为历史是纯文学的一支。[①] 英国有悠久的通俗史学和业余史学编撰传统，麦考莱是代表，他是政治家，写史是个人兴趣，重视叙事而缺少分析说理。[②] 历史写作仅属于贵族和知识精英，拥有社会地位、闲暇时间以及至少对公共事务所有了解的人，才能写出一部伟大的历史著作。[③]19 世纪早期，英国史学的状况是牛津大学和剑桥大学都不教授近代史，而且语言课程也开设得很晚，学生不能阅读德文书籍便无法了解当时德国史学界的情况；由此，英国史学界从德国或法国史学界借鉴到的经验有限；此外，除了巴克尔（Henry Thomas Buckle，1821—1862 年），英国史学家极少表示出研究史学理论的意向。[④]

英国史学的转变出现在 1859—1867 年间，麦考莱和巴克尔相继逝世，1867 年斯塔布斯（William Stubbs，1825—1901 年）成为牛津大学钦定教授。[⑤] 斯塔布斯是牛津学派的创始人，也是英国史学科学化过程中的重要人物。在就职演说中，他提出要建立一个学派，这个学派不以麦考莱等人的著作为基础，而应以已经收集和编排起来的史料为基础。[⑥] 他在牛津的目标就是激发学生对原始文献研究的

---

① 参见〔美〕J. W. 汤普森：《历史著作史》（下卷），孙秉莹、谢德风译，李活校，商务印书馆 1996 年版，第 381 页。

② 参见刘志来："论 19 世纪末 20 世纪初英国的通俗史学与科学史学之争"，《重庆交通大学学报》（社会科学版）2016 年第 3 期，第 20 页。

③ 参见于洪："论英国现代史学研究的专业化"，《史学集刊》2023 年第 5 期，第 113 页。

④ 参见〔美〕J. W. 汤普森：《历史著作史》（下卷），孙秉莹、谢德风译，李活校，第 423—424 页。

⑤ 同上书，第 425 页。

⑥ 同上书，第 429 页。斯塔布斯的就职演说，可参见 William Stubbs, *Seventeen Lectures on the Study of Mediaeval and Modern History and Kindred Subjects: Delivered at Oxford, Under Statutory Obligation in the Year 1867-1884*, Oxford: The Clarendon Press, 1886。相关研究还可参见 Rosemary Jann, "From Amateur to Professional: The Case of the Oxbridge Historian", *Journal of British Studies*, Vol. 22, No. 2(Spring, 1983), pp. 122-147; Reba Soffer, "Nation, Duty, Character and Confidence: History at Oxford, 1850-1914", *The Historical Journal*, Vol. 30, No. 1(Mar., 1987), pp. 77-104; George B. Stow, "Stubbs, Steel, and Richard II as Insane: The Origin and Evolution of an English Historiographical Myth", *Proceedings of the American Philosophical Society*, Vol. 143, No. 4(Dec., 1999), pp. 601-638。

批判精神，而非直接应对政治事务。[①]以史料而非历史作品为研究的基础，以及对史料进行批判研究，这都是典型的兰克所宣扬的研究方法。与此同时，在剑桥大学也形成了以西利（Sir John R. Seeley，1834—1895 年）、阿克顿（Lord Acton，1834—1902 年）和 J. B. 伯里（J. B. Bury，1861—1927 年）为代表的剑桥学派。在 1869—1895 年担任剑桥大学近代史教授时，西利尝试使历史学更具结构性、科学性，并试图找到一种真正的方法来对史料进行分类，但是，这些尝试均以失败告终，他指出人们使历史具备了科学的自觉，却未使其具备科学的结构。[②]

西利的接任者阿克顿，在德国接受了史学教育，还听过兰克的课，熟知兰克史学和 19 世纪德国史学。[③]在 1895 年的就职演说中，他指出在 19 世纪中叶出现的历史研究新秩序由新史料的出现、批判史料和不偏不倚的信条三点构成。[④]新史料的出现指档案材料，阿克顿认为史学家必须研究档案，还指出“我们的目标不是学习如何积累材料，而是如何研究材料”。[⑤]阿克顿认为批判史料有三个层次：史学家看到的文本与作者的叙述是否一致；作者的材料从何而来；材料真实性的问题。最后一点不偏不倚的信条（dogma of

---

① Paul Fredericq, *The Study of History in England and Scotland*, Baltimore: Johns Hopkins University, 1887, p. 44. 转引自于洪：“论英国现代史学研究的专业化”，《史学集刊》2023 年第 5 期，第 111 页。

② 参见〔澳〕斯图尔特 · 麦金泰尔等主编：《牛津历史著作史》（第四卷上），岳秀坤等译，上海三联书店 2021 年版，第 258 页。

③ 阿克顿关于兰克和德国史学的论述有两份文本，一是巴特菲尔德（Herbert Butterfield，1900—1979 年）在《人论他的过去》中收录的阿克顿在 19 世纪 50、60 年代对兰克的评论；二是阿克顿在 1886 年为创刊的《英国历史评论》撰写的文章“德国历史学派”。阿克顿认为，兰克选择史料的能力确保了他能够生动地刻画人物特征，以及提供一种客观的历史叙事。阿克顿认为，历史事件的真实和整个历史事实的真实是两回事，而兰克讲述的所有东西通常是真实的，整体却不是真实的，但不真实的要素是最难被察觉的。详述可参见 Herbert Butterfield, *Man on His Past*, Cambridge: Cambridge University Press, 1955, “Appendix VII. Acton on Ranke”, pp. 214-224; Lord Acton: “German Schools of History”, *The English Historical Review*, Vol. 1, No. 1(Jan., 1886), pp. 7-42。

④ 详述可参见〔英〕阿克顿：《近代史讲稿》，孙逸凡译，商务印书馆 2021 年版，第 13—16 页。阿克顿的就职演说，收录在《近代史讲稿》中。英文版可参见 Lord Acton, *Lectures on Modern History*, London: Macmillan Company, 1960。

⑤ 〔英〕阿克顿：《近代史讲稿》，孙逸凡译，第 13 页。

impartiality）是兰克的“非党派性”的另一种说法。阿克顿的上述论断与兰克的观点相吻合，他在方法论上把握住了兰克的要领。

在 20 世纪初，英国史学家就史学科学化的问题产生了分歧。在支持德国式史学科学化的英国史学家看来，兰克的研究方法值得被效仿和推广，史学的科学资格也经由方法获得。在捍卫英国传统史学的史学家看来，历史学不是科学，他们对兰克史学也不感兴趣。这种分歧的显著表现是伯里和屈威廉对史学性质的不同论述。① 伯里在 1902 年接任阿克顿的教席时，发表了题为“历史科学”的就职演说。他的核心观点是，尽管历史可能会为文学艺术或哲学推理提供材料（material），但它只是一门科学（science），不多也不少。② 这一观点的重点是“不多也不少”，不少于科学，因为史学家能够对过去做出确切的、真实的陈述；不多于科学，因为史学家只关心真实性，所以他的工作止于真实陈述。③ 笔者认为，在就职演说中，伯里说明了“历史学是如何成为一门科学的”和“历史学为什么是一门科学”两个问题，前者强调了历史学成为一门科学的过程，突出了历史科学与传统史学之间的区别；后者侧重于从研究方法上找出历史学是一门科学的原因，过程和原因两条主线交织在一起，共同为“历史学是一门科学，不多也不少”提供了论据。

伯里认为，所有的真理都要求最精确的方法，与新方法的引入密切相关的是真理标准的提升，而批判法是确保真理的方法之一。④ 科学关乎真理，历史学能够呈现真理是它成为一门科学的资格，伯里认为历史学在真理标准和真理呈现方法两方面都可以满足科学资格。首先，伯里指出“真理”的概念是灵活变化的。在古希腊-罗马，当历史写作与修辞结合在一起时，对准确性的要求没有这么严

---

① 学界对两人观点的分析，可参见〔英〕W. H. 沃尔什：《历史哲学导论》，何兆武、张文杰译，北京大学出版社 2008 年版，第 169—175 页；〔英〕理查德·艾文斯：《捍卫历史》，张仲民、潘玮琳、章可译，广西师范大学出版社 2009 年版，第 24—28 页。

② J. B. Bury, “Inaugural Address: The Science of History”, in Fritz Stern, ed., *The Varieties of History from Voltaire to the Present*, London: Macmillan Education, 1970, p. 223.

③ 参见〔英〕W. H. 沃尔什：《历史哲学导论》，何兆武、张文杰译，第 170 页。

④ J. B. Bury, “Inaugural Address: The Science of History”, p. 212.

格，人们接受历史写作中谎言的存在；但到了 19 世纪，历史学家严格地区分了真理与谬误。[①] 其次，伯里对批判法的评价很高，认为它是确保真理的方法。伯里了解批判法的学术史，他谈到尼布尔和兰克把科学的方法带入历史研究中，而且语文学家沃尔夫（Friedrich August Wolf，1759—1824 年）给历史学家带来了一种系统地、准确地分析史料的方法，现在此方法被认为是不可或缺的了。[②]

英国传统史学捍卫者的代表是屈威廉，他在“历史女神克利奥”中表达了与伯里相反的观点。[③] 他强调史学家的首要责任是讲故事，[④] 而且史学的价值不是科学的，而是教育的。[⑤] 屈威廉指出，自然科学（physical science）有两个功能，一是在实践领域中直接利用，二是在知识领域中演绎因果规律；而历史学无法履行这两种功能。[⑥] 历史学既无法发现重复出现的因果规律，对特殊事件的因果解释也不是科学的。[⑦] 而且，屈威廉理想中的历史作品是卡莱尔（Thomas Carlyle，1795—1881 年）的著作。他谈到，虽然卡莱尔缺乏近代史学方法所要求的品质，但他却拥有了因此方法所失去的东西。[⑧] 也就

---

① J. B. Bury, “Inaugural Address: The Science of History”, p. 212.

② Ibid., pp.211-212.

③ 屈威廉任教于剑桥大学，也可被视为剑桥学派的一员，他与伯里的分歧在一定程度上反映出在这一学派内部，史学家对史学科学化的理解不是完全统一的。“历史女神克利奥”发表于 1913 年，在此之前为了反驳伯里，屈威廉还邀请罗素（Bertrand Russell，1872—1970 年）站在他这一方，参与了讨论。罗素在《论历史》（*On History*, 1904）中指出，史料选择关涉价值标准问题，正是这一标准把史学排除在了科学之外。而且，从历史事件中无法产生普遍规律，因此历史学不是科学。罗素的详细论述，可参见 E. Egner and Lester E. Denonn, ed., *The Basic Writings of Bertrand Russell*, London: Routledge, 2009, p. 500。中文版可参见〔英〕罗素：《论历史》，何兆武、肖巍、张文杰译，生活 · 读书 · 新知三联书店 1991 年版。译序对伯里与屈威廉的争论也有介绍，可参见〔英〕罗素：《论历史》，译序，第 10—14 页。

④ G. M. Trevelyan, “Clio, A Muse”, in Fritz Stern, ed., *The Varieties of History from Voltaire to the Present*, London: Macmillan Education, 1970, p. 233. 中文版可参见〔英〕屈威廉：“历史女神克利奥”，载何兆武编：《历史理论与史学理论》，商务印书馆 2021 年版，第 646—669 页。

⑤〔英〕恩斯特 · 布赖萨赫：《西方史学史》，黄艳红、徐翀、吴延民译，第 378 页。

⑥ 参见 G. M. Trevelyan, “Clio, A Muse”, p. 230。“physical science”既能指物理学，也能指由物理学、化学、天文学等组成的自然科学，屈威廉在后一种意义上使用该词。

⑦ 参见 G. M. Trevelyan, “Clio, A Muse”, pp. 230-231。

⑧ Ibid., p. 233. 屈威廉认为近代史学方法排除了历史研究中的想象力和叙事才能，而卡莱尔具备了这两点才能。

是说，屈威廉知道史料批判法对史学科学化的重大意义，也承认卡莱尔缺乏收集、批判史料的能力，但他仍然认为叙事上的优点可以弥补方法上的不足。最后，屈威廉认为把历史学同自然科学类比的做法，在过去三十年里误导了许多史学家，使其偏离了他们正确的职业道路。[①] 虽然屈威廉反对历史学与自然科学类比的做法是正确的，但他认为正确的职业道路只是叙事就不太准确了。而且，前一种做法在 20 世纪初期的英国史学界更为普遍，德国史学界主流观点较少这样认为。

英德两国史学家观念上的另一个显著差异是他们对"科学"的不同理解，对这一差异的忽视，极易产生误解。例如，先前一些国内学者认为伯里是兰克学派在英国的代表人物，因为他们觉得伯里认为历史学是一门科学的观点是对兰克的继承，伯里和兰克都是实证主义者。[②] 笔者认为，这一有待商榷的认识产生的原因就是没有在具体的英语和德语语境中，理解伯里和兰克各自所使用的"科学"（science/Wissenschaft）的含义。首先，史学家成为实证主义者，意味着他们必须放弃描述性和道德驯化式的史学，仿照自然科学的成功模式来打造新式史学。[③] 按此定义来理解实证主义，兰克是历史主义者，他塑造的历史科学不是实证主义者宣扬的历史科学，历史主义史学与实证主义史学有着明显的区别。[④] 其次，实证主义史学在英国的代表是巴克尔。[⑤] 在《英格兰文明史》中，他认为历史学家要发现人类生活的固有规律，人类行为不受超验力量的影响，也没

---

① 参见 G. M. Trevelyan, "Clio, A Muse", p. 233.

② 相关论述可参见朱卫斌"历史学：科学还是艺术？"，《中山大学学报》（社会科学版）1995 年第 4 期，第 78 页。

③ ［英］恩斯特·布赖萨赫：《西方史学史》，黄艳红、徐翀、吴延民译，第 362 页。

④ 历史主义（Historismus）的含义，可参见 Dwight E. Lee and Robert N. Beck, "The Meaning of 'Historicism'", *The American Historical Review*, Vol. 59, No. 3(Apr., 1954), pp. 568–577; Georg G. Iggers, "Historicism: The History and Meaning of the Term", *Journal of the History of Ideas*, Vol. 56, No. 1(Jan., 1995), pp. 129–152。对兰克历史主义思想的研究，可参见 Friedrich Jaeger, Jörn Rüsen, *Geschichte des Historismus*, München, 1992; Frederick C. Beiser, *The German Historicist Tradition*, New York: Oxford University Press, 2011。

⑤ 国内对巴克尔的研究，可参见谭英华："试论博克尔的史学"，《历史研究》1980 年第 6 期。

有与自然现象区别开来。除了伯里和莱基（William Edward Lecky，1838—1903 年）外，英国史学家对巴克尔的观点印象并不深刻。[①]因此，伯里所宣扬的史学模式即便被认为是实证主义史学，其来源也不是兰克。

历史学是不是一门科学（Wissenschaft）对于兰克来说不是一个真问题，他一直认为历史学是一门经验科学。在德语中，“ein Wissenschaft”（泛指的科学）指一种有组织的信息整体；“der Wissenschaft”（特指的科学）指所有正式的知识，学者们在获得、解释和排列工作上的集体活动，都可以被称为“der Wissenschaft”。[②]伯里讨论的“科学”（science）和兰克理解的“科学”（Wissenschaft）是两个含义不同的概念。伯里想效仿自然科学建构历史科学，除了在方法论上做文章之外，似乎别无他法，而这个举动本身就容易走进死胡同，进而把历史学和兰克史学一并狭隘化。

19、20 世纪之交，英德史学家对兰克史学的理解不尽相同。前者强调兰克在史料批判法上的贡献，后者呈现兰克史学的多重面向。如果只是从分析不同的理解本身来说，这个问题并不具有普遍意义。如果挖掘出了不同理解背后的学术情境的话，对这个问题的梳理、解释关联着两国史学家对历史学科学性质的看法。他们对兰克史学的不同理解，表明了他们对兰克史学中的科学维度的不同理解，进而体现了他们对历史学科学性质的不同认识。

结　　语

英德史学的科学化有着各自的进程和节奏，两国史学家对“科学”的理解不同。支持史学科学化的英国史学家提倡确立一门在研究方法和目的上都一致的历史学，这类历史学的任务是发现历史

---

① 参见〔英〕恩斯特 · 布赖萨赫：《西方史学史》，黄艳红、徐翀、吴延民译，第 362 页。

② 参见 Fritz K. Ringer, *The Decline of the German Mandarins the German Academic Community 1890–1933*, Cambridge: Harvard University Press, 1969, pp. 102, 103。

进程中的普遍规律；英国传统史学的捍卫者屈威廉等人反对史学是科学的原因就在于他们认为历史学无法实现这一目标。在德国文化语境中，科学包括自然科学（Naturwissenschaft）和精神科学（Geisteswissenschaft），历史科学属于后者。在研究方法、目的与任务上，精神科学都与自然科学不同。更具体地说，19世纪德国史学家致力于历史学的科学化，这种科学化并非对标自然科学。相比于德国史学家，世纪之交的英国史学界沉迷于历史学的自然科学化，在发现无法在研究对象上实现这种追求后，他们只能转向从研究方法中寻求支持。而且，相比于兰克的历史认识论，他的史料批判法更容易被非德语世界接受和理解。由此，在20世纪初，兰克及其史学就被古奇如此描绘。在时间长河中，非德语世界的史学家以其本国的观点、立场为前提，传播、塑造兰克史学。相比于高深的德语史学理论著作，古奇的史学史著作像教科书一样拥有广泛的读者，所以，古奇的叙述就这样影响了我们对兰克史学的认识。

作者简介：杨璇，上海师范大学世界史系博士后。

在悲鸣中重建：从雅各布·布克哈特到约恩·吕森的历史悲悼路径

李　义

摘要：“历史悲悼”是德国当代史学理论家约恩·吕森将精神分析学领域的“悲悼”概念拓展为一个史学理论的思考范畴。“历史悲悼”是历史思考和历史记忆的基本构成要素，是“历史文化”范畴中特定的精神和实践活动，它指的是通过对历史无意义的感知、诠释来思考历史意义生成的历史意识。在史学的思想脉络上，“历史悲悼”存在着一条从雅各布·布克哈特到约恩·吕森的发展路径。吕森通过理论阐释吸收了布克哈特的“人类学”观念和“美学化”“结构化”思想的合理性内涵，并将其融为把握历史意义整体的部分构成要素。这一理论阐释的成果成为吕森结合现代历史经验进行“历史悲悼”的精神工具。本文通过对这条路径的梳理和分析，指出了“历史悲悼”理论化、现代化、政治化和普世化的发展脉络。

关键词：历史悲悼　雅各布·布克哈特　约恩·吕森　历史思考　历史意义生成

自20世纪70年代以来，以海登·怀特为标志，西方史学理论家们纷纷开始利用文学理论，分析历史学中叙事、文本等“诗性”要素，推动历史思考朝着“语言学转向”的方向发展。然而，随着学界对“记忆”“经验”“在场”“创伤”等问题的探讨和争论，在进入21世纪后，后现代史学理论的影响逐渐式微，历史的理性和真实重归学界的视野。特别是有一批史学理论家有意尝试探索一种新的史学理论范式，试图在现代与后现代史学理论之间走一条中间路线。例如荷兰史学理论家安克斯密特（Frank Ankersmit）在21世纪初便宣称："现在该是传统史学理论对于语言的天真想法与某些后现代理论家的夸大其词之间找到中道的时候了。"[①] 美国理论家约翰·扎米托（John H. Zammito）比安克斯密特更进一步，认为"传统史学理论""能够将后现代主义的'语言学转向'中合理的部分吸收到健全的史学实践之中"。[②]

对于约恩·吕森（Jörn Rüsen）来说，他一直以来的立场就是主张在现代与后现代史学理论之间走一条中间路线。一方面，吕森认识到了后现代史学理论在审美、修辞、道德和政治等维度对历史思考所作的拓展和深化；另一方面，他依旧坚守现代历史科学中部分的客观性和"合理性"成分。因此，吕森主张在两者之间探求一种"主体间的有效性"（intersubjective validity），即历史学家在进行历史叙事和阐释时并不是随心所欲和漫无边际的，而是依据"先在的"历史经验以及历史学家在史学方法论和实践生活中的理性准则来进行的。[③] 在此，历史经验不是外在于历史学家的客观研究对象，而是内在于历史学家研究工作和实践生活中的现实经验，它们作为一个统一体共同构成了历史在主体间相对客观的有效性。与此同时，这一有效性自身也会通过历史思考和历史叙事成为一种文化导向，为人们开辟未来的视域。

"历史悲悼"理论正是根植于吕森的这一思想路径，它是历史思考和历史叙事在处理"历史创伤"等消极的历史经验时的具体体现。当历史学家在面临例如纳粹大屠杀等消极的历史经验时，其历史叙

---

① 〔荷〕F. R. 安克斯密特：《历史表现》，周建漳译，北京大学出版社2011年版，第21页。

② 〔美〕约翰·扎米托："夸张与融贯：后现代主义与历史学"，《历史研究》2013年第5期。

③ 参见 Jörn Rüsen, *History: Narration-Interpreation-Orientation*, Berghahn Books, 2005, pp. 68–72。

事受到“先在的”消极经验的限制。历史学家有责任通过“历史悲悼”认识并揭示出内在于人类实践生活中的消极经验，并为人类指明一种拒斥消极经验再次发生的文化导向。吕森并不否认后现代史学理论所认为的，历史学家在选择关于大屠杀的历史叙事时确乎是基于某种道德立场。但他强调这一主观的道德选择首先是基于“先在的”恐怖经验在当下主体间形成的有效的道德共识。在后现代史学理论式微的当下，我们理应通过后见之明看到吕森史学理论的学术价值所在，而目前中文学界对“历史悲悼”这一理论的讨论尚且不够充分。因此，本文试图通过考察和分析“历史悲悼”理论的形成路径，理解吕森史学理论的思想脉络及其内在逻辑，并借此窥见当前西方史学理论发展的趋势。

一、缘起：对德罗伊森“系统论”的修正

一般认为，约恩 · 吕森的史学理论体系是对德罗伊森（J. G. Droysen）史学思想的继承和发展。[①] 吕森对“历史悲悼”的关注同样始于对德罗伊森“历史知识理论”中“系统论”的批判和修正。德罗伊森的“系统论”旨在提供对历史进行系统性思考的理论，与当时百科全书式的历史知识堆砌和兰克学派侧重史料考证的治史方法相区别。作为黑格尔的授业弟子，德罗伊森通过汲取黑格尔的“理念论”来实现这一目的。黑格尔将“精神的概念”视为世界历史的普遍目的，世界历史就是“世界精神”自我认识和实现的历史。因此，德罗伊森同样认为历史存在“一个超乎一切目的之上的目的（Zweck der Zweck）”，此即人类历史发展的“内在统一性”（innere Einheit），一切“道德团体”（sittliche Mächte，如国家、民族、教

① 尉佩云从历史意义、历史主义与历史知识的性质、历史学的学科性质、历史教育等方面，详细阐释了德罗伊森和吕森的学术传承关系。参见尉佩云：“约恩 · 吕森对德罗伊森史学思想的继承与发展——兼论德国史学理论的现代演化”，北京师范大学 2019 年史学理论与史学史国际学术研讨会会议论文。

会、家庭、语言等）都是其形之于外的现象。德罗伊森对黑格尔的改造或推进之处在于他对“理念”形之于外的现象进行了更加历史化的处理。黑格尔将国家视为“精神”在现实生活中的最终实现，并据此对世界各民族的历史形态变迁做出了线性的解释，但德罗伊森还兼顾到对人类每个历史阶段中各个“道德团体”及其活动之间相互关系的有机呈现。换言之，他反对历史哲学式的历史解释，而是意在通过对各“道德团体”特性的理解来解释其内在“理念”实现过程中具体而复杂的历史知识。

然而，伴随着历史哲学的萎缩和现代历史思考的发展，德罗伊森从黑格尔那里继承而来的形而上因素无法适应现代的历史经验。历史研究中的“内在统一性”需要从理论层面进行完整的重新阐释。吕森在肯定德罗伊森关于历史统一性问题思考的同时，认为“在讨论这个历史的统一性及在思想理论上说明这个统一性时，必须舍弃德罗伊森的立场，而应该借用人类学的观点。从观察人类实际生活中诸因素下手，说明人类活动及忧患的历史”①。此处“人类学”的观点指的并不是学科意义上的人类学，而是一种区分“人”与“非人”的思想前提。② 它指的是历史学家应该否定和去除一切带有神学色彩的历史本体论和目的论，从基于人类实践活动的世俗因素而非“精神”“理念”等形而上因素认识历史的统一性。

吕森从雅各布·布克哈特（Jacob Burckhardt）的史学思想中找到了“人类学”的思想源泉。布克哈特在《世界历史沉思录》中写道：“对于我们来说，我们看待历史的时候从人出发，因为还没有谁以人为根本考察历史。人在整个历史过程中忍受、进取和行动，构成一个恒定的中心。我们的方法就是审视人的过去、他的现在和他

① 〔德〕德罗伊森：《历史知识理论》，胡昌智译，北京大学出版社 2005 年版，“引论”，第 25 页。

② 按照吕森的观点，人类之所以被定义为“人”，是因为他区别于自然和神等“非人”的范畴。人能够赋予世界意义，以自身的道德标准区分善恶，对自身的行为负责，具备尊严和同情心。拓展到社会维度中，人类社会存在尊卑贵贱等形式的二元身份差异和社会结构，人类能够形成区分自我和他者的集体认同。

的将来。”[①] 这就从历史研究的对象、目的和方法上彻底否定了德罗伊森通过理念论建立起来的历史统一性。布克哈特不赞同德罗伊森通过历史哲学方法来建立历史统一性的方式。因为在他看来，历史和哲学本质上是相互抵牾的，前者“以协调的方式进行整理”已经存在和发生的史料和事实，后者则“以归纳的方式”对世界的本质进行概括。由于历史学的根基不能建立在尚未实现和无法证实的形而上目的之上，因此历史哲学的终极目的是建立在错误前提之上的预想和假设。反之，布克哈特声称自己采用“病理学”的方式“观察”历史现实中的人及其行动的变化，目的就是为世界历史的整体演变提供真切而具体的描述和解释。

不过，布克哈特理解历史统一性的方式并没有止步于此。如海登·怀特所指出的：“与他（布克哈特）声称的反对‘历史哲学’相反的是，他本身的实在论历史学概念要求一个明确的有关实在本质的一般概念，即便此概念受到约束。它完全疏远了任何知识的具体细节，无论如何升华，都是为了赋予历史作品一种令人满意的形式一致性。”[②] 布克哈特通过“文化”（Kultur）和“精神”来赋予这种一致性。按照黑格尔对“文化”一词的理解，“‘文化’是一种形式上的东西，因为它的目的不过要把无论任何内容分析为各个构成部分，而从它们的思想定义和思想形态上理解它们”[③]。也就是说，黑格尔理解的“文化”只是一个形式性的范畴，它等同于德罗伊森所说的“道德团体”，都是精神或理念的外塑。但布克哈特对“文化”的理解不同于前者，在他看来，“文化”是人的“精神本能地发展的总合”，[④] 而“精神”是“以理想的形式对所有尘世的东西进行理解的能力”。[⑤]“精神本能地发展”指的并不是“精神”会在历史中自发形成

---

① 〔瑞士〕雅各布·布克哈特：《世界历史沉思录》，金寿福译，北京大学出版社 2007 年版，第 3—4 页。

② 〔美〕海登·怀特：《元史学》，陈新译，彭刚校，译林出版社 2013 年版，第 320 页。

③ 〔德〕黑格尔：《历史哲学》，王造时译，上海书店出版社 2022 年版，第 62—63 页。

④ 〔瑞士〕雅各布·布克哈特：《世界历史沉思录》，金寿福译，第 51 页。

⑤ 同上书，第 7 页。

与自我实现，而是“人”的“精神”依靠其能动性在物质世界中所进行的文化创造。这些文化创造虽然不断变化更新，但由于它具有摆脱稍纵即逝而与世长存的力量，因而成为布克哈特把握历史统一性的恒定对象。

吕森赞同布克哈特把“人类学”作为历史思考的基础，并以此来替代历史哲学式的历史理解的方法。与此同时，他认为布克哈特的历史思考是“美学化”和“结构化”的。[①] 在柏林大学艺术史的学习经历使布克哈特对文化和艺术具有卓越的感知和理解能力，从而对欧洲的传统文化和精神满怀热情和敬意。然而，布克哈特在政治上却是一个“天生的保守主义者”。19 世纪以来欧洲的民主革命、资本主义工业化、现代国家机构的形成等现代化发展，对他来说不是走向进步和发展的坦途，而是中断欧洲传统文化的荆棘。他早年（1844—1845 年）在担任《巴塞尔日报》（*Basler Zeitung*）编辑时便对当时欧洲激进主义者和专制主义者之间无休止的政治斗争深感厌倦，他对双方都全无好感并深感无奈，并因在此期间能在巴塞尔大学获得一份安静的教职而感到由衷高兴。[②] 吕森和海登·怀特也共同指出了布克哈特史学思想中所蕴涵的叔本华式的悲观主义，即一种遁入艺术经验和逃离现实政治的冲动。[③] 因此，布克哈特选择通过对文化和精神的“美学化”感知来挽回已经缺席的欧洲文化传统，通过文化史的书写来“补偿”和“慰藉”在政治上已经无药可救的危机。

然而，这并不意味着布克哈特在面临巨大的文化认同的断裂时，只是消极地沉湎于传统文化中聊以自慰，他还为历史倾注了一股“结构化”的力量。布克哈特既没有像达尔文主义者一样认为历史是

---

① 参见 Jörn Rüsen, “Jacob Burckhardt: Political Standpoint and Historical Insight on the Border of Post-Modernism” , *History and Theory*, 1985, pp. 235-246。

② 参见 Alexender Dru, *The Letters of Jocob Burckhardt*, Pantheon Books, 1955, pp. 14-16。

③ 参见〔瑞士〕雅各布·布克哈特：《世界历史沉思录》，金寿福译，“序言”，第 V 页；〔美〕海登·怀特：《元史学》，陈新译，彭刚校，第 329—331 页。

生存竞争和自然选择的结果，也没有像 19 世纪的观念论者一样认为历史是人类精神对自然的否定和征服。与之相反，布克哈特认为历史是自然力量与文化力量之间相互交织、相互斗争的结构性产物。人类的自然本能会毁坏和侵蚀其先前的文化和精神创造，造成文化和精神的暂时衰落，但与此同时，人类自身也会为了抵抗和克服这种毁坏性的自然力量而进行新的文化和精神创造。这实际上为我们导向了一个新的未来视域，即文化和精神会伴随着人类与自然的斗争而以一种新的形式复兴。对于布克哈特来说，19 世纪以来的现代社会充斥着自然力量对文化的腐蚀，国家对权力欲望的追逐和人们对物质欲望的渴求正在侵蚀着传统文化的自由精神。他因而试图通过“美学化”与“结构化”的历史思考来反抗势不可当的自然力量，并寄希望于文化复兴的未来。

在吕森看来，布克哈特的这两种相互交织的思想倾向消解了历史思考中的政治导向功能。布克哈特在很大程度上放弃了对现实中政治认同和政治自由的考量，使其无法在实践生活中形成有效的政治参与或政治行动的准则。因此，当吕森在理解和把握历史统一性时，他不仅通过布克哈特史学思想中的“人类学”观点批判继承了德罗伊森的“系统论”，而且批判性地汲取了布克哈特“美学化”和“结构化”的思想要素，从而构成了其关于“历史文化”（Geschichtskultur）的理论阐释。吕森认为，

> 历史文化是历史意识意义形成功效的全部总和。它包括特定的实践过程中人类在面对他们的生活、行动、受难时的文化实践导向。历史文化将人类定位于一个时间变化过程之中，在其中，就是人类行动和受难发生之地，并且，人类本身的行动和受难在历史文化中得以确认和完成。[①]

① Jörn Rüsen, *Evidence and Meaning*, Berghahn Book, 2017, p. 168. 关于吕森对“历史文化”的阐释，参见尉佩云：“历史文化：当代德国史学理论的一个范畴”，《学术研究》2018 年第 10 期。

在此，吕森通过“历史文化”来把握历史的统一性，它取代了德罗伊森“系统论”中的“精神”。“历史文化”不是在“道德团体”中的展开和实现，而是在人类行动和受难的实践过程中形成的，其本身也在这一过程中得以彰显。这实质上是对德罗伊森“系统论”的“人类学化”，即去除其“内在统一性”中不证自明的本体要素，并通过可以解释的人类实践活动来认识这一新的意义整体，从而形成以“历史文化”为核心的理解和解释历史“内在统一性”的当代理论范畴。①

与此同时，鉴于布克哈特“美学化”的思想倾向，吕森将“历史文化”划分为审美、政治和认知三个维度，这三个维度相互独立又彼此相关。② 布克哈特的问题在于，他通过文化和精神在审美维度的探求一定程度上是以牺牲其他两个维度为代价的。他从未像兰克或德罗伊森那样通过历史写作彰显国家或民族作为最高政治原则的观念，也从未将历史学认知世界的能力提升到现代科学的意义上来。因为对他来说，“历史是所有科学当中最不科学的一门学问”③。这实际上部分地剥夺了政治和认知维度在历史研究中的效力。同样地，政治或认知维度的主导也会导致在历史研究中出现“政治化”或“意识形态化”的倾向。④ 因此，“历史文化”中审美、政治和认知三个维度应该构成相互制约、相互批判、相互补充的复杂关系。正是基于上述的学术背景，吕森通过布克哈特“人类学”的观念及其在“历史文化”审美维度的探求中，找到了关于“历史悲悼”的思想要素，并结合现代历史经验对其进行了完整、多维的理论阐释。

---

① 关于理念论与“历史文化”之间的关系问题，参见尉佩云：“历史意义的思想演变与当代转型——以约恩·吕森为中心”，《学术研究》2023 年第 4 期。

② 参见 Jörn Rüsen, *Historische Orientierung*, Wochenschau Verlag, 2008, S. 219–228。

③ 〔瑞士〕雅各布·布克哈特：《世界历史沉思录》，金寿福译，第 77 页。

④ “历史文化”中的“政治化”指的是以损失历史真相为代价来提供政治所期待的历史事实；“意识形态化”指的是对真相的需求被扭曲为一种意识形态的教条主义。

二、历史悲悼：布克哈特“人类学”观念的内涵

在黑格尔历史哲学的影响下，19世纪德国的历史学家普遍抱持着历史乐观主义的态度。他们普遍相信历史中存在一个目的和计划，即内在于历史中的理念和精神会向着一个更加完善和理性的国家前进，并以此来说明强权国家政治的正当性。这种乐观主义在德罗伊森的思想中达到了巅峰。基于对理念（Ideen）的认知，德罗伊森对历史本体、人的理解能力以及国家权力都表现出浓厚的乐观主义，对它们在历史中不断发展进步的总方向抱有极高的信心。在这种思想背景下，布克哈特的悲观主义显得非常“不合时宜”。他不仅否定任何形式的理念论和进步主义，认为这些冷酷无情观念对失败者和受害者的呻吟充耳不闻，而且他始终对现代国家观念下“无限的”国家权力保持强烈的警惕，寻求超越政治的文化和精神的独立性。然而，正是这种悲观主义使得布克哈特在基于“人类学”观念的历史书写中，保留了一个显著的情感的和美学的维度，即对历史中人类重要品质损失的“悲悼”（Trauerarbeit）。在吕森看来，布克哈特是“能够传达作为历史经验要素的‘绝望和哀伤’的少数历史学家之一”[①]，其史学实践提供了“已经形成的悲悼的历史思考策略”[②]。

根据弗洛伊德的定义，“悲悼”是一个精神过程，它“通常是指对失去所爱之人的反应，或者是失去了某种抽象事物的反应”[③]。在悲悼初始时，一个人会“失去接纳新的爱的客体的能力（这意味着要取代他），以及同样拒绝任何的、与想到他无关的活动”[④]，并且不愿

---

① Jörn Rüsen, *Evidence and Meaning*, p. 224.

② Jörn Rüsen, *History: Narration-Interpreation-Orientation*, p. 150.

③ Sigmund Freud, James Strachey, *The Complete Psychological Works of Sigmund Freud*, W. W. Norton & Company, 1976, p. 3042.

④ Ibid, p. 3043.

意放弃附着在已经消失了的客体之上的“力比多”（libido）[①]。但是，在每一次回忆、追念和挽回失去客体的过程中，附着在客体之上的“力比多”都会戏剧性地在现实中消耗和流失。在悲悼结束时，附着在客体之上的“力比多”完成分离，主体重新获得了自由。在日常生活中，悲悼可以理解为我们逐渐正视并“走出”对某人（物）或某事的悲痛或留恋，并重归现实的精神过程。对于布克哈特来说，他所要面对的问题是如何处理从古代希腊流传下来的传统文化和精神在19世纪的“失去”及其带来的“绝望”和“哀伤”。

布克哈特深刻地意识到，毁灭性的力量和不幸的痛苦在任何时代都是不可避免的，这是人类的自然本性。人类作为自然界的物种之一，身上遗留着许多相互敌对和征服的本性。这种本性在文明社会表现为不同个人或团体对权力的争夺，或者是拥有权力的国家和宗教对大众的统治和奴役。[②] 在布克哈特看来，这是人类生活的普遍现象。由于本质上“邪恶的”权力与本质上要求自由的文化互相龃龉，人类历史就成为文化力量与自然力量之间相互斗争、相互展演的历史构图。布克哈特不会赞成黑格尔历史哲学中的“理性的狡计”，认为个人的不幸或牺牲是为了“理性的绝对目的”的实现。相反，他认为，“试图以所谓更好的世界计划来掩人耳目是不可饶恕的。一切得逞的暴行都至少是一项丑闻，是一件可耻的例证。我们不应当对人间生活做出比它实际情况更高的评价”[③]。布克哈特如实地看到人类历史就是“充满了道不尽的艰辛、罪疚和哀痛”的悲剧，人类生活中的斗争、受难和不幸是必然且无法被“补偿”的，而幸福只是“疼痛暂时缺席的结果”。

我们可以把上述布克哈特对人类历史的悲观描述视为他在失去欧洲传统文化之后的哀伤反应。但是，这种哀伤并没有使他陷入病

---

① “力比多”是精神分析理论中的一个重要概念，它通常被认为是“性的”冲动和精神动力，其后扩展到包括爱、快乐、自我保护等表达的精神动力。

② 参见〔瑞士〕雅各布·布克哈特：《世界历史沉思录》，金寿福译，第21—22、249—250页。

③ 同上书，第158页。

态的“忧郁”，而是伴随着他对文化和精神的回忆和“挽救”而完成了一次悲悼的精神历程。布克哈特在论及日耳曼部落大迁徙造成的文化衰落时说道：

> 我们当然会有些惋惜，但无须用空论来宽慰自己，说什么有些东西的衰落能带来好处，或衰落之后又会有复苏。因为绝不是每次毁灭之后都会跟着起死回生（那些卷入其中的人及其亲属绝不会从腐烂中苏醒）……出类拔萃、广受推崇的诗歌和艺术作品所遭到的毁坏更让我们难以释怀，我们确信它们不可替代，我们知道，正是这种天然力量与这种美的结合空前绝后。（就让我们闭上双眼；经验告诉我们，人类经历许多世代才能获得少许精华，且在未来不会做得更好；因而，此时此刻，面对物华天宝的毁灭不存，我们不妨悲悼。）①

对布克哈特来说，虽然历史的悲剧不可避免，但对于在时间上具有永恒价值的文化和精神的回忆依然具有改变现状的潜力。他认为，“如果在不幸中也将有某些幸运，那只能是精神上的，它回顾对较早时代文化的挽救，展望精神在某个时代中沉着和孜孜不倦的表现，否则这个时代就会被彻底抛入庸俗的事物中”②。在此，布克哈特通过文化和精神来把握历史的统一性，它们的流传构成了世界历史发展的连续性和整体性。但是，布克哈特的文化史书写并不是关于文化或艺术的学案体，而是包含国家和宗教在内的广泛的“文化背景”的写作。国家、宗教和文化三种力量在历史中相互交织、相互决定。文化随着国家和宗教力量的此起彼伏而呈现出不同的面貌，而类似日耳曼部落大迁徙或“现代化”这样的“危机时代”则造成了文化连续性的暂时中断。因此，布克哈特在展现一幅连续的、整体的历史构图的同时，也试图让读者意识到断裂和破损在其中的显现。在此意义上，布克哈

① Jacob Burckhardt, *Judgements on History and Historians*, Routledge, 2007, pp. 30–31.

② Ibid., p. 245.

特才会说道："人们会在对以往时代的思索中认识到无上高贵的事业之一，那就是被视为一个整体的人类，其生活和受难的经历。"[①]

这正是布克哈特在其三部文化史代表作《君士坦丁大帝时代》《意大利文艺复兴时期的文化》和《希腊文化史》中所展现的写作意图。布克哈特看到了19世纪以来资本主义工业化和民族国家的形成对人性和欧洲文化的戕害，因此他在著作中试图前往历史上的"危机"时代，来观察希腊化时代、罗马帝国晚期和文艺复兴时期的人，如何通过与国家和宗教的斗争来推动西方古典文化的延续和新生。通过这种方式，布克哈特也重新建立起与西方古典文化的联系，从而将文化和历史的价值转化为他在面对自身时代危机时的创造性力量。卡尔·洛维特（Karl Löwith）便指出，"促使他（布克哈特）决心研究历史的动机是躲避当前的事件，但他转向历史本身恰好重新获得了当前政治的意义"[②]。随着布克哈特从对历史的回忆和沉思中走进现实，他至少在个体和美学的层面上获得了解放，完成了一场悲悼的精神过程。布克哈特并没有将"悲悼"作为一个史学理论的范畴来进行实践的自觉，但他的史学实践却表达出了关于"历史悲悼"的真正内涵。当然，结合现代历史经验并对"历史悲悼"进行完整的理论阐释工作是由吕森开始并完成的。

三、比"历史化"更高的要求：对纳粹大屠杀的历史悲悼

"二战"结束后，如何面对纳粹历史带来的历史重负和历史创伤，成为德国政府和社会各界无法回避的严肃问题。作为"二战"后成长起来的一代德国学者，吕森所面临的时代危机和文化断裂与布克哈特全然不同。他所面临的危机是纳粹大屠杀的历史经验对

① Jacob Burckhardt, *Judgements on History and Historians*, p. 3.

② 〔德〕卡尔·洛维特：《雅各布·布克哈特》，楚人译，商务印书馆2013年版，第297页。

“现代的”历史思考、历史书写和历史认同所造成的根本挑战。科泽勒克认为，现代的“历史”（Geschichte）是“集体单数”的概念，历史学家需要通过历史叙事将过去的事实（fact）转化为具有内在一致性的历史真实（reality）。[①]吕森则将“历史”理解为“人类为了理解其现在、预见其未来而用以诠释其过去的那些文化实践的方式、内容和功能的整体。简而言之：历史是时间经验的意义形成”[②]。然而，纳粹大屠杀以其极端的历史经验中断了现代历史意义的内在一致性和连续性，成为外在于“历史”的“边缘事件”。吕森将纳粹大屠杀视为一种灾难性的危机和“创伤”（Trauma），认为它“摧毁了历史意识将偶然加工为有意义的历史的可能性”[③]，“摧毁了生活实践的导向体系的有效的对意义的构想”[④]，是“意义的黑洞”。

基于以上缘故，我们不难理解马丁·布洛查特（Martin Broszat）和索尔·弗里德兰德尔（Saul Friedländer）为什么会在20世纪80年代围绕纳粹历史的“历史化”（Historisierung）问题展开争论。[⑤]1982年，联邦德国政治和公众舆论随着赫尔穆特·科尔（Helmut Kohl）的上台而发生了转变，科尔推行“精神与道德转折”（geistig-moralische Wende）为纲领的历史政策，试图推动纳粹历史的“正常化”，并重塑德意志民族的历史意识和历史认同。与此同时，到了20世纪80年代，德国学术界对第三帝国的研究已经拓展到经济、社会、文化以及日常生活等诸多方面。在此背景下，德国历史学家布洛查特于1985年发表的一篇名为“对国家社会主义历史化的诉求”（A Plea for the Historicization of National Socialism）的文章。他在

① 参见 Reinhart Koselleck, *Futures Past: on The Semantic of Historical Time*, Columbia University Press, 2004, pp. 34-35。

② Jörn Rüsen, „Was ist Geschichte? Skizze einer Synthese“, *Zeitschrift fur Didaktik der Philosophie und Ethik*, 27, 2005, S. 266-272.

③ Jörn Rüsen, *Zerbrechende Zeit*, Böhlau Verlag, 2001, S. 153.

④ Ibid., S. 171.

⑤ 参见 Martin Broszat, “A Plea for the Historicization of National Socialism”, Saul Friedländer, “Some Reflections on the Historicization of National Socialism”, Martin Broszat and Saul Friedländer, “A Controversy about the Historicization of National Socialism”. in *Reworking the Past: Hitler, the Holocaust, and the Historians' Debate*, Beacon Press, 1990。

文中主张对纳粹历史进行“历史化”的处理，即通过“日常生活史”（Alltagesgeschichte）的研究方法将纳粹历史中与创伤性事件无关的、相对“正常的”一面纳入长时段的社会发展图景中。换言之，布洛查特力求以更加“客观”“中立”、全面的方式重新看待和解释纳粹历史，将其与其他一般事件平等地共置于德国现代化发展的历史进程中，以此来改变历史学家长期以来将纳粹历史特殊化、神秘化和道德化的扁平的研究状况。

但布洛查特的历史化策略很快便遭到在美国和以色列任教的犹太历史学家弗里德兰德尔的明确反对。在后者看来，布洛查特的历史化策略是对第三帝国时期政治-意识形态-道德研究框架的相对化和淡化。德国日常生活的演变不可能免受纳粹政治和意识形态的影响而成为“正常的”，更不可能与纳粹前后的日常生活史构成连续的历史图景。布洛查特所谓“客观”“中立”的研究方法很有可能会导致我们与纳粹历史的疏离。因此，弗里德兰德尔认为，在没有成熟的研究理论提出之前，历史学家最好与纳粹历史保持相应的疏离感。

弗里德兰德尔并非反对纳粹历史的历史化进程，只是对于历史化的标准以及历史化的策略与布洛查特意见相左。他认为，“只有将纳粹党政权的罪行完全整合到一个复杂的历史语境中，才能完成历史化，如果这种整合没有整合到位，那么历史化这个时代的决定性因素可能仍然难以捉摸”[①]。但是，正如弗里德兰德尔所看到的，已有的历史化策略并没有实现这一目的。[②] 这些历史化策略虽然将纳粹的

---

① Saul Friedländer, “Some Reflections on the Historicization of National Socialism”, in *Reworking the Past: Hitler, the Holocaust, and the Historians' Debate*, Boston: Beacon Press, 1990, p. 99.

② 吕森回顾并区分出以往处理大屠杀的八种不成功的历史化策略：匿名化、分类化、普遍化、道德化、美学化、目的论化、理论化和特殊化。匿名化指人们用“黑暗”时期、“命运”等词语来指代屠杀、犯罪和苦难。分类化指将大屠杀归类为历史的部分现象，如“悲剧”。普遍化指将大屠杀相对化，将其与人类历史中的其他灾难等而视之。道德化指通过展现与大屠杀的道德对抗来使人们获得释然，例如电影《辛德勒的名单》。美学化指通过图像、影像或博物馆等美学形式再现大屠杀的历史场景。目的论化指通过可作为罪证的过去并以警戒后世为目的的教导和学习的过程，例如以色列亚德瓦谢姆大屠杀纪念馆。理论化指抽象地、当下地思考大屠杀的相关问题。特殊化指将大屠杀划归一部分专家进行学术性的专业研究。参见 Jörn Rüsen, *Zerbrechende Zeit*, S. 172–175。

罪行从非历史的空间中解放出来，并将其排列在连续的时间链条和整体的历史意义之中，但与此同时，大屠杀事件的创伤性特征和道德价值也随着这些过程被削弱了。

吕森在史学理论层面推进和阐释了弗里德兰德尔的这一观念。吕森认为，历史的真实性不仅指纯粹客观的过去本身，还包括当下主体带有意义和价值的、导向性的、反思性的历史记忆和历史意识，并且这种主观的记忆和意识会随着代际的延伸而客观地留存下去。[①] 因此，对大屠杀事件的历史化应该被理解为事实属性和道德属性“在过去时间距离上的展开”。大屠杀“反人类”的道德属性不应该成为阻遏历史学家通往历史真实的障碍。历史学家不仅需要在事实层面展现在纳粹时期发生的历史事件，而且应该把内在于当下主体的创伤经验和记忆完整地内嵌于德国历史的叙事和书写中。然而，大屠杀这样的创伤性事件带来的是对历史意义和历史叙事模式的明确否定，即既有的历史意义和历史叙事模式无法与大屠杀所传达的断裂相容。在这种情况下，构建新的历史叙事模式就成为一项合理诉求。因此，吕森试图通过提出“二次创伤化”（sekundären Traumatisierung）的历史化策略，为将“纳粹党政权的罪行完全整合到一个复杂的历史语境中”提供可能的历史叙事的理论基础。

根据吕森对“历史”的理解和定义，历史学实际上是一种“去创伤化”（Enttraumatisierung）的文化实践。以往针对纳粹大屠杀的历史化实践的失败，并不是因为历史学家所使用的策略不够高明，而是现代历史思考的方式本身便容易压制和剔除创伤性事件的创伤性特征。在创伤性事件获得历史意义的同时，其创伤性特征也会随之消失。因此，吕森试图超越以历史意义为核心的现代历史思考的前提和范畴，自觉地、继发地揭示出其中被压制和剔除的创伤性经验，并在历史叙事中表现出来，即“所叙述的创伤性事件本身要在诠释模式和叙述方式中留下痕迹……历史叙述要放弃它的完整性，

① Jörn Rüsen, *History: Narration-Interpreation-Orientation*, pp. 169–171.

放弃事件链条上的平滑的盖板。在按一定方法进行阐释的过程中和描述历史的叙述过程中，历史叙述要表达出一定的‘错乱’”[①]。具体地，在实践层面，历史学家必须将大屠杀从不可知或匿名的状态中带出，如实客观地叙述和阐释大屠杀无意义的恐怖行径；在理论层面，历史学家需要反思大屠杀经验的破坏性要素，并将其系统地阐释为抽象的概念和理论进行思考。

只有通过这一“二次创伤化”的过程，历史学家才能在事实层面清晰地展现出历史无意义的内容和形式，以及无意义摧毁人类时间经验和历史意义的力量和方式。通过这种方式，历史学家能够参照历史创伤和无意义勾勒出人类理性、道德和意义的界限究竟在何处，并做出相应的理论反思。由此，历史意义和无意义将同时成为人类时间经验和历史思考的基本构成要素。历史创伤不再被强行安置在历史叙事的意义链条之中，而是进入与之对立的历史无意义的范畴，并成为历史叙事和历史书写新的潜力和参照。可以看到，“二次创伤化”实际上是“历史悲悼”在历史叙事理论层面的具体体现。吕森与布克哈特一样，他并没有将灾难性危机和创伤性经验视为一种“痛苦和丧失自我的损失经验”而加以压制，而是通过“元史学”的反思意识到它在时间经验形成意义过程中不可或缺的地位，从而面向一种更高层次的、辩证的历史理解，即“一个将所要思考的经验作为自己意义标准的丧失来思考的历史思考必须悲悼”[②]。

吕森在德国“战后二代”的史学实践和历史认同中看到了对纳粹大屠杀进行“二次创伤化”和“历史悲悼”的可能性。吕森将“二战”后的德国人区分为三代人：经历战争和战后重建的一代（1945—1968年）、战后的一代（1968—1989年）和战后二代（1989年以后）。[③] 大屠杀事件的极端性阻断了战后德国人凭借

---

① Jörn Rüsen, *Zerbrechende Zeit*, S. 178.

② Ibid., S. 303.

③ Ibid., S. 279-294. 关于吕森“三代人”理论的问题，参见尉佩云：“二战后德国史学家对纳粹大屠杀的反思——以约恩·吕森‘三代人’理论为中心”，《史学集刊》2023年第2期。

民族主义建立起来的代际认同、集体认同和民族认同的连续性。为了克服这种认同危机并重建自我理解的连续性，经历战争和战后重建的一代对大屠杀及其相关罪行保持集体的、有意识的沉默，并诉诸了一种“外属化”（Exterritorialisieren）的心理防御机制，即把大屠杀从形成自我认同的历史思考中驱逐出去，从而将罪责归因于实际的或想象的“他者”的历史。战后的一代则开始以“反认同”（Gegenidentifizierung）的方式建立起自己的民族认同和归属感，即通过站在受害者的立场对纳粹大屠杀进行道德批判来与他们父辈和祖父辈的历史拉开距离。可以看到，前两代人对大屠杀的压制和道德批判并没有体现出这一事件在德国自我认同中的“痕迹”和“错乱”。虽然大屠杀在第二代人所重塑的认同链条中获得了一席之位，但屠杀犹太人的罪犯依旧被视为与自我界限分明的“他者”，其本质依旧是对大屠杀历史的排斥和消解。

与前两代人不同的是，由于大屠杀与第三代人的时间距离逐渐拉开，他们不再将大屠杀理解为“他者”的历史，而是将自己归入与纳粹时期施暴者相连的代际关联中。“将外属化的差异重新吸收到自己的主体中。然后，他者的他异性（alterity）就成为一个人自我存在的内在前提。”[①] 例如，德国历史学家克里斯蒂安 · 迈耶尔（Christian Meier）明确地将屠杀犹太人视为“我们”的罪行：

> 如果我们想要建立一种新的德国历史的话，我们就应该对我们以及以我们的名义所犯下的罪行承担更多的责任，因为集体罪责现在显得如此之少。而我们年轻一代也必须始终对我们所犯下的这些罪行保持清醒。我们亏欠那些死难者很多，如果我们做不到这些，那就是我们自己错了。[②]

---

① Jörn Rüsen, *History: Narration-Interpreation-Orientation*, p. 183.

② 〔德〕克里斯蒂安 · 迈耶尔：“谴责与理解”，载〔德〕哈贝马斯等：《希特勒，永不消散的阴云？——德国历史学家之争》，逢之、崔博等译，生活 · 读书 · 新知三联书店 2014 年版，第 45 页。

通过这种方式，第三代人在德国民族和代际的历史叙事和历史认同中构成了自觉的、继发的创伤和断裂，大屠杀事件因而成为德国民众理解德国历史变迁的内部参照，并在道德维度上以一种自我批判的形式融入整体的历史叙事当中。这作为一个痛苦的精神过程，为德国民族实现对大屠杀事件真正的历史化和“占有”提供了可能。

四、历史悲悼的行动导向

“历史悲悼”既是吕森在史学理论层面针对纳粹大屠杀的历史书写所提出的概念和理论范畴，也是他对现代文明创伤性经验进行“历史悲悼”的结果。通过对纳粹大屠杀的悲悼，吕森所希冀实现的目的是：“历史悲悼超越了我们人性的损失并由于以下原因指向一个行动的意愿：这种损失必须和可以不会再次发生。”[①] 在吕森的史学理论中，“感知”“诠释”“导向”和“动机”是历史意义形成的四个精神程序。通过诠释，人类可以把对历史经验的感知转化为可理解的模式和框架。历史经验进而能够通过这种方式在人类生活中发挥文化导向的功能，为人类有意义的意图和目的提供行动指导。经过这四个精神程序，人类连接起了始于过去、朝向未来的“时间流”。[②] 根据这一认识，对纳粹大屠杀的悲悼实际上是形成对大屠杀有效的感知和诠释，并借此重新定位自我在时空进程中的位置，从而形成阻止恐怖经验在未来再次发生的道德导向的过程。换言之，“历史悲悼”是一种反思性、理智性、偿赎性和导向性的精神活动。

纳粹大屠杀不仅是对德国历史认同连续性的中断，也是对人类“现代”社会基本价值和人类归属性的根本否定。当纳粹行刑者在种族主义的诱导下屠杀和灭绝犹太人时，无论是行刑者还是受害者，“自我”与自我之外的人群或人种不再具备同等的、普世的生存权利。人类整体很难理所当然地作为“我们”出现在话语中，个体也

① Jörn Rüsen, *Evidence and Meaning*, p. 221.
② Ibid., pp. 13–31.

很难在现代的人类集体归属中找到自我的位置。因此，对纳粹大屠杀的悲悼不仅关乎德国人的历史认同，而且是一个人类重新思考当下文化认同的契机。如前所述，大屠杀事件不应该在德国的历史认同中被驱逐或作为道德的对立面而被批判，而应该成为自我认同的构成部分，它在人类的历史和文化认同也应如此。我们必须通过对大屠杀受难的感知和诠释看到现代基本价值中的脆弱、缺陷和不可靠性，以及人类自我本性中内在的“非人类性”。唯有如此，人类才能使已经缺席的大屠杀事件在当下重新“在场”，并意识到每一个普通人或受害者都可能在特定的历史情境下成为行凶者（反之亦然）。这种新的文化认同揭示了人类内在品质的矛盾和对立，但与此同时赋予了主体在“人类”与“非人类”、善与恶之间进行抉择的力量。痛苦和受难将驱动和指引人类在未来采取人性的和善的行动。由此，我们能够获得新的关于理解和思考“人类”的框架。

在此，我们通过安克斯密特的“崇高”概念进一步阐释“历史悲悼”的导向性。在安克斯密特看来，“崇高”是这样一种经验：“它邀请或要求我们从拥有了崇高经验后所是的自我中抛弃或分离前自我；它迫使我们放弃我们仍在其中与我们自己重合的那种地位，而代之以我们在其中像是两个而非一个人那样指谓我们自己的一种地位——在这些词原原本本的意义上。”[①] 在崇高经验中，主体会莫名地对自己感到陌生。自我会伴随着惊愕和恐惧之感与客观世界神秘地融合在一起，使主体收获难以言表的喜悦。可以看到，“崇高”和“悲悼”都存在一个将过去的自我陌生化、客观化，并使其在现在重新“在场”的过程。在对纳粹大屠杀悲悼的过程中，过去的自我认同和理解世界的方式已经被新的自我否定，取而代之的是在抉择中导向人性方向的自我。因此，从结果上看，“崇高”神秘的喜悦之感就来自于“悲悼”理性思考后“否定之否定”的结果。

然而，“崇高”与“悲悼”的区别就在于二者导向的能动性不

---

① 〔荷〕F. R. 安克斯密特：《崇高的历史经验》，杨军译，东方出版中心2011年版，第277页。

同。安克斯密特思考"崇高"的起点是"遗忘"，他强调创伤性事件对主体所造成的"遗忘"和"分离"对崇高经验形成的作用。主体新的身份是在意识到过去在不断地向身后分离的过程中形成的。以大屠杀事件为例，大屠杀作为一件极端的创伤性事件，对主体（行刑者和受害者）过去和现在之间的"存在"状态造成了彻底的分离。过去的主体现在只能以一种客观的"知识"状态重现，主体新的"存在"状态就建立在对这种"知识"状态的认知之上，崇高经验由此诞生。但是，如前所述，崇高经验并不会伴随着大屠杀事件的发生而立刻降临，人们在面对大屠杀创伤时的初始反应是保持集体沉默和进行道德批判。在这种情况下，吕森说道："当后来出生的人为了要成为他们自己，而与我们历史诠释性地发生关联时，我们的沉默会断送他们。"① 因此，与一场转瞬即逝的、神秘的崇高经验的降临不同，"悲悼"要求对创伤性事件进行主动的回忆、感知和诠释，来让主体摆脱面对历史创伤时沉默或忧郁的精神状态，并从中获取面对现实和未来的导向性力量。因此，"历史悲悼"并不是被动地形成新的自我认同的神秘体验，而是一个积极地、自觉地、理性地处理和克服创伤经验并重建新的自我认同的"过程"。"历史悲悼"应该成为我们面对和思考创伤性事件时的自觉意识，它属于历史意识的基本构成，只是在历史书写的过程中被"结构性地遗忘"了。②

"历史悲悼"对历史创伤的自觉回忆实际上体现了吕森对后现代主义史学的吸收和反思。海登·怀特在"历史的负担"一文中宣称："历史学家在现在的世界和以前的世界之间建构一种徒有其表的连续性是无济于事的。相反，我们比以往任何时候都更需要一种能够使我们了解非连续性的历史学；因为非连续性、断裂和混沌乃是我们

---

① Jörn Rüsen, „Kann Gestern besser werden? Über die Verwandlung der Vergangenheit in Geschichte ", *Geschichte und Gesellschaft*, 28, 2002, S. 305–321.

② 参见 Jörn Rüsen, "Mourning by History-Ideas of a New Element in Historical Thinking", *Historiography East &West*, Brill, 2003, pp. 15–33。

的宿命。”[①] 对纳粹大屠杀的自觉回忆恰恰正是对后现代主义史学的积极回应。但是，后现代主义史学将非连续性和断裂作为对历史本质的认识，使得人类不再具有采取行动去创造和改善世界的动机，从而使历史学丧失了政治导向的功能。因此，吕森在此表现出了他所秉持的“现代主义立场”。虽然建立在“进步”和“发展”观念之上的“现代的”历史思考和历史叙事已经被纳粹大屠杀所摧毁，但它所蕴含的文化导向功能仍然具有历史化创伤性事件和重新定位人类历史认同的思想价值，从而帮助人类重新建立起时间进程的观念。

结　论

从思想脉络上来看，“历史悲悼”主要源自于布克哈特史学思想中的“人类学”观念和“美学化”“结构化”的思想内涵。这三者在布克哈特的史学思想中是内在联系的，布克哈特对文化和精神“美学化”“结构化”的理解正是基于对历史上人类痛苦和受难的感知。而在吕森的史学理论中，它们被拆分为不同范畴中的一部分构成要素。布克哈特“人类学”的观念用来修正德罗伊森的“系统论”，从而构成以“历史文化”为核心的意义整体。而布克哈特“美学化”“结构化”的思想内涵，则成为“历史文化”审美、政治和认知三个维度的其中之一。因此，“历史悲悼”虽然始于在审美维度上对哀伤和绝望情感的感知，但最终进入了“历史文化”的范畴，并在政治和认知的维度上被赋予了相应的内涵。

吕森在论及“历史文化”时说道：“内涵、蕴涵和意义存在于这三个维度之间的关系当中。单单审美、政治和认知都无法成就历史中的意义，只有对于全部这三者的综合才能做到这一点。”[②] 而对于这

① 〔美〕海登·怀特：《话语的转义》，董立河译，大象出版社、北京出版社2011年版，第54页。

② 〔波〕埃娃·多曼斯卡：《邂逅：后现代主义之后的历史哲学》，彭刚译，北京大学出版社2007年版，第194页。

三个维度综合的原则和标准是什么，吕森则认为，这是一个完全开放的问题。尽管如此，吕森关于“历史悲悼”的理论和实践恰好为我们提供了一项比较具体的答案。

在认知维度上，“历史悲悼”依然坚持现代“历史科学”在方法论上的有效性。历史学家需要遵循特定的方法论批判史料，以获取并诠释关于过去的、“客观的”历史知识。这是在历史叙事中如实呈现创伤性事件和经验的可靠前提。在审美维度上，由于理性的认知能力在特定条件下依赖于对情感的感知，理性的认知只是将情感对真实性的感知转化为可理解的知识，因此，“历史悲悼”要求历史学家充分考虑到历史记忆中超越理性认知的情感力量，即对绝望、哀伤和痛苦情感的感知和“想象”。这是历史思考中必要的启发性体验。在政治维度上，“历史悲悼”具有重新定义集体文化认同中自我与他者之间关系的政治导向功能，新的自我理解方式将成为未来人类在政治和实践生活中的行为准则，指引人类克服精神损失并重新回到时间进程当中。在这三个维度的相互关系中，历史无意义将成为历史意义形成过程中的构成要素，以“消极意义”的形式和批判的姿态在实践生活中联结过去、现在和未来。

作者简介：李义，首都师范大学历史学院硕士研究生。

书　　评

评王晴佳等编《西方史学在东亚：传播、批判与比较》*

玛妮·休斯-沃灵顿 著　李小龙 译

在这本正当其时的有关亚洲学者分析西方史学的书籍的导论部分中，王晴佳提及了长期以来将历史比作镜子的比喻，这点相当有趣。他引述唐太宗（598—649年）的名言，指出镜子对于评估自身以及政治变革的有用性，同时也有助于匡正我们的判断（第11页）。司马光在其《资治通鉴》（意为“有助于治理的明镜”）中再次提及了镜子的比喻，该书按照时间顺序详叙了从战国直至后周（公元前403—公元960年）的中国历史。① 司马光告诉我们，镜子不仅反映事物，还展现了从不同角度看待历史的时机。

我在阅读《西方史学在东亚》的开篇时能想到司马光，这在相当程度上要归功于王晴佳教授长期且深入地致力于向全球读者传播亚洲史学的创新之处。王晴佳教授在这一领域耕耘了数十年，且经常与其他受人尊敬的理论家合作。在这本书中，他与东洋大学名誉教授冈本充弘（Okamoto Michichiro）以及北京大学的李隆国副教授通力协作。这三位才华横溢的学者引领本书的其他24位贡献者，旨

---

* 文章来源：Marnie Hughes-Warrington, “Book reviews: Ng O. Q. Edward Wang, Okamoto Michihiro, and Li Longguo, eds, *Western Historiography in Asia: Circulation, Critique, and Comparison*, Berlin: De Gruyter”, *Storia della storiografia: rivista internazionale*, Vol. 82, No. 2 (2022), pp. 161-165。

关于该书，详见 Ng O. Q. Edward Wang, Okamoto Michihiro, and Li Longguo, eds.,*Western Historiography in Asia*: *Circulation, Critique and Comparison,* Berlin: De Gruyte, 2022。

① On-cho Ng and Q. Edward Wang, *Mirroring the Past: The Writing and Use of History in Imperial China*, Honolulu: University of Hawaii Press, 2005, p. 147.

在将史学之镜作为反思和创新的源泉。

《西方史学在东亚》分为三个明晰的部分。第一部分侧重于对古希腊或古罗马历史学家，或者研究这些时期的现代历史学家的深入分析。例如，李隆国提供了一种有用的启发式语言，使用“行走的历史”转为“坐着的历史”来描述从口述历史向书面历史的转变（第107—128页）。吴晓群将希罗多德的“探究”（historia）置于古希腊人寻找智慧的某种方法的背景之下（第52页），吕厚量则强调了希罗多德在其波斯历史叙述之中对多重资料来源的处理（第65页）。泽田典子（Sawada Noriko）的文章（第81—105页）关注于普鲁塔克在亚历山大的形象塑造方面扮演的角色，接下来是重新评价B. G. 尼布尔（崔镐根［Choi Ho-Keun］，第151—177页）、利奥波德·冯·兰克（吕和应，第179—199页，以及林相宇［Lim Sang-Woo］，第239—255页）和汉斯·蒙森（王忠孝，第201—218页）的史学遗产的章节，其后是冈崎敦（Okazaki Atsushi，第219—236页）关于被构想的用户如何塑造法国档案的法律和收藏实践的更一般性的分析。这些文章均展现了全球读者所熟悉的方法论，但也揭示了一些新颖的思想。由于其中许多章节是从亚洲历史学和史学史期刊当中翻译过来的，这部分也为我们提供了一个极有帮助的引介，使我们能够探索更为广泛的次级资料来源。

第二部分将我们的关注点转移至现代西方史学的概念和方法，包括皮埃尔·诺拉（Pierre Nora）对记忆的研究，海登·怀特（Hayden White）对历史叙事的理论评估，以及思想史（李宏图，第283—302页）和当代史（徐波，第259—281页）的不断变化的观念。有些关于亚洲史学的片段和顺带提及使得这个原本作为导论部分的内容颇具阅读价值。比如，黄艳红指出，史学的“碎片化”在中国被理解为适用于学科内部，而在法国等地则表现为更加广泛的身份认同方面的社会裂痕（第308页）。长谷川贵彦（Hasegawa Takahiko）指出，由于对后现代主义诸多概念的厌倦，日本对历史学的兴趣正在衰减（第349页），张旭鹏则从迪佩什·查克拉巴蒂

（Dipesh Chakrabarty）将欧洲“地方化”的项目当中提取出构建历史，以及解构历史的工作（第420页）。当然，也许最触动人心的是长谷川まゆ帆（Hasegawa Mayuho）在对海登·怀特的全面分析结束时所表达的哀愁心愿，她说：“我始终想做一份激动人心的、激进的工作，它能够逐步推进自身的界限，同时允许自己超越这些界限。”（第394页）她在女性分娩体验方面的创新工作足以证明她努力做到的绝不仅是反映她所学到或是他人传授的方法。

在阅读第三部分时，读者可能会质疑这些章节的选择标准，以及是否会有更多关于重要男性历史学家和理论家的内容。这些疑问为最后八章关于全球史为何缺失全球性的深刻而沉重的反思提供了完美基础。如果说这本书的每个部分都是一面镜子，那么该部分将是整本书中最为有力的一面。一位又一位作者指出，有必要审视西方史学方法引入亚洲所带来的问题，以及认识到这点将如何揭示作为未完成项目的全球史（例如冈本充弘［Okamoto Michichiro］，第533—552页；以及羽田正［Haneda Masashi］，第553—565页）。一章接一章地阅读，我发现自己反复在想“我听到你了”。我在澳大利亚写下这篇书评，这个国家往往将西方的史学方法视为理解过去的唯一方式。这种做法的代价就是忽视了澳大利亚土著人在理解过去方面的真正创新之处。井野濑久美惠（Inose Kumie）在其凄婉叙事之中概述了其中某些影响，她认为有必要将祖先遗骨送回非洲、澳大利亚、新西兰和日本，以及考虑通过道歉来予以承认（第567—586页）。

《西方史学在东亚》的最后八个章节考量了西方、民族史学方法的代价，以及将过去“带近我们”——正如上村忠男（Uemura Tadao）所言——的必要性，以解决我们在当下面临的困境（第509页）。张广智（第587—610页）提到了中国史学的若干萌芽，但该书这一部分的总体效果仍是对前两部分做出反思。例如，为什么如此之多的关于古希腊和罗马史学的出色研究会因为语言差异而被我们忽略？此外，我们是否应该假设像海登·怀特的叙事学等理论方法具有全球性的生命力?

这就是本书中三面镜子的力量。第一面镜子理清并增进了我们对希腊和罗马的古代与现代史学的理解。第二面镜子绘制了西方史学概念的兴衰图谱。第三面镜子促使我们改变自身的判断，使我们摆脱“全球史有赖于全球史学”的安慰性信念，而是意识到我们在亚洲史学方面尚有很多东西需要学习。当我读完《西方史学在东亚》时，我得知熊存瑞翻译的刘知几（661—721 年）的《史通》（意为“史学的深入探索”）的英文版即将出版。[①] 这很好地提醒我们，英语读者仍然应当从世界各地学习理解过去的方式。

我希望王晴佳、冈本充弘和李隆国的努力能够加速将亚洲史学引入西方的进程，以及反向的进程。如果他们取得了成功，我们将会明白镜子不仅是反射，它们也能推动变革。

作者简介：玛妮 · 休斯–沃灵顿（Marnie Hughes-Warrington），南澳大利亚大学和澳大利亚国立大学荣誉教授，担任历史与史学理论国际委员会的联席秘书长，研究方向为历史哲学、史学史和世界历史。

译者简介：李小龙，复旦大学历史学系博士研究生，研究方向为西方史学史与史学理论。

① Liu Zhiji, *A Thorough Exploration in Historiography*, trans. Cunrui Xiong, Seattle: University of Washington Press, 2023.

再探修昔底德的历史书写

——读杰奎琳·德·罗米利《修昔底德的思想》

李 顺 平

《修昔底德的思想》（*The Mind of Thucydides*）一书是由杰奎琳·德·罗米利（Jacqueline de Romilly）于1956年出版的法语著作《修昔底德的历史与理性》（*Histoire et raison chez Thucydide*）一书的英文译本，由伊丽莎白·特拉普内尔·罗林斯（Elizabeth Trapnell Rawlings）翻译，康奈尔大学出版社于2012年出版。

读者对于本书学术地位的认知可以在英译本的开头“编辑与译者的序言”中得以一窥，即“杰奎琳·德·罗米利的《修昔底德的历史与理性》颠覆了现代对希腊最令人钦佩的历史学家的研究，重点不是他的思想（what），而是他的思想方式（how），特别是他对战争的叙述的独特一致性和严谨性”①。编译者在介绍这本书时对“颠覆”（turned）一词的使用，可以得见在修昔底德的研究中，这本著作的重要地位。这样的学术评价不可谓不极致。

何为“颠覆”？编辑在导言中如此定位罗米利的这本著作：她没有从文本中挖掘出其构成层次的线索，也没有挖掘出其披露的历史材料，而是将《伯罗奔尼撒战争史》视为值得进行修辞和美学分析的艺术作品，她确信可以为从文学角度研究修昔底德提供一种更有成效、更细致的方法。② 她首次尝试全面阐述历史学家通过选择、

① Jacqueline de Romilly, *The Mind of Thucydides*, translated by Elizabeth Trapnell Rawlings, Cornell University Press, 2017, p. vii.

② Ibid., p. xi.

省略、强调和设计来塑造其作品，并在修昔底德身上详细说明这些要素的运作。[1]

本书的核心宗旨意在证明，《伯罗奔尼撒战争史》是修昔底德精心构建、组织而成的连贯段落。修昔底德在这些段落中进行推理，以此寻求真理。罗米利认为，修昔底德的最终目标是在他的历史书写中通过理性的方式来实现绝对的可理解性。罗米利的这一创见“强调了修昔底德言论背后的思想，并在该领域取得了巨大的成功，她的方法在修昔底德的研究中占据了超过五十年的主导地位”[2]。

一、历史与理性交错：《修昔底德的思想》章节概述

罗米利在开篇指出自己的任务是确定修昔底德在其叙述的发展过程中个人干预和解释的范围。[3] 全书分为四个章节，包含叙事方法、战役描述、对立的演讲和对过去的调查。从某种意义上说，罗米利的论述十分契合其法文标题，从历史（histoire）到理性（raison），这包括从“简单”的战斗叙事到涵盖演说在内的更复杂的叙事；从演说到对立的演说；最后到没有可靠事实、仅通过推理构建的叙事。但这种进展仅仅浮于表面，因为罗米利最终试图证明的是修昔底德在其作品中始终饱含着自己的意志，他重复使用特定的语言来标记和建立某些联系，试图清晰地揭示事件的真相。罗米利表明修昔底德的艺术不仅体现在演讲中，也体现在erga（伟业）部分。她对修昔底德的选择、叙事结构以及使用“引导线”（fils conducteurs）来强

① H.-P. Stahl, *Thukydides: Die Stellung des Menschen im geschichtlichen Prozess*, Munich, 1966, 转引自 https://bmcr.brynmawr.edu/2013/2013.04.53/。

② Nikolaffs Ofiertoom, “Inside the Head of Thucydides”, Reviews of Jacqueline de Romilly, *The Mind of Thucydides*, H-War, H-Net Reviews, May, 2014, p. 1.

③ Jacqueline de Romilly, *The Mind of Thucydides*, translated by Elizabeth Trapnell Rawlings, p. 8.

调并深入分析修昔底德希望给读者留下深刻印象，进而反驳修昔底德是理性的历史叙事者的观念。

罗米利的第一章表明，即使是表面上最符合事实的战斗叙事，即描述古利波斯（Gylippus）抵达叙拉古和挫败雅典人几乎完整的包围墙这段看似简单的情节，也是修昔底德以三种方式近乎完美地加以塑造的。第一种是修昔底德对细节的极端选择[①]：

> 修昔底德从无序的原始事实开始……揭示了不同的观点。可以说，他用一个屏幕覆盖了这种无序；这个屏幕屏蔽了他认为不相干的一切，因此，唯一可见的元素是那些相互之间有内部关系的元素：在这一点上，就像一个信息，所有不重要的字母都被隐藏起来，整个信息变得可读，获得了意义。

第二种是他不断重复所选的概念，以示强调，为此罗米利以“引导线”为喻，引导读者穿越细节的迷宫。罗米利认为，修昔底德通过选择来创造统一性。他在整个历史记录中使用特定语言来描绘类似的概念，并“引起对相关段落之间联系的注意”[②]。

第三种，修昔底德在这些战役叙述中的特别之处在于，他在一些地方中断了叙述，以划定具有特定意义的单元，使其可以与其他有意义的单元并列：“每个人的影响都是相关的。它们对参与其中的人来说没有关系，但对读者来说有关系。”[③] 修昔底德忽略了与他统一主题无直接关系的细节，使他的作品具有独特的清晰度和重点。在他的记述中，修昔底德更喜欢使用交替顺序作为结构形式，罗米利表明，这使修昔底德能够将自己的作品分割成紧密关联的小组或“片段”，并精心摘选其开头和结尾。因此，修昔底德在这些连续的

---

① Jacqueline de Romilly, *The Mind of Thucydides*, translated by Elizabeth Trapnell Rawlings, p. 15.

② Ibid., p. 18.

③ Ibid., p. 32.

时刻之间建立了“桥梁，以适应统一性和分析的双重需求”[①]。

这一情节看似只涉及军事行动的事实细节，但却显示出其精心甚至执拗的构思，通过关键语句的准确重复和精确的时间中断来解释事件结果的原因，即通过叙事本身来解释。因此，尽管修昔底德确实将自己从文本中抹去，但这并不意味着他只提供事实并回避解释，也不意味着他实现了某种客观性。相反，他坚持只通过叙述向读者传达自己的判断。罗米利指出类似的论证还出现在修昔底德第二卷，揭示了围绕瑙帕克图斯战役（2.86—92）的言论与行动之间的紧密联系；第三卷，研究了对立演讲中的原则和方法（以卡马里纳［6.75—88］为例）；以及第四卷，考古篇（1.3—19）中时而笨拙、时而问题重重的语言，都被证明是修昔底德复杂又狭隘的推理的产物。罗米利发现，很难区分修昔底德的解释性段落和纯叙述段落。因此，她还在本章结尾讨论了修昔底德使用的停顿、对比和暗示连接与早期希腊诗歌、悲剧和哲学中的修辞传统的共同特征。

在第二章中，罗米利讨论了修昔底德的战斗记述。在简要审视了荷马、希罗多德和希腊悲剧中的战斗记述后，她得出结论，修昔底德的叙述处于希罗多德普遍化、解释性战斗与悲剧家统一、内化战斗的交汇点。与其他的片段一样，修昔底德的战斗记述具有一种不可避免的统一性，在那里意图支配着行动。罗米利将战斗记述分为简单形式（无演讲）和复杂形式（包括演讲）。她认为修昔底德使用演讲来提前在思想维度上进行战斗。然后，他通过实际战斗的事件来强化这些争论。罗米利认为，这种方法并未牺牲同情或具体的现实主义。事实上，它让修昔底德创造了关于理性对胜利的重要性的深刻教训。修昔底德将道德品质置于智力品质之下。对于修昔底德而言，只有“偶然性”才会威胁到智力的优越性，因此应通过纪律将偶然性降到最低。罗米利总结道，在修昔底德之前或之后，没有哪位历史学家对战斗的可理解性或理性叙述提出过如此高的要求。

---

① Jacqueline de Romilly, *The Mind of Thucydides*, translated by Elizabeth Trapnell Rawlings, p. 36.

在第三章，罗米利利用对立的演讲来研究修昔底德如何隐晦地表达思想，并在隐晦表达之下做出进一步强调。罗米利指出："这些辩论使修昔底德能够穷尽情况的每一个方面。"[①] 罗米利认为修昔底德遵循了由普罗泰戈拉发明并由高尔吉亚、安提丰和其他希腊思想家进一步发展的逻辑推理和辩证。为此，她举例了许多演说词表明修昔底德善于在不改变事实基础的情况下，采用对于的言论，赋予其不同的视角，以"颠倒"它们来支持相反的观点。[②] 她进一步指出，修昔底德式的独特倾向是将"勇气"等传统因素简化为可量化的抽象元素，作为可供计算的术语呈现，以服务于不同的结果。修昔底德将这些逻辑和修辞方法延伸到了历史书写领域，他透过事件的表象，发现了潜伏的重复模式，进而探寻历史的"真相"。她总结道，修昔底德通过对立演讲和对立论辩引入了更集中化的分析，有助于其叙述的清晰性，但同时并未放弃客观性。

在最后一章，罗米利分析了修昔底德被称为"考古篇"的论述。在这一叙述中，修昔底德认为伯罗奔尼撒战争比之前的事件更为重要。她认为，该部分的创新之处在于其对文明、商业、生活方式和居住环境的关注。修昔底德运用自己的理性再现了资料匮乏的过去。罗米利指出，修昔底德在这段叙述中使用了同样的理性主义和知识方法，并在追求真理方面更进一步。为了展示从荷马时代的希腊到他自己所处时代之间的连续性，修昔底德以一种广泛的视角来看待整个希腊，在叙述中排除了差异性。在段落 1.1–21 中，修昔底德在论述希腊在繁荣、战争技巧和经验方面的进步时，更强调雅典比伯

---

① Jacqueline de Romilly, *The Mind of Thucydides*, translated by Elizabeth Trapnell Rawlings, p. 106.

② 对于罗米利将反证的起源归结于普罗泰戈拉这一点，戈麦指出修昔底德在一定程度上只是记录了克莱昂和迪奥多托斯之间的辩论方式，也许只是半有意识地记录了一些看似"ἐγχώριον"的东西。此外，迪奥多托斯在这场辩论中回答克莱昂时采用后者的话，既有政治上的原因，也有修辞上的原因。他的论点主要是：克莱昂自称为现实主义者，蔑视情感；但正是他在诉诸你们的情感，我才是现实主义者，诉诸理性。在这样的论证中，重复是自然而然的，不需要普罗泰戈拉指明方向。它与修昔底德演说中的其他重复大相径庭。A. W. Gomme, "Reviewed Work(s): Histoire et raison chez Thucydide by Jaqueline de Romilly", *Gnomon*, 1958, 30. Bd., H. 1 (1958), p. 15.

罗奔尼撒同盟进步的因素（海洋的利用和资本的积累），而完全忽略了希腊以外其他文明的过去。对此，罗米利的评价为："只有一个历史让人感兴趣：那就是雅典帝国的野蛮历史"[①]。

从对修昔底德叙事方法的抽丝剥茧到对考古篇的剖玄析微，罗米利通过层层叙述证明，"修昔底德的战争"是按照一种令人信服的逻辑进行的，这反映了作者对历史材料的完全把控，从他严格的摘选原则到他精心设计的并列关系，从他的人为对立的演说到他在计划和结果之间建立的系统关系，从他坚持智力与机遇之间的不断较量，到他赋予最小事件的意义。修昔底德的思想在《伯罗奔尼撒战争史》中处处发现（抑或是创造）了统一性和一致性：这就是罗米利没有定义但却与推理、逻辑、论证、辩证联系在一起的"理性"：所有这些概念的希腊语术语是 logos，这个词包罗万象，并且成为公元前 5 世纪智者运动的重要因素，修昔底德即为典范。罗米利的伟大成就在于证明了修昔底德将这种推理的智慧施加于他所处时代的历史，从而发现了人类动机的支配原则，正如修昔底德自己所言，"只要人类的本性不变"[②]，这些原则将继续推动人类的行动。

二、层层递进地解读修昔底德

罗米利认为，读者会从修昔底德的叙述中受益，因为他们会从中学到"垂诸永久"的教训。但这些教训在修昔底德的叙述中是隐含的。宛如许多其他古希腊作家一样，修昔底德一般不会公开表明自己的看法，而是通过文本的线索加以传达，特别是从重复的单词和短语以及在不同事件之间得出的"近乎数学的严谨"的关系中显现出来。这就是罗米利所强调的修昔底德文本的主要特征——修

---

① Jacqueline de Romilly, *The Mind of Thucydides*, translated by Elizabeth Trapnell Rawlings, p. 289. 戈麦指出，如果照此理解，修昔底德很容易被误解为视野狭窄，这是后世学者所不愿意承认的。参见 A. W. Gomme, "Reviewed Work(s): Histoire et raison chez Thucydide by Jaqueline de Romilly", *Gnomon*, 1958, 30. Bd., H. 1 (1958), p. 19。

② Thucydides, I. 22.4.

昔底德的理性的产物——一致性或统一性。这种隐含的方法需要细心和成熟的读者来欣赏，而罗米利恰恰在智术师和阿提卡戏剧的听众中发现了这些特质，这些特质在品达有意复杂化的颂歌和柏拉图精致的文学模仿者中显而易见。这类读者习惯于发现早期段落的典故，并在表演或文本中追寻微妙的线索和较为宏大的论证逻辑。修昔底德在I. 22.4中提到“那些想探寻所发生的真相的人”，以及他称自己的作品为“可以反复阅读的永久性收获”时，正是针对这些读者。[①]

本书的论述是层层递进式地展现出修昔底德在书写中如何越来越活跃地展示个人对史料的选择。第一章作为最简单的层级，罗米利试图展现修昔底德是如何以最普通的形式来处理历史学家的问题的，并通过分离出一个纯粹的叙事情节来研究这部作品中看似最客观的部分。在这里，罗米利忽略了演讲或分析，而是描述了一系列简短的军事行动，并且这些军事行动在时间和空间上受到严格限制。所选的例子是雅典人试图封锁叙拉古。即使在这种类型的段落中，似乎也可以找出一系列的选择、意图、非常微妙的手段，以使叙述充满意义、构思、组织，并将其转化为可理解的话语。

罗米利认为对于同一件事，不同的历史学家会选择不同的内容。修昔底德在描述雅典围困叙拉古时，雅典人建造围墙与叙拉古人的防御措施是相对应的，这种对立其实是戏剧对话的张力。修昔底德通过回到一个单一的问题（雅典围攻叙拉古）和两个对立（雅典与叙拉古）的目标之间的斗争，最终呈现为一个迷你剧，完全连贯，其中行动的完美统一占上风。这种记述方法在第七卷也有展现，罗米利指出修昔底德以同样的方式叙述某些战役，是历史学家在选取材料时以统一性为指导原则为掩盖材料的无序做出的选择。

在承接上文的统一性之后，罗米利进一步指出修昔底德战争叙事统一性的背后是支配行动的目的（γνώμη），以及由目的所产生的

---

① Jacqueline de Romilly, *The Mind of Thucydides*, translated by Elizabeth Trapnell Rawlings, pp. xi–xii.

行动的理由，二者相互联系。在第二卷帕特雷之战的叙述中和第三卷奥尔帕之战等战役的叙述中，均展现出由“γνώμη”所引出的计划和相应行动。

而对于战斗计划和行动的说明，演说作为直接讲话，比修昔底德自己的间接叙述更具有说服力。这就是为什么演讲在修昔底德的作品中扮演着如此重要的角色。为了实现特定的目标，演讲不再只是提供一个模糊的计划，取而代之的是对情况的完整分析。事实上，在不同的情节中出现的整个解释系统都取决于这些演讲。演讲与战斗计划相加，无疑是分析的最佳所在；因此，演讲和叙述之间建立的联系构成了叙述的框架。罗米利以在瑙帕克图斯的两次演讲为例，这两篇演讲以对立的方式构建，论点也紧密对应。对伯罗奔尼撒人的演讲中，情绪为主导；对雅典人的演讲中，智慧占主导。二者孰强孰弱，修昔底德在后续记述中以伯罗奔尼撒人战败给出答案。

据此，罗米利认为演讲必须对事件进行描述，但修昔底德在选择时对这些内容有不同的解释方式：

> 1. 解释舰队的具体演习、作战顺序、决定一个或另一个动作的环境动机，构成了第一个层次：修昔底德认为有必要提及这些。
>
> 2. 显示雅典人的胜利是由于知道如何利用伯罗奔尼撒人的粗心大意，而伯罗奔尼撒人在成功后就会陷入混乱，这就是修昔底德在没有演讲的情况下所做的简单战略解释。
>
> 3. 展示每一方的对立品质，决定战斗的结果在多大程度上可以用一般的原因来解释，那些在其他情况下会产生同样效果的原因，并设法了解两个对手的心理反应在哪些方面是典型的或必要的，这就是只有演说词才能做到的。①

---

① Jacqueline de Romilly, *The Mind of Thucydides*, translated by Elizabeth Trapnell Rawlings, p. 86.

修昔底德在材料中表现出的独创性，以及在他的记述中与前辈史家记述的不同之处在于对战斗的初步分析。这种分析可以被放入间接叙述中，或者是放入两个对立的演讲中，并在双方的演讲中说明其推理过程。

假设修昔底德叙事逻辑如上所述，接下来就自然而然地要研究这种状态下的对抗程序。换句话说，当修昔底德在记述某些行动（无论是政治还是军事行动）的前奏之时，他会提供一个对立的演讲系统，以此引导读者进入这个对立的框架。这些演说词中的字字句句，互相回应，交换论点，甚至对话，这样的精确性展现出修昔底德在编辑演说词时技术性的琢磨。这便是罗米利在第三章中重点论述的内容。罗米利指出，修昔底德会使得两个对立的演说词处于整体平衡，而在各自论证的过程中，演说词中所有的言语呼应都秉持着同样的立场，其目的是在得出相反结论的同时尽可能坚持对手的论点。这样精心的设计使得修昔底德的原创性在演说词中可见一斑。

紧接着，罗米利指出这样的演说词创作会导致某种程度上的悖论，但这种努力将论证中的所有要素转化为可供比较或可以互换的“数据”，实际上展现出推理论证的某种精确性，即为中文语境下的“反证”。罗米利发现修昔底德以一种非常简单的形式表达了推理的比较的思想，在这种情况下，论据可以向数据一样被评估。据此，罗米利认为修昔底德似乎在享受将自己的表述向可供增减的数字靠拢。

至此，罗米利尝试说明了修昔底德在描述事实时所采用的方法，即在确保历史准确性的前提下，对史料进行摘选而非“有文必录”，展现出合理的逻辑关系并隐微地表达自己对这些事实的判断。紧接着的问题就是，对伯罗奔尼撒战争之前的历史，修昔底德要如何去处理呢？罗米利指出，修昔底德的最重要的创新即为重新定义了历史材料本身。[1]在记述缺乏材料的古代历史时，修昔底德的推理便

① 参见 Jacqueline de Romilly, *The Mind of Thucydides*, translated by Elizabeth Trapnell Rawlings, p. 145。

开始在文本中逐渐清晰可见。推理语言的使用（δοκεῖ［“看起来”］、εἰκός［“可能”］等），以及一些逻辑连词，让修昔底德的论述看起来不像是在描述历史而是在寻找真理。

而这样理性主义的方式在前一阶段的论述中，也有所呼应。罗米利在提及修昔底德对战役的描述时，她指出与色诺芬、恺撒不同的是，修昔底德并不在意军队数量、地形或其他一些精确的信息，他在这里做了减法，只强调一般原则，并通过论述来反驳或确认其价值。这就使得修昔底德的叙述超脱于一般战役的胜利，即在任何战斗中，理性的胜利。因此，在面对纷繁复杂的材料时，罗米利指出修昔底德似乎越来越依赖于用理性去解释一切。

回到修昔底德对古代史的记述，在第一章中，修昔底德从古代诗人会问旅行者是否是海盗的这一细节，推断海盗对古人来说稀松平常。这是从一个细节推理一种习俗。这样的推理不胜枚举。但对于古代材料的推理的最终指向是对历史问题的记述，对此，罗米利尖锐地评价道：它已经达到了自己的极限，理性不能再往前推进，否则就会歪曲历史。

至此，在修昔底德的论述中，他先对当代史料进行筛选，再构建逻辑框架，进而进行论述的组织。而在面对古早史料时，修昔底德将推理置于其中。最终修昔底德重新构建了一个修昔底德自己的伯罗奔尼撒战争的整体图景。

三、从绝对的理性主义史家到巧妙的修辞学家

在罗米利之前，西方修昔底德研究由两大流派主导。1846 年，乌尔里希（F. W. Ullrich）出版了他的《修昔底德文本分析》[①]，继承了从《圣经》开始、在 18 世纪转向荷马的“高级批评”（higher criticism）的传统。从那时起，德国学者采用圣经和荷马史诗批评中

① F. W. Ullrich, *Beiträge zur Erklärung des Thukydides*, Bei Perthes-Besser & Mauke, 1846.

运用的分析工具来解构修昔底德的文本。换言之，“发现”修昔底德在不同的阶段完成其作品的不同部分。英国学者紧随其后，到了20世纪初的几十年，几乎每一个研究修昔底德的古典主义者都必须说明自己是分离主义者还是统一主义者，即《伯罗奔尼撒战争史》这部作品是揭示作者在长期战争过程中不断变化的观点的段落的拼凑，还是由一个单一的愿景和计划统一的文本。

以牛津大学为中心的另一个修昔底德研究的主要流派则偏重于历史研究。这种流派将修昔底德的《伯罗奔尼撒战争史》视为伯罗奔尼撒战争以及公元前5世纪下半叶雅典政治和军事行为的主要目击者和文献证据来源。牛津大学的历史学者在揭示雅典帝国的内部运作方面取得了巨大进展，部分是通过对修昔底德的叙述进行深入研究，部分是通过对雅典公共铭文的专业研究。他们的工作最终形成了一项重要的书信成就——《雅典贡品清单》[①]（四卷），以及一部卓越的学术著作——《修昔底德历史评论》[②]，其第一卷于1945年出版。这部评注最终由三位作者合著，扩展至五卷本，其中最后一卷直到1981年才出版，成为所有修昔底德研究者的主要参考资料。这部作品的重要性不言而喻，但还是忽略了修昔底德写作中修辞技巧的重要性和复杂性，也忽略了《伯罗奔尼撒战争史》中的文学艺术性。而在这部《修昔底德历史评论》的最后一卷题为“写作的层次”的60页附录中，对于修辞学的提及似乎也标志着在修昔底德研究中这两种研究方法某种程度上的合流。

无论如何，20世纪中叶之前的修昔底德研究将修昔底德视为一位理性、客观的历史学家是不争的事实。正如伯里（J. B. Bury）评价修昔底德为“一个单纯的历史学家”，“纯粹地观察事实”，“不带任何政治目的”，排除了习俗感情的道德。[③] 但古典研究者正在逐渐

---

① *The Athenian Tribute Lists*, Vol. 1–4, Harvard University Press, 1939–1953.

② *A Historical Commentary on Thucydides*, Vol. 1–5, Oxford: The Clarendon Press, 1945–1981.

③ 参见 J. B. Bury, *The Ancient Greek Historians*, London: Macmillan, 1909, pp. 74, 78, 81.

跳出这一范式，做出最大突破的或许就是罗米利的研究，她将《伯罗奔尼撒战争史》视为值得进行修辞和美学分析的艺术作品，从文学角度对修昔底德做出了新的探讨。需要说明的是，将修昔底德视为绞尽脑汁的修辞学者，并非罗米利的独家观点。在此之前，约翰·芬利（J. H. Finley）便已经开始推崇修昔底德“无与伦比的生动性”，他还觉得修昔底德的演说词和叙事都是“清晰的”和“细致的”，这样的风格是受“高尔吉亚革新”的影响，并与当时的悲剧作家、智术师和演说家的创作风格相通。[①] 另外一位学者便是罗米利在本书开篇所提及的此书“某种程度上的作者”博丹（Louis Bodin），这位学者在本书第三章演说词的论证中被频繁引用提及，可以说他对罗米利的研究影响甚大。

在罗米利之后，学者们对于修昔底德修辞性的诠释逐渐蔚为大观。[②] 亨特（V. Hunter）分析了许多修昔底德的片段后指出他的叙述之中存在着某种范例（paradeigma），他是对历史有了某些先入为主之见后才去收集相关事实的。所以修昔底德不是19世纪意义上的历史科学家，他带有自己的哲学观点。亨特称他是“历史学家中最不客观的一位”[③]。芬利也接受了罗米利的论证，认为修昔底德是高尔吉亚、普罗狄科和安提丰的门徒，还可能受到过普罗泰戈拉和阿那克萨哥拉的影响。[④] 科诺甚至认为，修昔底德的修辞技巧与现代小说接近。[⑤]

---

① 参见 J. H. Finley, *Thucydides*, Harvard university Press, 1942.

② 参见 H.-P. Stahl, *Thukydides: Die Stellung des Menschens im geschichtlichen Prozess* C. H. Beck, 1966; V. Hunter, *Thucydides the Artful Reporter* Hakkert, 1973; C. Schneider, *Information und Absicht bei Thukydides* Vandenhoeck und Ruprecht, 1974; L. Edmunds, *Chance and Intelligence in Thucydides* Harrerd University Press, 1975; H. Rawlings, *The Structure of Thucydides' History* Princeton University Press, 1981; W. R. Connor, *Thucydides* Princeton University Press, 1987; T. Rood, *Thucydides: Narrative and Explanation*, Oxford University Press, 1998。

③ V. Hunter, *Thucydides the Artful Reporter*, pp. 177, 183–184.

④ 参见 J. H. Finley, *Three Essays on Thucydides*, Cambridge & Harvard University Press, 1967, pp. 3, 34–35。

⑤ 参见 W. R. Connor, “A Post Modernist Thucydides?”, *The Classical Journal*, Vol. 72 (1977), pp. 289–293。

受限于笔者的阅读量，中文学术界对于罗米利似乎还未有足够多的重视，但肯定了罗米利之后的亨特等人的研究。白春晓在近期发表于《中国社会科学报》上的“后现代主义视角下的修昔底德研究”一文中回顾了20世纪六七十年代的修昔底德研究，指出后现代主义者将修昔底德重新建构成一位充满修辞技艺和写作策略的“历史文学作家”，而非历史客观真相的调查者。对修昔底德的研究范式也从追求标准化的“史学规范”转变为解读个性化的“文学体验”。[①] 白春晓在文中历数康纳（W. Robert Connor）、亨特等学者对于西方古典传统修昔底德研究的反叛，并将亨特的《修昔底德：巧妙的记述者》一书定位为“颠覆了19世纪西方学术界塑造的那种修昔底德形象”，而实际上这种颠覆在十几年前罗米利的论述中早已成形。

结　语

当然，罗米利这本开创性的著作也并非完美。部分学者对罗米利的论述提出了自己的思考，例如路易-穆里尼埃（Louis MouLinier）[②] 指出柏拉图式的对话与其说是罗米利笔下的“一种未被明言、超越言语表达的结论”[③]，不如说是一种与超越现实的接触的尝试。罗米利不停地谈论修昔底德的思想和理性，但归根结底，这些关于理性的判断本身是建立在概念（即文字）之上的。因此，从语义学的角度来看，罗米利是如何理解 τῇ αὐτῇ ἰδέᾳ（以同样的方式）[④] 的此类问题也有讨论的必要。同样地，研究修昔底德中的肯定句也会成为一条路径。穆里尼埃进而指出，无论罗米利是否愿意，她的

---

① 参见白春晓：“后现代主义视角下的修昔底德研究”，中国社会科学网，https://www.cssn.cn/skwyc/20230612_5644164.shtm。

② 参见 Louis MouLinier, Reviewed Work(s): Histoire et raison chez Thucydide (Collection d'ét. anc.), *Revue des Études Grecques*, Vol. 70, No. 331/333 (Juillet-Décembre 1957), pp. 540–542。

③ Jacqueline de Romilly, *Histoire et raison chez Thucydide*, Paris: Les Belles Lettres, 1956, p. 101.

④ Ibid., p. 187–189.

标题本身就提出了一个哲学问题：理性与史实之间的关系。但罗米利在这个问题上没有给出观者想要的答案。此外，穆里尼埃还指出，如果这本书能提供一份公认且不可还原的事实清单，以及仔细研究一下修昔底德仅仅陈述事实而未能做出评论的段落[①]，会使得这本著作更为丰满。

就修昔底德的演说而言，戈麦给出了与罗米利不同的看法。首先，所有对立演说的对立方式并不相同。在修昔底德的演说中，赫尔莫克拉特斯（Hermokrates）和阿提纳戈拉斯（Athenagoras）（6.33–40）的演说与其他对形成鲜明对比，与之类似的还有 6.9–18 中的尼基阿斯（Nikias）和阿尔基比阿德斯（Alkibiades）的演说。但这两个例子中的对立方式，都不像在 6.75–88 中的欧菲莫斯（Euphemos）和赫尔莫克拉特斯的演说是在内容和风格上呈现出明显不同：赫尔莫克拉特斯请求立即向塔拉斯（Taras）进军（6.34.4–8），以及他最后的“οἱ δὲ ἄνδρες καὶ ἐπέρχονται καὶ ἐν πλῷ εὖ οἶδ’τι ἤδη εἰσὶ καὶ ὅσον οὔπω πάρεισιν”[②]（34.9）中的任何内容都与阿提纳戈拉斯演说的内容不同（与 39.1–40.1 相比）。或者以普拉泰亚人（Plataian）和底比斯人（Theban）的辩论为例（3.53–67）：他们在某种意义上回答了对方的论点；但普拉塔的演说是一种呼吁，而且是一种公正的呼吁，是向我们的心灵（即读者的心灵，而不是向斯巴达人的心灵）呼吁，而底比斯人的演说则是残酷的、玩世不恭的诡辩；这同样隐含在各自的风格和节奏中，而不是在任何数理过程中。[③] 罗米利注意到了 6.33–40 的特殊情况[④]，但这两篇演说并不是对立的，因为两位演说家的论证基础不同——一个认为雅典人正在

---

① Jacqueline de Romilly, *Histoire et raison chez Thucydide*, p. 84, note. 1.

② 译文为“雅典人正向我们开来，我敢肯定，他们已在路上，差不多就要到了！”，引自〔古希腊〕修昔底德：《伯罗奔尼撒战争史》，何元国译，中国社会科学出版社 2017 年版，第 381 页。

③ 参见 A. W. Gomme, “Reviewed Work(s): Histoire et raison chez Thucydide by Jaqueline de Romilly”, *Gnomon*, 1958, 30. Bd., H. 1 (1958), pp. 16–17。

④ 参见 Jacqueline de Romilly, *The Mind of Thucydides*, translated by Elizabeth Trapnell Rawlings, p. 195, note 1。

进攻，另一个则认为雅典人没有进攻。但问题还不止于此，而且无论如何，这种不同需要的不仅仅是一个简短的脚注来解释。对于罗米利接受了施瓦茨（E. Schwartz）等人的观点，即赫莫克拉特斯大胆地计划立即启航前往塔拉斯，是为了说明雅典人的远征是愚蠢的。戈麦提出了不同意见，他认为这种解读在修昔底德的叙述中并未明确表现出来，无论是在他对西西里战事的叙述中，还是在他后来的成熟判断（2. 65. 11）中，都没有明显的支持。①

就罗米利对修昔底德演说词的分析而言，戈麦认为在修昔底德所记述的战前演说中，虽然所有演说都是赞美性的，但有些是政治性的，有些则涉及战术，修昔底德所呈现出的演说词种类实际上比罗米利呈现出的要更为多样。②

穆里尼埃、戈麦等学者对于该著作提出的疑问无疑极具参考价值，甚至是值得进一步探究的。但总的来说，《修昔底德的思想》一书论证翔实，极具启发性，非常专业。它对修昔底德的知识方法论的细微论证，对于那些对修昔底德的历史和围绕其作品的历史学传统有精深了解的人大有裨益。③也正因如此，这本著作才会引起如此大的讨论和如此多的对话。

值得一提的是，或许是因为罗米利的这本颠覆性著作一直以来没有英译本问世，国内学术界对其鲜有提及。国内研究者在提及修昔底德时似乎已经关注到了罗米利对于修昔底德研究的极大创见，但很遗憾对于罗米利的研究方法和评价只是照搬英语学界的研究内容。目前国内修昔底德研究论及必引的罗米利著作是 1963 年出版的英译本《修昔底德与雅典帝国》④，或许是受限于语言，中文学者在罗米利与修昔底德研究中鲜少有自己的思考。“罗米利与修昔底德研

---

① 参见 A. W. Gomme, “Reviewed Work(s): Histoire et raison chez Thucydide by Jaqueline de Romilly” , *Gnomon*, 1958, 30. Bd., H. 1 (1958), p. 17。

② Ibid., p. 17.

③ 参见 Nikolaffs Ofiertoom, “Inside the Head of Thucydides” , p. 2。

④ Jacqueline de Romilly, *Thucydides and Athenian Imperialism*, trans. by Philip Thody, London: Basil Blackwell, 1963.

究”这一选题将来可能成为西方古典史学史研究的一个有价值的选题也未可知。

实际上，无论是修昔底德对伯罗奔尼撒战争史的研究，还是罗米利对修昔底德的研究，其实都在印证罗米利的一句话：“历史学家一直在做选择。界定领域，限制范围，进行研究——所有这些都需要选择。”①

作者简介：李顺平，复旦大学历史学系博士研究生。

① Jacqueline de Romilly, *The Mind of Thucydides*, translated by Elizabeth Trapnell Rawlings, p. 2.

征稿启事

本刊的创立，是想为“作为思想史的史学史”这样一种研究思路提供一个试验场，打造一个兼具思想史与史学史综合研究的学术平台，每年出版一至两期，每期刊物围绕一个主题，强调跨学科的交流和研究。本刊欢迎从历史哲学、史学理论、史学史、比较史学，甚至是从艺术史、哲学史、文学史及其他人文社会科学学科出发而撰写的有关历史与思想的稿件。同时，本刊也愿为正处于硕、博士阶段的优秀青年提供一个早期学术写作及发表的机会。

在“作为思想史的史学史”这样一个主题之下，我们希望讨论但并不仅限于此的专题还有：文明的概念及其历史书写、全球史中的西方力量、文明进程中的史学思想、中西话语建构、比较研究何以可能、图像中的历史与思想、历史中的宗教与思想、知识是如何向公众传播的、共时性语境与历史性变迁、口述与记忆、后真相时代中的历史学家、他者眼中的在地性与自我认同中的模仿，等等。

杂志的主要板块包括：一、理论探讨（每篇 1 万—1.5 万字），二、专题研究（每篇 2 万—3 万字，优秀论文字数不限），三、经典释读（每篇 1 万—3 万字），四、史学前沿（每篇 1 万—1.5 万字），五、书评（每篇 0.5 万—1 万字），六、学子新论（每篇 1 万—1.5 万字），七、新书推介（每篇 0.2 万—0.5 万字）。此外，本刊不定期地设有“专论”板块，内容不限于纯粹技术性的史学史研究，而是针对各种历史思想的宏观论述、微观考察与比较研究，尤以拥有当下关怀的文章为先。每期还可根据具体情况，再增设问题与方法、读史札记、研究综述、会议综述等栏目。

本刊第五辑的主题为“历史书写何以可能?”,竭诚欢迎各界人士赐稿。

投稿须知

1. 论文需包含完整的标题、论文摘要、关键词和正文,以及作者信息(包括作者姓名、所在单位和职称)。

2. 论文采用脚注形式,格式请参照本刊已刊论文或《历史研究》的引用格式。

3. 来稿请发送至邮箱:fdxfsxs@fudan.edu.cn。